Genshi BOOKS 言視BOOKS

言視舎

「戦争映画」が教えてくれる現代史の読み方

キーワードはユダヤ人問題

福井次郎

INTRODUCTION
イントロダクション

人類の歴史が始まって以来、戦争のない時代は一度もなかった。戦争への衝動は、人間の本能に由来するものなのかもしれない。しかし、一度戦争が起こると、人々は塗炭の苦しみに陥ることも紛れもない事実だ。にもかかわらず、なぜ人は性懲りもなく戦争を繰り返すのか。その理由の一つとして、時間の経過による戦争の記憶の風化を、あげることができるだろう。

日本人の〝平和ボケ〟が唱えられて久しいが、平和の時代にこそ戦争について考える義務がある。ここ数年の時勢の変化で、戦争の可能性がリアリティをもって問われている現在、我々はいよいよそれを学習する必要に迫られているのではないか。

その方法として、映画を観ることを提案したい。なにしろ、映画ほど熱心に戦争を描いてきたメディアはないので、材料に事欠くことはない。また、熱心なだけでなく、臨場感豊かに、人間の感情を盛り込んで戦争を語ってきたので、楽しみながら、学び、考えることができるという利点もある。

しかし、ただ漫然と映画を観ただけでは、出来事の流れや背景を知ることは難しい。適当なガイドブックが必要になる。そうした映画と歴史の道案内として本書は書かれた。

ただし、本書は羅列的なカタログ本ではない。この本自体が一つの〝物語〟となっていて、まったく映画を観ていなくても、〝物語〟を理解し、楽しむことできるようになっている。執筆にあたっては、個別の映画の中身についてより、大きな流れをつかむことを重視した。現代史の出来事とそれを描いた映画を対応させた年表も用意したので、あわせて参照してほしい。

扱っているのは、主に第二次大戦の欧州戦線とユダヤ人に関わる現代史である。このように限定したのは、大戦がそもそもユダヤ人問題と不可分の関係にあったからだ。映画はこのことを理解しており、ユダヤ人問題を扱った数多の映画がつくられてきた。さらに、この時期を押さえることで、混迷する現在の民族紛争の構図が浮かび上がってくることも狙っている。

同時に本書では、戦争中の欧米各国の映画界の動きにもページを割いた。映画もまた、歴史と不可分の関係にあるメディアであるからだ（巻末の索引も参照してほしい）。

本書を読み、映画を参照することで、現代史の実相が驚くほどよくみえてくるだろう。そして、世界史がわかると映画はもっと楽しくなる！

著者＋編集部

言視BOOKS
「戦争映画」が教えてくれる現代史の読み方◎目次

II 第二次大戦の展開

III 第三帝国の崩壊

IV ホロコーストと戦後

枢軸国とその占領地域
連合国とその勢力範囲
中立国
[1942年頃]
スクワ
ソビエト連邦
スターリングラード
海
カスピ海
ル コ
シリア
イラン
イラク
トランス
ヨルダン

第二次大戦時のヨーロッパ

現代史の流れと本書掲載映画の対応年表

（一つの作品で、たくさんの出来事にからんでいるものが多数ありますが、一項目にのみ登場させています）

年表	月日	出来事（欧米の出来事中心に掲載しています）	関連するする作品
1796年	3月	ナポレオンのイタリア遠征	「ナポレオン」（6章）
1812年	9月7日	ボロディノの戦い	「戦争と平和」（9章）
1815年	6月8日	ウィーン議定書調印	「会議は踊る」（2章）
1861年	3月4日	南北戦争開始	「風と共に去りぬ」（4章）
1881年		ポグロム激化	「屋根の上のバイオリン弾き」（19章）
1889年	4月16日	チャップリン誕生	「チャーリー」（4章）
	4月20日	ヒトラー誕生	「映像の世紀第4集」（4章・17章）
1894年	10月15日	ドレフュス逮捕	「ドレフュス事件」（6章）
1899年	12月	ブール戦争開始	「カール・ペータース」（5章）
1905年		ヒトラーのウィーン時代開始	「アドルフの画集」（1章）
	6月28日	戦艦ポチョムキンの反乱	「戦艦ポチョムキン」（5章・最終章）
1912年	4月14日	タイタニック沈没	「タイタニック」（独）（米）（5章）
1914年	6月28日	サライエヴォ事件（第一次大戦（〜1918））	「大いなる幻影」（1章・5章・6章）「マタ・ハリ」（13章）「アラビアのロレンス」（13章）「アフリカの女王」（10章）「間諜X27」（13章）
		西部戦線膠着	「西部戦線異状なし」（2章・5章）「ヨーク軍曹」（4章）「突撃」（18章）
		Uボート登場	「潜水艦轟沈す」「U47出撃せよ」「潜水艦U153」「U571」「Uボート」「眼下の敵」（以上16章）
1917年	11月7日	ロシア十月革命	「十月」（5章）
1919年	1月5日	スパルタクス団蜂起・ドイツ労働者党結成	「ヒットラー」（1章）
	6月28日	パリでヴェルサイユ条約調印	「第七天国」（4章・9章）
	8月13日	ドイツがワイマール憲法公布	「カリガリ博士」（最終章）
1921年	7月29日	ヒトラー、ナチス党首	「ヒトラーズSS」（2章）
1922年	2月6日	ワシントン条約調印	
	10月28日	ローマ進軍	「ムッソリーニ（前編）」（1章・11章）
	12月30日	ソヴィエト社会主義共和国連邦成立宣言	
1923年	1月11日	ルール占領	「ヒトラー　ある経歴」（1章）
	11月8日	ミュンヘン一揆	「ヒトラー（独）3集」（1章）
1924年	1月21日	レーニン死去	

1925年	11月26日	モンゴル人民共和国成立	「アジアの嵐」(5章)
	12月1日	ロカルノ条約調印	
1928年	8月27日	パリ不戦条約調印	
	10月1日	ソ連、第一次五カ年計画開始	「大地」(5章)
		スターリンの大粛正開始	「あかつき」(5章)
1929年	10月24日	「暗黒の木曜日」世界経済恐慌はじまる	「バートン・フィンク」(19章)
1930年	4月2日	マレーネ・ディートリッヒ渡米	「嘆きの天使」(2章)「西班牙狂想曲」(2章)
1933年	1月30日	ヒトラー連立内閣成立	「朝やけ」(16章)
	2月27日	ナチによる国会議事堂放火事件	「ありふれたファシズム　野獣たちのバラード」(1章)
	3月4日	ルーズヴェルト大統領就任	
	3月14日	ゲッベルス国民啓蒙宣伝大臣就任(ウーファ全権掌握)	「ニーベルンゲン ジークフリート」「アンナ・カレーニナ」「アルプスの血煙」「ユダヤ人ジュース」(以上5章)「ミュンヒハウゼン」(最終章)
	3月23日	全権委任法可決	「ヒトラー(独)2集」(1章)「嵐の中の青春」(2章)「最後の億万長者」(第5章)
	3月25日	ハヌッセン暗殺	「ハヌッセン」(2章・15章)「神に選ばれし無敵の男」(2章)
	4月	ナチスのユダヤ人迫害本格化	「名もなきアフリカの地で」(2章)「秋のミルク」(19章)
1934年	6月30日	長いナイフの夜事件	「地獄に堕ちた勇者ども」(2章)
	8月2日	ヒンデンブルク死去、ヒトラー総統就任	「キャバレー」(2章)
	9月4日	ナチス党大会	「意志の勝利」(1章)
1935年	1月13日	ザール併合	「女だけの都」(第6章)
	3月16日	再軍備宣言	「わが闘争」(1章・18章)
	9月15日	ニュールンベルグ諸法発布	「ベルリンは夜」(2章)
	10月3日	イタリア、エチオピア侵攻	「ムッソリーニとお茶を」(1章)
1936年	3月7日	ドイツ、ラインラント進駐	「ヒトラー(独)第3集」(1章)
	6月5日	フランス、第一次人民戦線内閣成立	「ゲームの規則」(6章)
	7月18日	スペイン内乱	「戦争は終った」(18章)
	8月1日	ベルリン・オリンピック	「美の祭典」「民族の祭典」(以上1章)
	10月25日	独伊枢軸成立	「暗殺の森」(2章)
	12月1日	ヒトラーユーゲント法	「魔王」(17章)「僕を愛した二つの国」(2章)「ヒトラーの子供たち」(17章)
1937年		ローマでチネチッタ撮影所活動開始	「インテルビスタ」「アルカサール包囲戦」「シピオネ」(以上5章)「白い船」(5章・10章)
	3月6日	ディートリッヒ、アメリカ市民権取得	「天使」「妖花」(以上2章)「真実のマレーネ・ディートリッヒ」(4章)
	11月6日	日独伊三国防共協定	「ヒトラーかく敗れたり」(1章)
1938年	3月13日	オーストリア併合	「サウンド・オブ・ミュージック」(3章)

	4月8日	ハンガリー第一次反ユダヤ法	「太陽の雫」「この素晴らしき世界」（以上15章）
	5月3日	ヒトラーのローマ訪問	「特別な一日」（1章）
	8月3日	イタリア人種法	「悲しみの青春」「熊座の淡き星影」「フェラーラ物語」（以上2章）
	9月12日	ヒトラー、チェコのズデーテン地方要求	「誰が祖国を売ったか」（13章）
	9月30日	ミュンヘン協定調印	「海外特派員」（4章）
	11月9日	クリスタルの夜事件（独ユダヤ人迫害激化）	「ホロコースト　戦争と家族」（18章・19章）
1939年		ハリウッドで反ナチ映画の制作開始	「ナチ・スパイの告白」「死の嵐」（以上4章）
	3月2日	ピウス12世教皇即位（バチカン沈黙問題）	「ローマの黄金」（11章）「アーメン」（18章）
	3月15日	ボヘミア・モラヴィア保護領化	「大通りの店」「奪われた花嫁　ナチ収容所に散った花嫁」（15章）
	5月13日	セントルイス号出航	「さすらいの航海」（2章・22章）
	8月23日	独ソ不可侵条約	「ヒトラーのためのソナタ」（5章）
	9月1日	第二次世界大戦が始まる（～1945）	「生きるべきか死ぬべきか」「ブリキの太鼓」（以上3章）
	11月	ヒムラー、ポーランドのユダヤ人迫害指令	「僕の神様」（15章）「敵、ある愛の物語」（21章）
	11月30日	ソ連、フィンランド宣戦	「ククーシュカ　ラップランドの妖精」（3章）
	12月17日	戦艦シュペー号自沈	「戦艦シュペー号の最後」（16章）
1940年	3月	カチンの森虐殺事件（ソ連ポーランド将校虐殺）	「ヒトラーとスターリン 知られざる独ソ関係」（5章）
	3月14日	英軍エニグマ解読器導入	「エニグマ」（13章）
	4月10日	ドイツ、デンマーク・ノルウェー侵攻	「ヒトラー（独）5集」（1章）
	5月10日	ドイツ、オランダ・ベルギー侵攻、チャーチル首相就任	「禁じられた遊び」「離愁」（以上3章）「尼僧物語」（14章）
	5月17日	マジノ線突破	「映像の世紀第5集」（4章）
	5月28日	ダンケルク撤退開始	「ダンケルク」（3章）
	6月14日	独軍パリ入城	「凱旋門」（2章）「愛と哀しみのボレロ」（8章）
	6月16日	ペタン内閣成立	「戦争と都市パリ」（6章・13章）「ソフト・ベッズ・ハード・バトルズ」（6章）「海の沈黙」（7章）「セクション・スペシャル」（6章）
	6月18日	ド・ゴール、BBCから声明（レジスタンス開始）	「影の軍隊」（7章）「シャーロット・グレイ」（8章）「プレンティ」（21章）「自由への闘い」（6章）
		パリでコンティナンタル社活動開始	「密告」「赤い手のグッピー」「罪の天使たち」「この空は君のもの」「レセ・パセ自由への通行許可証」「銀幕のメモワール」（以上6章）「悪魔が夜来る」（6章・7章・最終章）
	7月21日	ソ連、バルト三国併合	
	8月8日	イギリスへの空爆開始	「空軍大戦略」（3章・16章）「戦場の小さな天使たち」「スピットファイアー」（以上3章）「ミニヴァー夫人」（4章）
	8月21日	トロツキー暗殺	「暗殺者のメロディ」（5章）

年	月日	出来事	作品
	9月27日	日独伊三国軍事同盟調印	「バティニョールおじさん」「終電車」（以上8章）「遠い日の家族」（8章・21章）「老人と子供」（序章・13章）
	10月3日	ヴィシー政権反ユダヤ法（ユダヤ人迫害激化）	
	10月11日	ドイツ、ルーマニア支配	「リリー・マルレーン」（2章）
	10月15日	チャップリンの「独裁者」封切り	「独裁者」（1章・4章・22章）
	10月28日	イタリア、ギリシャ侵攻	「コレリ大尉のマンドリン」（10章）
	10月	ワルシャワゲットー設営開始	「ワルソーゲットー」（序章）
1941年	1月	ザイス・インクヴァルト政令 （オランダのユダヤ人迫害開始・市民は非協力）	「追想のかなた」「鯨の中のジョナ」（14章）
	3月1日	武器貸与法	「英空軍のアメリカ人」（12章）
	4月3日	英軍がロンメル将軍に敗北	「熱砂の秘密」（10章）
	4月6日	ドイツ、ユーゴとギリシャに侵攻	「歌っているのは誰？」（3章）「ナバロンの要塞」（3章・16章）
	5月20日	ドイツ、クレタ島上陸	「将軍月光に消ゆ」（第3章）
	5月27日	ビスマルク号撃沈	「ビスマルク号を撃沈せよ」（16章）
	6月22日	独ソ戦開始	「レニングラード攻防戦」「レニングラード大攻防1941」（以上9章）
	8月14日	大西洋憲章	「カサブランカ」（4章・6章・9章・10章・15章）
	9月29日	キエフ郊外バビ・ヤールでの虐殺	「ジェノサイド」（18章）
	10月2日	ドイツ、モスクワ攻略「台風」開始	「モスクワ大攻防戦　第2部　台風」（9章）
	12月6日	ジューコフ指揮ソ連軍反撃開始	「誓いの休暇」「ひまわり」「ハンガリン」「戦争と貞操」（以上9章）
	12月8日	真珠湾攻撃・太平洋戦争が始まる（～1945）	「トラ・トラ・トラ！」（10章）
1942年	1月20日	ヴァンゼー会議	「謀議」「ヴァンゼー会議」（以上18章）
		強制収容所への大量移送とホロコースト開始	「ショアー」（18章・20章・21章）「夜と霧」「ショック地帯」「ベント　堕ちた饗宴」「第9女収容所」「ナチ収容所の素敵な生活」「裸で狼の群れのなかに」（以上18章） 「パサジェルカ」「ソフィーの選択」（以上18章・21章）
		米軍の戦争準備と英国駐屯開始	「バンド・オブ・ブラザース第一話」「ヤンクス」「ハノーヴァー・ストリート」「あの日あの時」（以上12章）
	5月27日	ハイドリヒ暗殺	「死刑執行人もまた死す」「抵抗のプラハ」「暁の7人」（以上15章）
	6月21日	ロンメル将軍トブルク占領	「砂漠の鬼将軍」「砂漠の鼠」「ロンメル軍団を叩け」「トブルク戦線」（以上10章）
	7月	ワルシャワゲットーからの収容所移送開始	「コルチャック先生」（序章・2章）「聖なる嘘つき　その名はジェイコブ」（15章）
	7月16日	ヴェル・ディヴ事件（パリのユダヤ人強制連行）	「さよなら子供たち」「レ・ミゼラブル　輝く光の中で」「悲しみと憐憫」（以上8章） 「かくも長き不在」（21章）
	8月23日	スターリングラードの戦い開始	「白銀の戦場　スターリングラード大攻防戦」「スターリングラード（米他）」（以上9章）

	8月	マルタ島攻防戦（イギリス、マルタ島死守）	「地獄の艦隊」「マルタ島攻防戦」（以上10章）
	11月2日	ロンメル将軍エル・アライメンで英軍に敗北	「炎の戦線エル・アラメイン」（10章）
	11月8日	英米連合軍、モロッコ、アルジェリア上陸	「サハラ戦車隊」（10章）
1943年	1月14日	カサブランカ会談開始（イタリア上陸協議）	「将軍アイク」（10章）
	2月2日	スターリングラードの独軍降伏	「スターリングラード（独）」「戦争のはらわた」（以上9章）
	2月22日	ショル兄妹処刑	「白バラは死なず」「白バラの祈り　ゾフィー・ショル最後の日々」（以上17章）
	4月19日	ワルシャワ・ゲットーでの銃撃戦	「アップライジング」（序章）「聖週間」（15章）
	4月	米英軍の空爆激化	「メンフィス・ベル」「頭上の敵機」（以上16章）
	5月	連合軍、チュニジア、アルジェリア占領	「ザ・ビッグ・バトル」（10章）「特攻決死隊」（16章）
	5月15日	クルスクの戦い開始	「ヨーロッパの解放第一部」（1章・15章・17章）
	7月10日	連合軍シチリア上陸	「パットン大戦車軍団」（10章）
	7月25日	ムッソリーニ逮捕（7月28日　ファシスト党解体）	「ムッソリーニと私」（1章）
	9月3日	連合軍カラブリア上陸	「地獄の戦線」（10章）「コマンド戦略」（16章）
	9月8日	イタリア降伏	「戦火のかなた」（10章・11章）
	9月9日	サレルノの戦い	「激戦地（米）」（10章）
	9月13日	ムッソリーニ救出	「ムッソリーニ（後編）」（1章・11章）
	9月23日	イタリア社会共和国誕生(以後パルチザンの活動激化)	「ロベレ将軍」（10章・11章）「陽はまた昇る」「パルチザンに気をつけろ」「貧しい恋人達の日記」「汚れた英雄」「ローマで夜だった」（以上11章）
	10月1日	ナポリ解放	「祖国は誰のものぞ」「狂える戦場」（以上10章）
	10月	イタリアのユダヤ人強制連行開始	「ふたりのトスカーナ」「ゼロ地帯」「ライフ・イズ・ビューティフル」（以上11章）
	11月	ベルリン空襲激化	「ブラインド・ヒル」（16章）
	11月28日	テヘラン会談（後ウクライナ奪回作戦開始）	「ヨーロッパの解放第二部」「僕の村は戦場だった」（以上15章）
1944年	1月22日	連合軍アンツィオ上陸	「アンツィオ大作戦」（10章）
	2月15日	モンテ・カッシーノの戦い	「激戦モンテ・カシノ」（10章）
	6月4日	ローマ解放	「無防備都市」「ふたりの女」（以上11章）
		イタリアの独軍撤退開始	「激しい季節」「平和に生きる」（以上11章）
	6月6日	ノルマンディー上陸（オーバーロード作戦開始）	「36時間」「ザ・ロンゲスト・デイ」「堕落（ザ・ロンゲスト・デイ2）」「バンド・オブ・ブラザース第二話」「プライベート・ライアン」「激戦地（伊）」（以上12章）「史上最大の作戦」（12章・13章）「鉄路の斗い」（7章・13章・16章）
	6月7日	独軍第三捕虜収容所脱走事件	「抵抗」（7章）「大脱走」「ジャスティス」「勝利への脱出」「脱走特急」（以上16章）「第七の十字架」（19章）
	6月16日	V1号発射	「鮮血の情報」「633爆撃隊」「モスキート爆撃隊」「嵐の中で輝いて」「クロスボー

			作戦」（13章）
	6月22日	バグラチオン作戦（ソ連白ロシア奪回開始）	「ヨーロッパの解放第三部」「炎６２８」「１９４４東部戦線」（以上15章）
	7月1日	ブレトン・ウッズ会議	
	7月20日	ヒトラー暗殺未遂事件	「暗殺計画7・20」「将軍たちの夜」（以上13章）
	7月	サン・ミニアート虐殺事件	「サン・ミニアート44年7月」「サン・ロレンツォの夜」（11章）
	8月1日	ワルシャワ蜂起	「地下水道」「鷲の指輪」（以上15章）
	8月4日	アンネ・フランク捕らわれる	「アンネの日記」「アンネ・フランク」「もうひとつのアンネの日記」（以上14章）
	8月25日	パリ解放	「パリは燃えているか」（7章・13章）「雨の朝巴里に死す」「過去を持つ愛情」（以上13章）「パリ解放」（最終章）
		独軍フランス撤退開始	「大列車作戦」「追想（仏）」「フランスの友だち」「渚のたたかい」「戦場の黄金律戦争のはらわた」（以上13章）
	9月	北フランス・ベルギー戦線	「突撃隊」「プライベート・ソルジャー」「攻撃」（以上14章）
	9月17日	マーケット・ガーデン作戦開始	「遠すぎた橋」（14章）
	10月7日	アウシュビッツの反乱	「灰の記憶」「アウシュウィッツの女囚」（以上18章）
	10月20日	ソ連軍、ティトー、ベオグラード占領	「ネレトバの戦い」「風雪の太陽」「抵抗の詩」「抵抗の詩ＰＡＲＴⅡ」（以上15章）
	12月16日	アルデンヌの戦い（バルジの戦い）	「バルジ大作戦」「パンツァー」「大反撃」「極寒激戦地アルデンヌ西部戦線１９４４」（以上14章）
	12月26日	パットン将軍、バストーニュ包囲解放	「戦場」「バンド・オブ・ブラザース第六話」「真夜中の戦場　クリスマスを贈ります」「グレン・ミラー物語」（以上14章）
１９４５年	1月17日	ソ連軍、ワルシャワ占領	「戦場のピアニスト」（序章）
	1月27日	ソ連軍、アウシュビッツ解放	「遥かなる帰郷」（19章）
	2月3日	ソ連軍ブダペスト占領	「ハンナ・セレシュ」「マルシカの金曜日」（以上15章）
	2月4日	ヤルタ会談開始（対独戦後処理・ポーランド問題）	「映像の20世紀第7集」（17章）
	3月6日	春の目覚め作戦（東部戦線ドイツ最後の抵抗）	「第27囚人戦車隊」（17章）「最後の作戦」（1章）
	3月7日	米軍ライン川渡河・ドイツ突入	「レマゲン鉄橋」「橋」（以上17章）
	4月12日	ルーズベルトの死	「若き獅子たち」（12章）
	4月12日	ソ連軍ベルリン突入	「ヨーロッパの解放・第四部」（17章）
	4月25日	エルベの邂逅	「勝利者」（17章）
	4月28日	ムッソリーニ銃殺	「クラレッタ・ペタッチの伝説」（11章）
	4月29日	米軍、ダッハウ収容所解放	「バンド・オブ・ブラザース第八話」（17章）「最前線物語」（14章）
	4月30日	ヒトラー、ゲッベルス自決	「アドルフ・ヒトラー最後の10日間」「ヒトラー最後の日」「ヒトラー最後の12日間」（以上1章）

年	月日	出来事	関連作品
	5月2日	ベルリン陥落	「ベルリン陥落」（9章・12章・17章）「人間の運命」（9章）
	5月7日	ドイツ降伏	「灰とダイヤモンド」（序章・15章）「マーフィの戦い」（17章）「海の牙」（16章）
	6月16日	米、核実験成功	「外套と短剣」「間諜M1号」（13章）「黙示録1945　ここに核の全てがある」「デイワン　最終兵器の覚醒」「シャドー・メーカーズ」（以上17章）
	6月17日	ポツダム会談(ドイツの戦後処理)	「バンド・オブ・ブラザース第十話」「ドイツ零年」「山河遥かなり」（以上19章）
	7月27日	英、アトリー労働党内閣（チャーチル落選）	
	8月6日	エノラ・ゲイ、広島に核爆弾投下	「エノラ・ゲイ」（17章）「二十四時間の情事」（18章）
	8月15日	ペタン死刑判決、後減刑(仏コラヴォシオン責任問題)	「自殺への契約書」（7章）「鬼火」「ルシアンの青春」（以上8章）「ラインの仮橋」（13章）「夜の門」（最終章）
	10月24日	国際連合発足	
	11月20日	ニュールンベルク裁判開廷（ナチ戦犯追及問題）	「ニュルンベルクの戦犯　十三階段への道」（18章・20章）「影を追う男」「ストレンジャー」『殺人者はわれわれの中にいる』『マルクス捕物帖　カサブランカの一夜』（以上20章）
	12月21日	パットン死亡（自動車事故）	「パットン将軍最後の日々」（20章）
1946年	2月15日	チャーチル「鉄のカーテン」演説	
	3月	ギリシャの内戦開始	「哀愁のエレーニ」（3章）
	5月17日	デーファ創設	「影の結婚」「ブルム事件」（最終章）
	9月7日	ウーファ解体	「それらの日々に」「長き道なり」（最終章）
1947年	10月20日	非米活動委員会の映画関係者への公開聴聞開始	「真実の瞬間」（20章・22章）「ウディ・アレンのザ・フロント」「シチズン・コーン」「グッドナイト・グッドラック」（22章）「第十七捕虜収容所」（16章）
		元ナチ地下組織オデッサ設立	「オデッサ・ファイル」（20章）「愛の嵐」（2章）
1948年	2月25日	チェコ政変（共産党政権誕生）	「ニュールンベルグ裁判」（20章）「ダーク・ブルー」（12章）
	5月14日	イスラエル独立（第一次中東戦争）	「ロング・ウェイ・ホーム　遙かなる故郷」「栄光への脱出」「栄光の丘」「巨大なる戦場」（以上19章）
	2月11日	エイゼンシュタイン急死（ソ連最後のユダヤ人粛正）	「イワン雷帝第一部・第二部」（最終章）
1949年	4月4日	北大西洋条約機構、調印	
1951年	9月8日	サンフランシスコ対日講和会議開始	「二世部隊」（13章）
1952年	2月15日	ギリシャ王政・NATO加盟	「旅芸人の記録」（3章）
	9月19日	チャップリン、アメリカ追放	
1953年	8月5日	スターリン死去	「失われた日々のために」（9章）
		オードリー・ヘップバーン、ハリウッドデビュー	「我らモンテカルロに行く」「若妻物語」「クオ・バディス」（14章）「ローマの休日」（7章・14章）
1955年	12月1日	バス・ボイコット事件開始（公民権運動開始）	「アラバマ物語」「ドラビング・Ｍｉｓｓデイジー」（以上22章）「スパルタカス」（19

1956年	2月18日	スターリン批判（共産党第20回大会）	章・22章）
	6月28日	ポズナニ暴動（ポーランド）	「戦争の真の終り」（18章・21章）
	10月23日	ハンガリー事件	
	10月29日	第2次中東戦争	「死刑台のエレベーター」（3章）「ソロモンとシバの女王」「エル・シド」（以上22章）
1957年	2月25日	EEC成立	
1961年	4月11日	アイヒマン裁判開始	「スペシャリスト」「アイヒマン裁判と現代」（以上20章）「夏の年代記」（21章）
	8月13日	西ベルリン立ち入り禁止（ベルリンの壁）	「寒い国から帰ったスパイ」（13章）
1962年	6月1日	アイヒマン処刑	「マザー・ナイト」（20章）
	7月14日	アルジェリア独立	「シェルブールの雨傘」（9章）「アルジェの戦い」（1章）「ミュリエル」（18章）
	10月15日	キューバ危機	「トパーズ」（10章）
1963年	8月5日	米・英・ソが部分的核実験停止条約に調印	
	11月22日	ケネディ暗殺	
1964年	6月21日	ユダヤ人公民権運動家殺害事件	「ミシシッピー・バーニング」（20章）
1967年	6月5日	第3次中東戦争	「特攻決戦隊」（22章）
1968年	6月27日	プラハの春	「存在の耐えられない軽さ」「カッコーの巣の上で」（以上15章）
1969年	8月9日	シャロン・テート殺害事件	「吸血鬼」「反撥」「袋小路」「マクベス」「ローズマリーの赤ちゃん」（序章）
1972年	5月30日	テルアビブ空港日本赤軍乱射事件	「なぜイスラエルか」（20章）
	9月5日	ミュンヘン五輪選手村をアラブ・ゲリラ襲撃	「ミュンヘン」（22章）
	12月21日	東西ドイツ基本条約	「マリア・ブラウンの結婚」（19章）
1973年	10月6日	第4次中東戦争	「キプールの記憶」（22章）「ツァハール」（20章）
1974年	12月18日	ギリシャ共和制移行	「Z」（6章）
1975年	11月26日	マイダネク裁判開始	「背信の日々」（20章）
1976年	7月3日	エンテベ奇襲作戦	「エンテベの勝利」（18章・22章）「特攻サンダーボルト作戦」（22章）
1977年	3月	シチャランスキー逮捕（ソ連出国制限問題）	「ジュリア」（22章）
1979年	7月	ナチ戦争犯罪時効成立	「ミュージックボックス」「第三帝国の遺産」「ブラジルからきた少年」「ホテル・テルミナニュス」（以上20章）
	12月24日	ソ連がアフガニスタンに侵攻	「ランボー3　怒りのアフガン」（22章）
1987年	4月11日	プリーモ・レヴィ自殺	「アウシュビッツの証言者はなぜ自殺したのか」（19章）
	10月19日	ブラックマンデー（株価暴落）	
1989年	12月3日	マルタで米ソ首脳会談、冷戦終結宣言	
1990年	10月3日	東西ドイツが統合	

1991年	8月19日	クラウン・ハイツ暴動
	12月26日	ソ連邦、解体
1992年	4月7日	ユーゴ内戦激化
1993年	4月22日	ホロコースト博物館開設
2001年	9月11日	アメリカ同時多発テロ

「質屋」（21章・22章）「ドゥ・ザ・ライト・シング」（22章）
「インナーサークル　映写技師は見ていた」（最終章）
「ボスニア」（15章）
「ホロコースト　救出された子供たち」（19章）「ビザと美徳」（21章）「シンドラーのリスト」（12章・18章・21章）

I

反ユダヤ主義と第二次大戦の開始

序章

ロマン・ポランスキー物語

一見ヒューマニズムの『戦場のピアニスト』は、ホラーの傑作『ローズマリーの赤ちゃん』と、どのようにむすびつくのか？　ポーランド、イギリス、フランス、アメリカを股にかけて映画をつくり続けたポランスキー。その映像の底流をたどると、血と暴力と狂気に満ちた実体験と圧倒的なユダヤ系人脈がみえてくる。

ロマン・ポランスキーの**『戦場のピアニスト』**。二〇〇三年のアカデミー賞で主要七部門にノミネートされ、監督賞、主演男優賞、脚色賞を受賞した。これはポーランドの名ピアニスト、シュピルマンのノンフィクションを素材とした実録ドラマだ。

『戦場のピアニスト』の重さ

主人公は、ふとしたことから死の収容所行きを免れ、さまざまな経緯を経てゲットー（ユダヤ人居住区）を脱出し、市民の蜂起によって瓦礫と化したワルシャワの街を彷徨い、ついにドイツ兵に見つかりながらも、ショパンを弾くことで生き延びることになる。

ショパンは、ポーランド独立の象徴というべき音楽家だ。七月革命の後に起こったポーランド反乱で、『革命』というエチュードを作曲している。そのショパンのバラードがドイツ兵の琴線に触れ、シュピルマンを救うことになる。これが芸術の持つ力でなくてなんであろう。

ところがドイツ兵に助けられたことを理由に、彼の回想録は発禁処分を受けてしまう。これが息子（現在日本に在住）によって出版され、陽の目を見たのはなんと一九九八年のことだった。

こうした事実の持つ重さだけでなく、主演のエイドリアン・ブロディの熱演やポランスキーの演出に支えられ、この映画はカンヌで最優秀作品賞に選ばれ、アカデミーでも三部門の栄冠を獲得した。ポランスキーにとってはキャリア四十年にして得た初の栄冠で、カンヌでは彼も泣いたという話が伝えられている。彼の生涯を知るならば、その涙の意味は底知れず深いことがわかるだろう。

地獄の世界
――ワルシャワのゲットー

ロマン・ポランスキーは、一九三三年パリ生まれで、三歳の時にポーランドに帰ったユダヤ系ポーランド人だ。そこで彼を待っていたのはナチの侵略だった。両親はアウシュビッツの強制収容所に送られ、そこで母は死ぬ。自分はゲットーに入れられたが、運良くそこを脱出し、ユダヤ人狩りの恐怖に怯えながら街頭で新聞売りをして少年時代をおくった。

つまりこの映画は、彼が自分の原点を見つめた映画だったのだ。実際ポランスキーのホロコースト的な体験は、映画監督になってからも続くことになるが……。

『戦場のピアニスト』では、巨匠アンジェイ・ワイダの**『灰とダイヤモンド』**（58）で知られるワルシャワ蜂起のほかに、ワルシャワにつくられたゲットーの反乱が題材として取り上げられている。

この反乱は、ユダヤ史の中では特異な出来事として語り継がれている。何が特異かといえば、最初から包囲されている、勝ち目がない世界での反乱だから特異なのだ。

この時、わずか二キロメートル四方の土地に、ポーランド中からユダヤ人がかり集められ、一時は六十万人にも人口が膨れ上がって地獄の世界が現出した。飢えと病気で次々と人が死に、残った者も収容所に連行され、人口は六万人まで減少した。

ここに至って、死を待つより戦って死にたいと叫ぶ者が現われ、ユダヤ史でも珍しいゲットーの反乱が起こることになった。指導したのは弱冠二十四歳の青年だった。彼は七五〇人の同志を集め、九丁のライフルと五十九丁の拳銃、そして数個の手榴弾によって蜂起する。独軍にも多大な被害を与え、数カ月戦い続けるが、最後は決起した若者と数千人が、塵芥の中で命を落とした。

二〇〇一年、この出来事を題材に劇映画**『アップライジング』**（監督ジョン・アヴネット）という映画が公開されるが、これによると、一部は下水道から脱出してパルチザンに合流し、戦後も生き延びたようだ。

なおワルシャワ・ゲットーそのものを題材とした映画としては、フランスで**『ワルソー・ゲットー』**（61、監督フレデリック・ロシフ）という記録映画が製作されている。これはナチの機関が宣伝用に撮ったフィルム資料を編集し、生き残った者の証言を挟んでつくられた作品だ。冒頭で戦前の美しいワルシャワ市街の映像が流され、その後のナチによるポーランド侵攻とゲットーの反乱が続く。

またアンジェイ・ワイダが晩年近くに撮った『**コルチャック先生**』（90）は、ゲットーの世界を別な視点から活写した傑作だった。このコルチャックという人物は、ワルシャワの高名な医師兼教育者で、映画では、彼と彼が運営する孤児院の子どもたちが収容所に送り出されるまでの孤児院の生活が描かれている。

ゲットーでコルチャックがなし得ること、それはナチに抵抗することではなく、屈辱の中に貶められた子どもたちに人間の尊厳を回復させることにあった。死に怯えた子どもを励まし、学ばせ、人間の誇りを失わず最期を迎えるよう尽力したコルチャックの姿は、観る者に深い感動を与えた。実際収容所の中では、最期まで神を讃えて死んでゆくユダヤ教徒の事例が報告されている。死を前にする人間にとって必要なものは、汚辱の中にも自己の尊厳を維持する矜持だったのだ。

ワイダといえば、暗く絶望的なポーランドの運命を描く作家だったが、この作品をみると、東欧革命を潜り抜けた映画人が、最後に人間性の信頼へ到達したことがわかり、何か救われる思いをした。

ストーリーではなく「状況」

大戦を生き延びたポランスキーが世界に知られるようになったのは、六二年に発表した最初の長編『**水の中のナイフ**』からだった。それまでポランスキーは、ワイダの映画などに端役で出演する役者として前半生を過ごしていた。

彼の『水の中のナイフ』は、やや倦怠期に陥った中年夫婦のヴァカンスの話だ。このヴァカンスに予期しない若い男が侵入し、そこから始まる三角関係の変化を通して、それまで覆い隠していた夫婦の矛盾が露呈化し危機を迎えるという話だ。いわゆるストーリーはなく、全編がヨットとヨットが浮かぶ海のシーンで構成されている。あるのは三人の状況の変化だけである。

地元の若い男に、ヨットに乗るように提案したのは夫だ。夫は妻に対し、ヨットを所有する自己と、何も所有しない若い男の格差を誇示するためにその男を乗せる。ところが、その後それまで夫に従っていた妻の関心は、若い男に引き寄せられていく。若い男はヨットを所有しないが、まさに若い肉体を持っていた。その結果、それまで圧倒的に優位に立っていた夫の立場は危ういものに変化

『水の中のナイフ』監督ロマン・ポランスキー
出演レオン・ニェムチック、ヨランタ・ウメッカ、
ズィグムント・マラノウィッチ、
1962年

してゆく。そして刻々と変化する状況の中で、ついには夫と若い男との間に競泳が始まり、その結果若い男が溺れるという予期しない出来事が起こる（これは実際は溺れておらず、溺れたふりをしているだけ）。

ところが夫婦は、急変した状況を元に戻すため、溺れたと思われる若者を放置したまま、振り向きもせずに車でその場を去ってゆく。この出来事によって、夫婦は意識下に閉じこめていた互いの関係崩壊を、図らずも自覚させられてしまう。

テーマはさておき、この映画で刻々と変化する状況を、東欧の暗い海の光景を使って見事に映像化したことは、ポランスキーの前半生を考えると妙に納得できるものがある。人生というのは、予期しないちょっとした出来事の変化で狂っていくものだからだ。

一寸先は闇ではないが、彼の場合もパリで生まれ、故郷に戻ると両親は連行され、ゲットーの中では集団自滅が待っていた。たまたま成り行きで彼は生き延びたが、これ以来、彼には安心して休める場所はどこにも存在しなかった。まさにデラシネとしての民族の宿命を、彼は少年時代にすべて経験していた。彼がストーリーを描く作家ではなく、「状況」

を描く作家であることの萌芽は、この長編デビュー作から始まっていた。

なお、この映画のシナリオを担当したのは、後に監督となってスターリン圧制下の若者の無気力を描いたイエジー・スコリモフスキーだ。その後西側に渡って**『早春』**（70）などの作品を監督することになる。彼はニューシネマの先駆けとして、一部マニアに高い評価を受けた。

二度めの〝アウシュビッツ〟的体験

『水の中のナイフ』の成功でイギリスに渡ったポランスキーは、その後カトリーヌ・ドヌーヴを使って**『反撥』**（64）を発表する。これは性嫌悪性の被害妄想に陥った娘が、自分と関わる男を次から次へと殺してしまう猟奇映画で、ヒッチコックの**『サイコ』**（60）と並び、ホラー映画の古典として評価を得ている作品だ。

いつ殺されるかわからないという強迫観念の中で生きてきたポランスキーは、自己の妄想を若きカトリーヌ・ドヌーヴに憑依させて描いた。この映画もストーリーはなく、狂気に陥っていく娘の状況の変化を刻々と描くだけだ。

また六五年の**『袋小路』**は、満潮になると周囲が海となる別荘を買った男が、逃亡してきた犯罪者に襲われ進退窮まる映画で、妻にも見放される主人公の孤立感を見事に描いた作品だった。

この二作で評判を取ったため、ポランスキーの心に余裕が生じたのか、この後つくった**『吸血鬼』**（67）は一転してコメディ仕立てのホラー映画となっている。この映画は、吸血鬼がいかにして世界に拡散したかを描いたファルス（笑劇）だ。ラストで吸血鬼の村を脱走する青年（ポランスキー自身が演じている）が、その村から連れてきた娘（実は吸血鬼）を伴いアメリカに向かうシーンは、おおいに笑いを誘う仕上がりとなっていた。まさに吸血鬼は美女だったのだ。

この『反撥』、『袋小路』、『吸血鬼』のシナリオを担当したのは、ジェラール・ブランシュという人物で、彼はまたフランスのユダヤ系監督クロード・ベリの**『老人と子供』**（67）のシナリオを書いた人物でもあった。後にポランスキーは、ブランシュの脚本で、クロード・ベリが製作した**『テス』**（79）を監督することになる（後述）。

ところで『吸血鬼』の撮影の最中に、ポランスキーは吸血娘を演じたシャロン・テートと関係を持ち、撮影後に結婚した。その後アメリカに渡ると、ミア・ファーロー主演の『**ローズマリーの赤ちゃん**』（68）を監督し大成功を収める。彼にこれをつくらせたのは、七〇年代ハリウッドの名プロデューサー、ロバート・エヴァンズ（ユダヤ系）だ。

この映画は、悪魔の子を妊娠する女の恐怖を描いたホラー映画だが、悪魔と神の闘争という極めてユダヤ的なテーマを映画化したものだった。映画は悪魔が勝利する終わり方をしていたが、これはいかにもポランスキーらしいエンディングだといえよう。しかもその映画は、次に彼に降りかかる災厄を予告する映画でもあった。

この直後、彼は妊娠中のシャロン・テートがカルト集団チャールズ・マンソン・ファミリーに惨殺され、愛妻と我が子を一度に失うという猟奇事件に巻き込まれる。彼にとっては二度目のアウシュビッツ的体験だった。この時シャロン・テートは狂気の集団に宙づりにされたまま刃物で体を切り刻まれたが、これは『反撥』でドヌーヴが実演したシーンそのもので、さらに悪魔が訪れるシチュエーションは『ローズマリーの赤ちゃん』そのものだった。そして残されたポランスキーの心情は、『袋小路』のそれであったに違いない。

不死鳥を支える人脈

愛妻と実子がカルト集団に惨殺されるという事件に遭遇した人間は、それで人生が終わってしまっても不思議ではない。ところが、ポランスキーはそうはならなかった。

七一年の『**マクベス**』で流される夥しい血の海は、シャロン・テート事件のイメージを彼なりに映像化したものだといわれている。事件後、彼に製作の機会を与えたのはロンドン生まれのアンドルー・ブロンズバーグ（ユダヤ系）で、彼はほかに『**テナント**』（76）の製作にも関与した。

『テナント』は、パリの息苦しいアパートに住む独身の男が、狂気に陥り部屋から投身自殺する話だが、これは『反撥』同様、閉塞された空間が舞台となっており、収容所的な被害妄想がテーマとなっている。『反撥』のほうは、ややつくりものという観があったが、この映画の状況変化は納得ができるものだった。ここに描かれた妄想と狂気は、都会で一人暮らしをしたものなら、一度は経験する恐怖だ。

主人公の男をポランスキーが演じ、脇を固めたアパートの管理人メルビ

『テス』監督ロマン・ポランスキー、出演ナスターシャ・キンスキー、1979年

ン・ダグラスやシェリー・ウィンタース（いずれもユダヤ系）が迫真の演技を披露した。

しかもこの後、ポランスキーは実際に十三歳の少女をレイプし、アメリカを追放される。ポランスキー自身、この時期は妄想と狂気を彷徨っていたに違いない。

ところが、これだけの事件を起こした後も彼は終わりを迎えなかった。今度はイギリスでトーマス・ハーディの名作**『テス』**（前出）を、ナスターシャ・キンスキー主演で映画化することになる。これは貴族の血を引く没落一家の娘が運命によって弄ばれ、最後は破滅に至る様が壮絶に描かれた文芸大作だ。

こうしてポランスキーは、世界中に根を張るユダヤ系映画人に支えられ、しぶとく映画界を生き延び、再びハリウッド資本で**『フランティック』**（88）を発表するのだ。これはハリソン・フォード（ユダヤ系）が演ずる医師がパリを訪れ、失踪した妻を捜す映画だ。言葉が通じない異邦人の不安心理を絶妙に表現したこの映画は、国籍を持たず、妻も奪われた彼の生涯が色濃く投影されたサスペンス作品だった。

九〇年代も、彼は**『赤い航路』**（92）、**『死と処女』**（94）、**『ナインス・ゲート』**（99）と、いかにもポランスキーらしいテーマの傑作を発表し続ける。

ポーランド、英国、フランス、アメリカを股にかけて映画をつくり続けたポランスキーは、まさにユダヤ的な亡命映画作家の代表選手だといえるだろう。そして、彼の人生の集大成として取り組んだ映画が**『戦場のピアニスト』**（前出）だったのだ。

第1章

銀幕の独裁者——ヒトラーとムッソリーニ

独裁者はなぜか映画好き……〝ヒトラー〟はその登場頻度から映画スターとさえいえるかもしれない。「ファシスト」として一括りにされがちなヒトラーとムッソリーニだが、映画を通してその違いを探る。

第二次大戦でユダヤ人を地獄に陥れた張本人といえば、ヒトラーと相場が決まっている。そしてこのヒトラーは、歴史上で最も数多くの映画に登場した人物でもあった。

試みに、ニュース映画の挿入を含めたヒトラーが登場する映画をリストアップしようとすると、たいへんなことになる。

〝映画スター〟ヒトラー

戦前の作品ですぐ思い浮かぶのはチャップリンの『**独裁者**』(40)だが、ほかにナチ党大会の記録映画である『**意志の勝利**』(35、監督レニ・リーフェンシュタール)も忘れがたい。戦後のものとしては、西独でつくられた『**ヒトラーかく敗れたり**』(50、ハンス・J・グナム監督)という記録映画があり、また戦前にヒトラーの下で映画を撮った名匠G・W・パブストの『**最後の作戦**』(55)という劇映画も存在する。

戦時中にスウェーデンに亡命していたユダヤ系ドイツ人エルヴィン・ライザーが監督した『**わが闘争**』(60)は、ナチの非公開フィルムやスチール写真を再構成してヒトラーの生涯を追ったドキュメンタリーだが、さすがにユダヤ人の手による映画のため、彼の政治的業績については触れられていない。映画は、ヒトラーがいかに反対者を抹殺し、独裁権力を握ったかという権力闘争の過程に焦点が当てられている。

ドイツでネオナチの動きが活発化した七三年に、イタリアとイギリス合作で、『**アドルフ・ヒトラー・最後の10日間**』(監督エンニオ・デ・コンチーニ)というドラマが製作された。

この映画では、ヒトラーはドイツを破滅に導いた無能な指導者として描かれている。ドイツの敗北が確定する数日前にも、彼はまだ何千人もの少年兵とベルリン市民の命を奪う指令を発していたのだ。なお映画のラストで、ヒトラー自殺後、部下が一斉に隠し持っていた煙草を吸うシーンが登場するが、ナチスドイツが禁煙国家だったとは笑わせるエンディングだ。

また旧ソ連の**『ヨーロッパの解放・第四部』**（71、監督ユーリー・オーゼロフ）では、愛人のエヴァ・ブラウンが逃げまどってヒトラーに殺され、ヒトラー自身も自殺できずに部下に射殺される終わり方をするが、これはソ連の映画だから致し方あるまい。

八一年にも、**『ヒトラー最後の日』**（監督ジョージ・シェーファー）という映画がつくられており、ここでは名優アンソニー・ホプキンスがヒトラーの最期を苦渋に満ちた表情で演じた。九五年のドイツのテレビドキュメンタリー**『ヒトラー』**は、多方面からヒトラーの人間像を余すところなく伝えている。

二〇〇四年の**『ヒトラー　最後の12日間』**（監督オリヴァー・ヒルシュビーゲル）は、ヒトラーの秘書を務めたユンゲの証言をもとにつくられたもので、ここでは敗戦間際のベルリンの地獄が克明に描かれている。

このように、ヒトラーはさまざまな映画に登場するが、いずれにせよ、大方の映画に登場するヒトラーは、まともな人間としては描かれてこなかった。では実際のところ、彼はどのような人間だったのだろうか……。

“魔王”を選んだドイツ人

もちろん映画だけでヒトラーという人物を理解することは難しい。そこで伝記や歴史の本をひもとくことになるが、調べてみると、やはり彼は暗い話題のつきまとう人だった。

学校を落第によって退学し、青春時代はウィーンでルンペン画家として過ごした。これについては**『アドルフの画集』**（02、監督メノ・メイエス）にその一端が描かれている。また、第一次大戦で負傷したため、社会に対し敵対的な感情を持つようになったとか、女性関係が不幸だったためそこから異常性格が形成されたなど、さまざまなことが本で語られてきた。

このように、おぞましく不幸な半生がヒトラーという異常な人格を生み、ホロコーストを実行させ、ドイツ民族を破滅に導かせた、というのが一般的なヒトラー論だろう。そして多くの人は、大戦で発生した惨劇のすべてを、ヒトラー個人の狂気に結びつけて処理してきた傾向がある。

ところが、実はヒトラーは当時としてはごく普通の中産階級の家に生まれ、少年期は比較的恵まれた生活を送り、決して頭も悪くなく、対人関係もさほど異常なところはなかった、という報告もなされているのだ。果たしてどちらが本当のヒトラーなのだろうか……。

それにヒトラーの信奉者には、真面目で責務に忠実な人間が多かった。ヒトラーのさまざまなプランも彼が一人で考えたことではなく、優秀なスタッフが共同で編み出したものだった。そして彼らのバックにはドイツの政財界や軍部の大物がついていた。彼らは第一次大戦で傷ついたドイツの支配者たちだが、自分たちの鬱憤を晴らしてくれる何者かを捜していたのだ。さらに、敗戦で没落した中産階級も、その混乱の中で強い指導者を待望し、ヒトラーの登場を歓迎した。

二〇〇二年、アメリカCBS制作のテレビドラマ『ヒットラー』（監督クリスチャン・デュゲイ）は、こうしたドイツの政治状況を背景に、ナチが勢力を拡大してゆく課程をドラマチックに描いている。このドラマに登場するヒトラーは決して狂人ではない。

七七年に西独でつくられた『ヒトラー　ある経歴』（監督クリスチャン・ヘレンドルフェル、ヨアヒム・C・フェスト）という記録映画も、同じ意味で考えさせる映画だった。これはルンペンがいかにして国民の支持を獲得していったかを政治学的視点で描いた作品。西独映画ということもあって、ナチの残虐な映像はカットされていたが、ヒトラーの大衆操作という視点で構成されていた。

この作品では、ナチのシンボルマークや夜の大集会、ファッション、ラジオや映画の利用等、ヒトラーのさまざまな宣伝技術とマインド・コントロールの技が紹介されている。そして当時のドイツの民衆は見事に彼の技にはまっていくのだ。ヒトラーの実像がどんなものであれ、彼が圧倒的多数の民衆に支持されていたことは間違いない。

ドイツ人の多くは収容所で何が実行されたか知らず、ヒトラーを信じ続ける。敗戦間際になって、自らが持ち上げた指導者の無様な姿を知って唖然としたが、その時はもう遅かった。一度歩き始めた〝魔王〟は、カタストロフ（破滅）に至るまで誰も止めることができなかったのだ。

『美の祭典』で接近した二人

レニ・リーフェンシュタール監督のベルリン・オリンピックの記録映画『**民族の祭典**』（38）と『**美の祭典**』（38）には、実物のヒトラーが登場し、現在もたびたび上映されている。この映画はナチのプロパガンダ映画とこき下ろされながらも、今なお多くのファンを獲得している不思議な映画だ。全編のスローモーションと仰角アングル、そして対象に肉薄する接写撮影など、映像表現としても高い評価を得ている。

ここに描かれているのは、徹頭徹尾肉体美に対する礼賛だ。監督は女性ということもあって、カメラは執拗に男の筋肉美を追い続ける。実際このスローモーションで撮影された筋肉の痙攣と汗の飛沫は官能的ですらあった。特に金髪の白人男性が美しく描かれており、これはナチの人種論が投影されたものといえる。

興味深いのは、映画の中で、ヒトラーは優れた政治家として英米の選手からも喝采を浴びていたこと。実はベルリン・オリンピックまでのヒトラーは、世界的な〝大政治家〟だった。この世紀のショーを観戦してから、ムッソリーニはヒトラーの盟友となるのである。

この映画をつくったレニ・リーフェンシュタールは、一九〇二年ベルリン生まれ。バレリーナ出身で、女優として山岳映画に出演していたところをヒトラーに認められ、監督転向後にこのオリンピック映画の監督として白羽の矢が立った。戦後は戦犯として糾弾され、映画製作の機会を奪われるが、その後写真家に転じて黒人の肉体美を追求し、その写真集は今でも売れている。

ソ連の映画監督ミハイル・ロンム（ユダヤ系）が制作した『**ありふれたファシズム　野獣たちのバラード**』（66）という記録映画では、ムッソリーニの演説とヒトラーの演説が交互に流され、ヒトラーがムッソリーニを真似て演説の練習をしたことが仄めかされるが、ムッソリーニはムッソリーニで、オリンピックの後にはヒトラーの仕草を真似るようになる。つまり二人は、互いに相手を真似て同志となっていったのだ。

このロンム映画の特異さは、過去のニュース映画を切り刻んで再構成しながら、作者独自の視点でナチズムの全体像を俯瞰するという、いわばドキュメンタリーの王道から外れたつくり方をした点にあった。全体を章分けし、ファシズム・ドイツの特徴的な挿話を並列しているのだが、

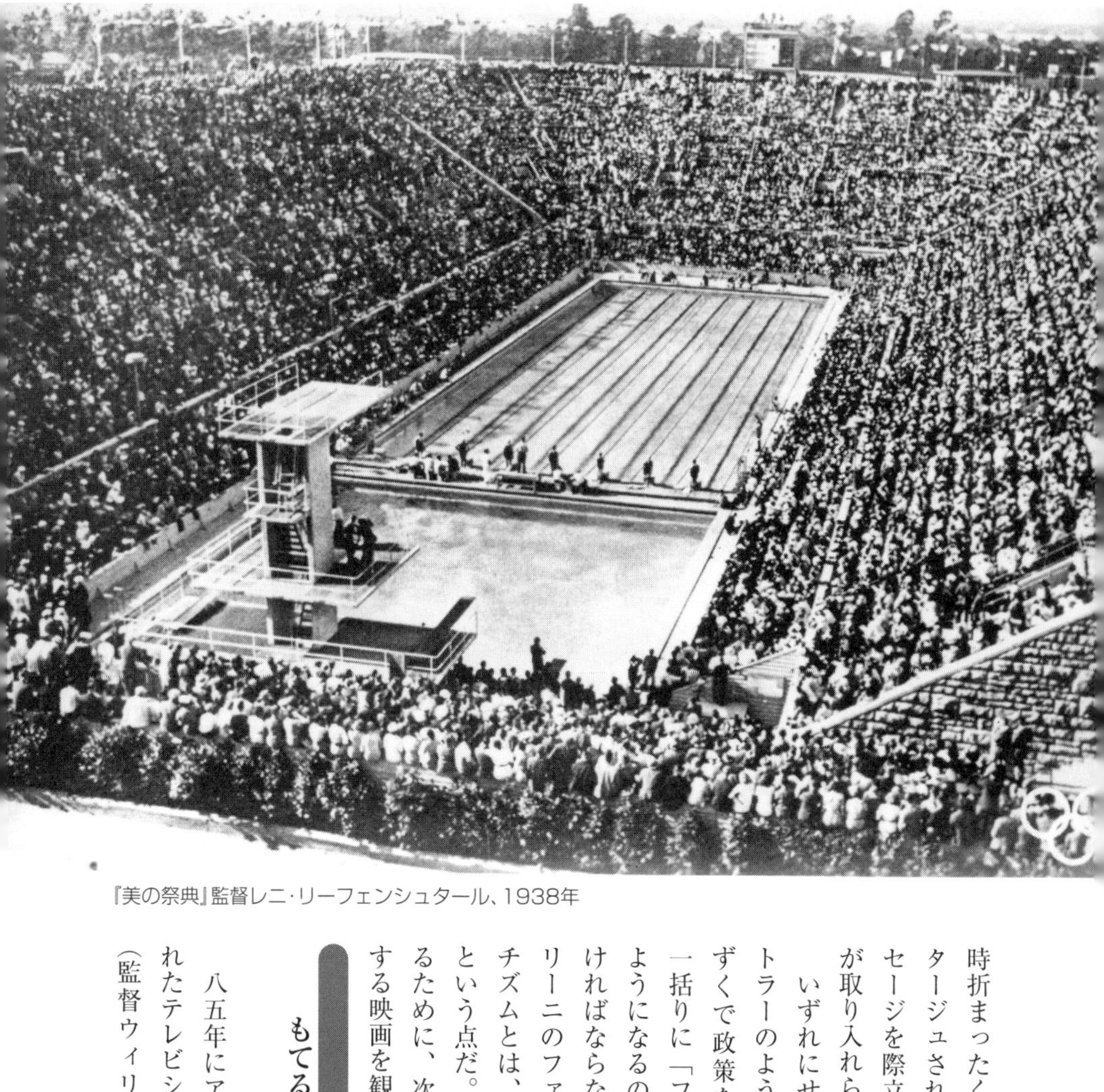

『美の祭典』監督レニ・リーフェンシュタール、1938年

時折まったく関係のない映像がモンタージュされることで、作者のメッセージを際立たせる異化効果の手法が取り入れられている。

いずれにせよ、ムッソリーニやヒトラーのように、議会を無視して力ずくで政策を実行する強権政治を、一括りに「ファシズム」と呼称するようになるのだが、ここで注意しなければならないことは、実はムッソリーニのファシズムとヒトラーのナチズムとは、似て非なるものだったという点だ。どこがどう違うかを知るために、次はムッソリーニが登場する映画を観ていこう。

もてる男ムッソリーニ

八五年にアメリカABCでつくられたテレビシリーズ『ムッソリーニ』(監督ウィリアム・A・グレアム)

は、彼の家族を丹念に描いたムッソリーニ映画の決定版だが、ジョージ・C・スコットが演じたムッソリーニは、かなり強面の野蛮な男として描かれている。

ところが九八年に公開された『**ムッソリーニとお茶を**』（監督フランコ・ゼフィレッリ）では、マギー・スミス演ずる英国大使館夫人がムッソリーニとお茶を飲むシーンがあり、ここではムッソリーニが魅力的な紳士として英米の貴婦人から絶大な信頼を得ていたように描かれているのだ。ここでもどちらが本当の？という疑問が生ずる。

一ついえるのは、『ムッソリーニとお茶を』は、フランコ・ゼフィレッリの自伝映画であるだけに、そこに描かれたムッソリーニは、当時のイタリア人の素直な感情を代弁したものと考えられることだ。

彼の人間像については議論の分かれるところだが、はっきりしているのは、ムッソリーニの人気は内外で絶大だったということである。

『**フェリーニのアマルコルド**』（74）でも、ムッソリーニの時代がノスタルジックに描かれている。どうもムッソリーニが豹変するのは三六年頃で、やはりベルリン・オリンピックの後だったようだ。この頃はイタリアも世界恐慌の影響で経済が行き詰まり、対外侵略に活路を見いださざるをえない状況が発生していた。

この後ムッソリーニはエチオピアに侵入して、国連を脱退することになる。そしてヒトラーはヒトラーで、今度はムッソリーニに倣ってオーストリアを併合するのだ。

『**ムッソリーニと私**』（83、監督アルベルト・ネグリン）というテレビドラマは、ムッソリーニの娘婿で、反逆罪により銃殺された外相ガレアッツォ・チャーノとムッソリーニの関係を描いた映画だ。ここでも、ムッソリーニは極めて人間的な政治家として描かれている。ムッソリーニを演ずるのはボブ・ホスキンスで、彼はここでは一見強面だが気弱さを内包するムッソリーニを巧く演じていた。

いずれにせよ、ミュンヘン会談までのムッソリーニ人気は絶大で、彼の人気のピークにヒトラーはローマを訪れる。それは三八年五月三日のことだった。

この一日を取り上げたのは、イタリアで人気がある監督エットーレ・スコーラの『**特別な一日**』（77）。ファシストの夫が子どもを連れてヒトラーとムッソリーニのパレードを見に行っている間に、その妻（ソフィア・ローレン）が反ファシストの男

（マルチェロ・マストロヤンニ）と不倫に陥る物語で、男が逮捕された後も、その男を忘れられない女の微妙な心情を描いている。

ソフィア・ローレンは来日した際、この映画が日本で公開されていないことを知って落胆し、これが自分の代表作だと表明した。その後この映画は日本で公開されたが、ロードショー公開でなかったため、ほとんどの映画ファンが観る機会を逸していた。幸い今はビデオ化されている。

ともあれ、ムッソリーニの最大の失敗は、ヒトラーと同盟を結んだことにあったようだ。

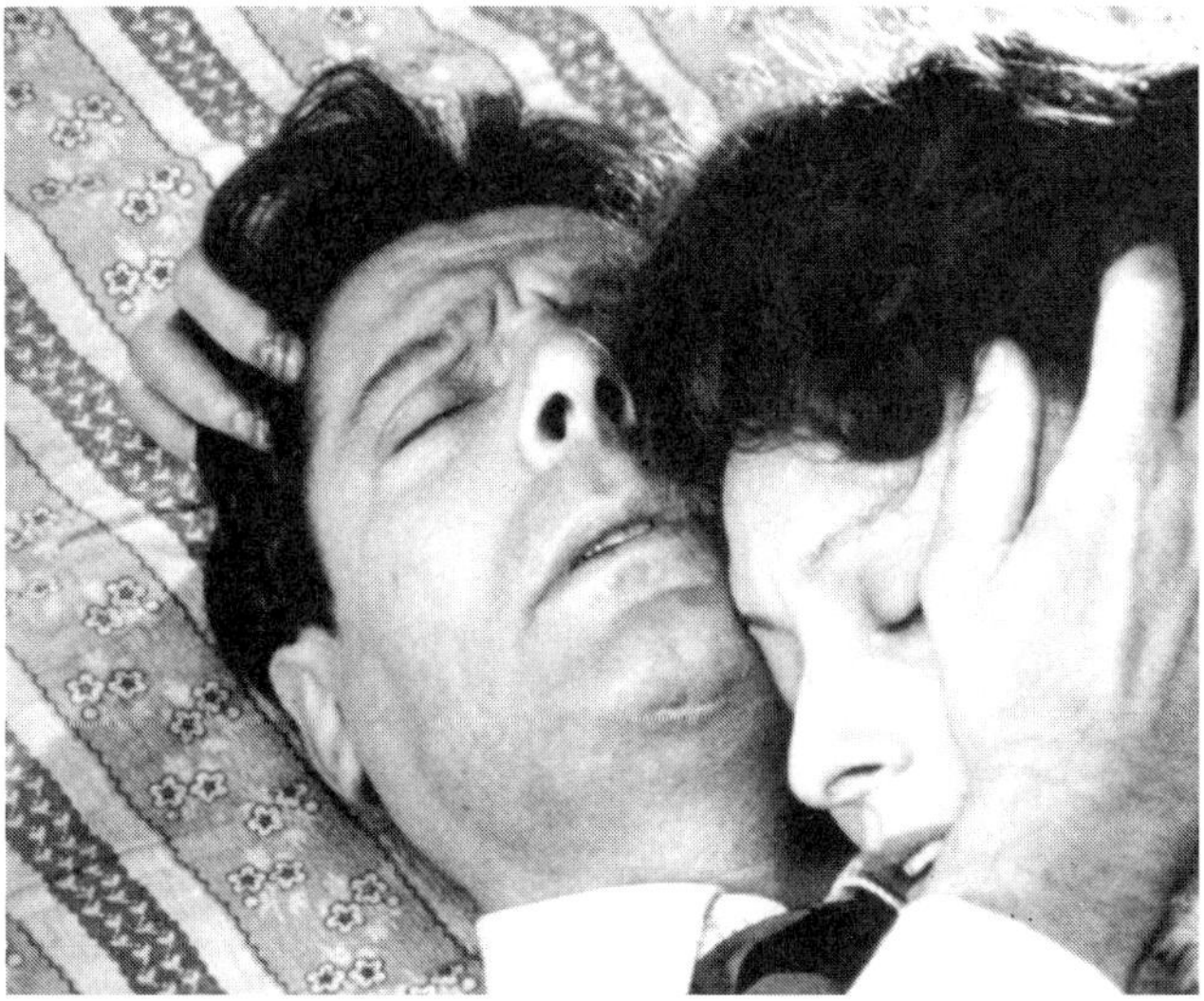

『特別な一日』監督エットーレ・スコーラ
出演ソフィア・ローレン、マルチェロ・マストロヤンニ
1977年

似て非なる二人

今までヒトラーとムッソリーニが登場する映画の話をしてきたが、結局この二人は似ているようで似ていなかった。

たとえば一つのエピソードとして、映画に対する両者の態度の違いを見ると面白い。ムッソリーニは「チネチッタ撮影所」を創設するほどの映画好きで、あのロッセリーニも最初はチネチッタでムッソリーニのために多くの映画を撮影していたファシスト党員だった。ヒトラーも同様に、ゲッベルスにたくさんの映画を製作させるが、二人の好みはまったく違っていた。ムッソリーニはジャン・ルノワールの『大いなる幻影』(37)が好きだったが、ヒトラーはこの映画が大嫌いで上映禁止にしている。ジャン・ルノワールは、ドイツが侵入する直前にローマで映画を撮影するが、これはムッソリーニの招きによるものだった。ここでプッチーニのオペラ『トスカ』の映画化に取り組むのだが、この時彼を補佐したのはヴィスコンティだ。しかし大戦が始まり、この映画は流産してしまう。

なんといっても二人の最大の違いはユダヤ人に対する対応だ。

実はムッソリーニは当初ユダヤ人を迫害しなかったのだ。これは嘘のようだが本当の話である。それというのも、イタリアではユダヤ人の同化が進んでおり、ユダヤ人を二〇〇〇年前からイタリアに居住している同胞と考える風土が存在していたからだ。イタリア統一の中心となったサルデーニャ王の息子ヴィットーリオ・エマニュエーレ三世は、シオニズムの指導者ヘルツルと会見した時、ユダヤ人をイタリア人と明言した。

ポール・ジョンソンの『ユダヤ人の歴史』(徳間書店)には、ムッソリーニが「古代イタリアに住むサビニ人の女が襲われた時、衣服をあてがったのはユダヤ人さ」と冗談を述べ、創立当初のファシスト党の中に幾人かのユダヤ人が含まれていたことが記されている。そのためコロンビア映画の創設者ハリー・コーンも、一時期ムッソリーニの肖像を部屋に飾っていたことがあったのだ。実際ムッソリーニの娘の最初の恋人はユダヤ人だったが、彼は相手に危害を加えることはなかった。

加えてムッソリーニがヒトラーと同盟した後も、イタリアで組織的なユダヤ人狩りは行なわれたためしはなく、それが実行に移されたのは、ムッソリーニが失脚して国土の半分がドイツ軍政下に置かれた四三年以後のことだった。してみれば、イタリアのファシズムというのは、反ユダヤ主義を伴わぬ政治思想だったわけで、ユダヤ人のファシスト党員がいたのもうなずける話なのだ。前に触れた『ムッソリーニとお茶を』にも、シェール演ずるユダヤ人女富豪が登場するが、彼女が収容所に入れられるのはドイツが侵入してからのことだった。イタリアのレジスタンスが活発になるのは、やはりドイツ侵入後のことだ。

ムッソリーニは、最後にヒトラーと同盟したことを悔いたことであろう。

第2章 迫害されるユダヤ人

ユダヤ人迫害を党是に掲げるヒトラーのナチスが、権力闘争の末ドイツの政権を奪うと、とどまるところを知らない迫害が本格的に始まった。ナチの台頭とともにドイツを脱出してゆく有力な映画人。そしてそれを助けるマレーネ・ディートリッヒ。

前章で、ムッソリーニは当初ユダヤ人を迫害しなかったと書いたが、さすがにドイツと枢軸を形成すると、ユダヤ人に対して厳しい施策を取らざるをえなくなる。この結果、一九三八年にはイタリアでも「人種法」が制定されることになる。

イタリアでも差別の影

こうして始まったユダヤ人迫害は、それまで長くユダヤ人差別が表面化しなかったイタリア社会に微妙な影を落としていった。しかしローマ以南では、ファシスト党員の暴走を除いて民衆レベルでの意識的な迫害は起こらなかったようだ。ただ北イタリアでは、戦争末期にユダヤ人が連行される悲劇に遭遇する。このドイツ占領下での強制連行については後でまた触れるが、三八年から始まるユダヤ人差別を描いた映画が一つあるので紹介しよう。それは『**自転車泥棒**』(48)で有名なデ・シーカが晩年に発表した『**悲しみの青春**』(71)という映画だ。

原作はイタリアのユダヤ人作家ジョルジュ・バッサーニで、舞台はフェラーラの町だ。このフェラーラというのは、ヴェネツィアとボローニャのちょうど中間にある北イタリアの都市で、中世以来たくさんのユダヤ人が住みついていた町だった。英国のユダヤ人宰相ディズレーリの祖先はこの町の出身。

映画は、この町のユダヤの名門フィンツィ・コンティーニ家の才媛ミコル(ドミニク・サンダ)と、彼女に憧れる町のユダヤ人青年ジョルジュ(リーノ・カポリッキオ)の悲しい恋の結末を描いている。ミコルにはヘルムート・バーガー演ずる病弱な弟がおり、イタリア人の恋人もいた。そして父は大財閥だった。結論からいえば、この映画は大戦によるユダヤ人財閥の崩壊を描いており、最後は一人ジョルジュが生き残って終わる。そしてジョルジュは、この作品の原作者バッサーニその人だった。

　八七年にも、同じバッサーニ原作による『**フェラーラ物語**』（監督ジュリアーノ・モンタルド）という映画がつくられているが、これはユダヤ人迫害を背景に、孤独な死を遂げる同性愛の医師を描いた作品だ。

　ヴィスコンティも、『**熊座の淡き星影**』（65）という映画で、イタリアのユダヤ人名家の崩壊を映画化している。これは彼がネオリアリスモから、後期の絢爛な貴族絵巻に移行する転機となった作品だが、ここで扱われているのは、ギリシャ悲劇エレクトラとオレステスの物語に想を取った姉と弟の禁断愛だ。姉の役を演じたのがクラウディア・カルディナーレだった。しかし映画の副筋として、母がかつてユダヤ人の血が流れる父をナチスに売ったという設定がなされており、そこから一家の崩壊が始まる。

『悲しみの青春』ビットーリオ・デ・シーカ、
出演ドミニク・サンダ、リーノ・カポリッチオ、1971年

　これらの映画で明らかになるのは、ユダヤ史の謎といわれるイタリアにおけるユダヤ財閥の存在だろう。

突撃隊と親衛隊の争い

　ムッソリーニと異なって、ナチス

はユダヤ人排斥を党是に掲げていたため、政権獲得後、次々とユダヤ人を標的にした政策を実行に移していく。三三年には早くもユダヤ人医師や弁護士をボイコットし、ユダヤ人との商取引を禁止すると同時に、労働組合も禁じ、言論の自由を奪って独裁を確立する。

この時までヒトラーと権力を争っていたのが、元陸軍大尉レームだった。彼はマフィアも黙る私設軍隊、突撃隊（SA）を組織し、警察と秘密警察を味方につけながらピーク時には三〇〇万の人間を統率し、正規軍に対抗していた。しかしヒトラーは、ドイツの正規軍を支配下に置くために、やがて突撃隊を切る必要に迫られる。

こうしてヒトラーは、三四年の六月、親衛隊（SS）に命じて突撃隊の幹部を殺害することになる。この突撃隊襲撃事件（「長いナイフの夜」）を、ドイツ鉄鋼財閥の崩壊と絡めて描いた歴史絵巻が、ヴィスコンティの『**地獄に堕ちた勇者ども**』（69）だった。これはヴィスコンティ特有の頽廃的貴族趣味が時代の狂気と溶け合った作品で、なんとも薄気味の悪い映画だった。出演がまた、ダーク・ボガード、ヘルムート・バーガー、シャーロット・ランプリングという一癖も二癖もある俳優ばかりで、後にボガードとランプリングは、リリアーナ・カヴァーニの『**愛の嵐**』（73）でも、元親衛隊将校と収容所帰りのユダヤ女性の狂気の愛を演ずることになる。

ヴィスコンティの弟子だったベルナルド・ベルトルッチは、七〇年にジャン・ルイ・トランティニアンをつかって『**暗殺の森**』を公開する。この作品も、この時代の倒錯的な雰囲気を見事に表現していた。

また八五年のスウェーデン映画『**ヒトラーズSS**』（監督ジム・ゴダート）は、それぞれ突撃隊と親衛隊に入った兄弟の数奇な運命を通じて、ナチの犯罪を暴いた映画だ。話の筋は歴史的事件をすべて盛り込んだちょっとあり得ない設定だが、映画を観て感ずるのは、誰も歴史の大波には逆らえないということだ。この兄弟も、初めは普通の真面目なドイツ青年だったが、知らぬ間に抗いがたい歴史の渦に呑み込まれ、結局破滅してゆくことになる。

ともあれ、三四年にヒンデンブルク大統領が死ぬと、ドイツ軍はヒトラーの指揮下に入り、ヒトラーは自らを「総統」と称して最高主権者の地位につく。

そしてアウトバーン建設などの大規模な土木工事や軍需産業を立ち上

げ、失業者を急速に減らした。これが「ヒトラーの奇跡」と呼ばれるもので、その後ドイツは国際連盟を脱退し、三五年には住民投票でザール地方を編入、義務兵役制の復活と再軍備を宣言する。

ユダヤ人に対しては「ニュルンベルク」法を制定し、非ユダヤ人との婚姻並びに性交渉を禁止した。この後三六年には、ラインラントに進駐してヴェルサイユ条約を破棄し、ベルリン・オリンピックを開催する。

かくてとどまるところを知らない、親衛隊による組織的なユダヤ人迫害が開始されていく。

逃げるも残るも、生死は紙一重

ナチ台頭期のユダヤ人迫害を描いた映画は数多くつくられているが、中でも異色なのは、ハンガリー出身のイシュトヴァーン・サボーがつくった『**ハヌッセン**』(88)だ。これはユダヤ人でありながらナチスを支持し、最後は突撃隊に殺される実在の超能力者を描いた映画である。実際ナチ台頭期はオカルトが蔓延した時代だった。これについては、二〇〇一年にも、ハヌッセンに雇われたユダヤ人怪力男を描いた『**神に選ばれし無敵の男**』(監督ヴェルナー・ヘルツォーク)という映画がつくられている。

結局〝超能力者〟といえども、この時代、ユダヤ人は生き残ることができなかった。かくて三七年までに、約十三万人のユダヤ人が国外に逃亡する。

二〇〇三年のアカデミー外国映画賞を受賞した『**名もなきアフリカの地で**』(監督カロリーヌ・リンク)は、迫害期にアフリカのケニアに旅立って苦闘する親子三人の物語だ。これは実話だが、この親子は生き残るものの、祖父母はアフリカ行きを拒否したため死ぬことになる。

一方豪華客船で悠々亡命するはずが、結局生きて戦後を迎えられなかった話もある。七六年につくられた英国映画『**さすらいの航海**』(監督ステュアート・ローゼンバーグ)がそれだ(これも実話)。

三九年、ナチは亡命希望の九三七人のユダヤ人をセントルイス号という豪華客船でキューバに送り出すが、キューバ政府が亡命を拒否するよう裏で手を回し、ユダヤ人が嫌いなのはドイツだけではないことを世界にアピールしようとする。結果、船は大西洋上を彷徨うことになるが、この船内での人々の重苦しい日々を描いたのがこの映画だ。最後はほとんどがアウシュビッツへ連行されて終わる。この映画の監督であるステュアート・ローゼンバーグもブルックリン生まれのユダヤ系で、それまでアクション映画をつくっていた人物だ。商業映画出身の監督にこうした映画をつくらせた理由は、おそらく七〇年代に発生したソ連のユダヤ人出国制限問題に抗議する狙いがあったためと思われる。

　なお、セント・ルイス号が出航する前年の三八年には、一部収容所への移送が始まり、同年十一月、ユダヤ人商店の無差別略奪である「クリスタルの夜事件」が起こる。この後大戦が勃発してドイツに残ったユダヤ人は収容所に送られることになった。しかしドイツに残りながらも生き残ったユダヤ人もいた。

　ポーランド出身のアグニエシュカ・ホランドが監督した**『僕を愛したニつの国　ヨーロッパ・ヨーロッパ』**（90）は、ソ連に逃亡したポーランドのユダヤ人少年が、独軍に捕まった際にアーリア人を装って生き延びる話だ。少年はヒトラーユーゲントに入隊するが、最後はソ連の捕虜となる。そこで収容所から解放された兄に出会って救われるのだ。そして戦後は兄弟でイスラエルに向かう。

　このアグニエシュカ・ホランドも、四八年のワルシャワ生まれのユダヤ系だ。ワイダの助監督を務めた後映画デビューを飾るが、**『コルチャック先生』**（90）の脚本を書いたのは彼だった。

　また八五年にジャックリーン・ビゼットが主演した**『ベルリンは夜』**（監督アンソニー・ペイジ）は、ユダヤ人と結婚した伯爵夫人の苦闘を活写した映画で、この主人公の夫も、さまざまな危機を潜り抜けながら隠れて暮らし、万分の一の確率でベルリンで戦後を迎えることになる。

ベルリンからパリへ

　ところで戦前のドイツ映画は、一九二〇年代に一つの黄金時代を築いていたが、これらの映画を送り出したのはベルリンにある「ウーファ」や「デクラ社」といった映画会社だった。これらの会社のプロデューサーや監督にはユダヤ系が何人もいた。その代表としては、制作者では**『会議は踊る』**（31、監督エリック・シャレル）のエーリッヒ・ポマーがおり、監督ではエルンスト・ルビッチがいた。

　二〇年代には、ルール占領後のインフレ期に、ハリウッドによるドイツ映画界の買収という出来事が起こっており、この時たくさんの映画人がハリウッドに流れていった。そのうちの何人かはベルリンに帰ってきたが、三〇年代に入ると、今度はナチの台頭でユダヤ系映画人がベルリンを去るという事態が発生する。

往年の名画**『嘆きの天使』**(30)は、二〇年代後半にハリウッドから帰ってきた俳優エミール・ヤニングスが自ら製作主演した映画で、この映画でスターとなったディートリッヒはこの後ハリウッドに流れていく。

ディートリッヒ自身はユダヤ人ではないが、『嘆きの天使』を監督したジョセフ・フォン・スタンバーグはユダヤ系で、ディートリッヒは、この後多くの亡命ユダヤ人と関わりを持つことになる。映画デビュー前のキャリアは歌手だった。

ユダヤ系ボブ・フォシーが監督してライザ・ミネリが主演したミュージカル**『キャバレー』**(71)は、ヘンリー・コーネリアスの**『嵐の中の青春』**(55)のリメイク版だが、ナチ台頭期のベルリンを舞台とした作家と歌手の恋愛ドラマで、ディートリッヒが過ごした時代のベルリンの雰囲気をうまく表現している。映画はキャバレーのショーが突撃隊によって占拠されるところで終わるが、ここで描かれるのは、ユダヤ人差別と並行して行なわれたナチによる文化抹殺の姿だった。

多くのユダヤ系映画人がドイツから脱出を図るが、彼らの中には一時パリに向かう者が多かった。フリッツ・ラングやマックス・オフュールス、ロベルト・シオドマクはベルリンを去った後にパリでそれぞれ映画を撮っており、ビリー・ワイルダーも大戦前にはパリにいた。またロシア生まれでベルリンで仕事をしていたアナトール・リトヴァクもそうだった。

反戦映画**『西部戦線異常なし』**(30)の原作者レマルクの**『凱旋門』**は、こうしたパリの亡命者を描いた小説で、戦後の四八年に映画化されている。この映画は、往年の二枚目シャルル・ボワイエと美女イングリット・バーグマンが共演した恋愛映画で、話だけでなく、画面もやたら暗く、当時の亡命者の出口なき世界を描いていた。監督したのは、これもユダヤ系のルイス・マイルストーンで、彼は『西部戦線異状なし』のメガホンもとった人物だ。

ちなみに『西部戦線異状なし』だが、この映画はナチによる上映妨害第一号となった映画で、レマルクも焚書処分にあってスイスに亡命している。

そしてこのレマルクとパリで逢瀬を楽しんでいたのが、実はディート

『リリー・マルレーン』監督ライナー・ウェルナー・ファスビンダー、
出演ハンナ・シグラ、ジャンカルロ・ジャンニーニ、1981年

リッヒだったのだ。

亡命者の女神マレーネ

レマルクとパリで逢瀬を楽しんでいたディートリッヒは、そこでただ愛の言葉だけを囁いていたわけではなく、レマルクの亡命の相談にものっていた。

彼女は三三年にベルリンに里帰りしようとした際、パリでラジオから流れるヒトラーの演説を聞き、気持ちが悪くなってベルリン行きを取りやめる。そしてパリで何人もの亡命者に出会う。それ以来、彼女は定期的にパリに赴き、ドイツから逃げてきた人々をアメリカに亡命させるために尽力することになる。

ハリウッドに渡ったディートリッヒだが、彼女はスタンバーグのメガホンで六本の映画に出演し、当時世界的スターとなっていた。しかし三五年に撮った『**西班牙狂想曲**』がスペイン政府の抗議で破棄処分にされたため、スタンバーグとのコンビは解消され、同時にスタンバーグ夫妻とディートリッヒ夫妻との四角関係が訴訟沙汰に発展して、二人の関係は終焉を迎える。

この後彼女はヒトラーからドイツ映画に出演するよう誘いを受けるが、厳としてその誘いをはねつける。そして逆に、憑かれたように亡命者への援助活動に打ち込んでいくのだ。ビリー・ワイルダーも援助を受けた一人だが、後にワイルダーは、彼女が主演する二本の映画を撮り、ルビッチに代わってパラマウント社の看板監督となってゆく。またこの後長くつき合うことになる作曲家のフレデリック・ホレンダー、シューベルトの伝記映画『**未完成交響楽**』（33、監督ウィリ・フォルスト）でシューベルトを演じた俳優ハンス・ヤーライ、妻がユダヤ人のノーベル賞作家トーマス・マン、ペニシリンを発明した科学者のフレミング、後に原爆を開発するオッペンハイマーなどは、皆ディートリッヒの世話になった。ほとんどがユダヤ人だ。

この後彼女はルビッチの『**天使**』（37）などに出演するが、ルビッチは大戦が始まってからはヨーロッパのユダヤ人のために「ヨーロッパ映画基金」を創設し、その会長を務めた。ディートリッヒはもちろんそこに資金援助を行なった。同時にアメリカ国籍を取得したため莫大な税金が課せられ、懐はたちまち空になったようだ。

この間、あちこちを行き来して諜報活動のようなことを行ない、資金稼ぎのために『**オーケストラの少女**』（37、監督ヘンリー・コスター、ユダヤ系）を製作したユダヤ人プロデューサー、ジョー・パスタナークの『**妖花**』（40、監督テイ・ガーネット）ほか数本の映画に出演する。その頃、亡命中のジャン・ギャバンと深い仲に陥るが、ギャバンが自由フランス軍に参加すると自らも従軍し、ヨーロッパ中の戦地を慰問して歩く。そこで歌ったのが名曲「リリー・マルレーン」だった。

なおライナー・ヴェルナー・ファスビンダーがつくった『**リリー・マルレーン**』（81）は、この歌のオリジナル歌手ヴィルキーが、ユダヤ人救済組織で働く愛人を救うために尽力したものの、敗戦後はナチの側にいたとして糾弾される悲劇を描いた映画である。

第3章

そして大戦は始まった

ナチス・ドイツは瞬く間にヨーロッパを席巻していった。ポーランド、デンマーク、ベルギー、フランスを蹂躙し、ロンドンへの空爆、バルカン半島や地中海へ侵攻……。これらの事件を映画はどのように描いているか。

三八年三月に、ヒトラーは念願のオーストリア併合を果たす。ヒトラーは熱狂をもって迎えられるが、中には亡命する者もいた。『**サウンド・オブ・ミュージック**』（64、監督ロバート・ワイズ）のトラップ一家がそうである。

さらに同年九月、チェコに対しドイツ人が多く居住するズデーテン地方の割譲を要求。この結果、チェコの代表不参加のまま、ミュンヘンで英仏独伊の首脳会談が開かれる。そこで英仏首脳はヒトラーの脅しに屈してズデーテン地方の割譲を黙認する。

ところがこの後、ヒトラーはチェコスロヴァキアを解体し、ダンツィヒ、ポーランド回廊と際限のない要求を突きつけてゆく。英仏はこの段階でようやく宥和政策を放棄してポーランドの安全保障を宣言し、ソ連と軍事同盟の交渉に入るが、かねてから西欧諸国の態度に不安を感じていたスターリンは、ここで突然独ソ不可侵条約を締結して世界をアッと言わせるのだ。

ポーランド侵攻、大戦の開始

ヒトラーはこれに力を得て、三九年九月にはポーランド侵攻を開始し、ついに第二次大戦の火蓋が切られることになる。その後、ソ連軍もポーランドに侵入してポーランドは再度分割される。ソ連は十一月、今度はフィンランドに宣戦し、翌年フィンランドの国境地帯に軍事基地を得る。二〇〇二年、『**ククーシュカ　ラップランドの妖精**』（監督アレクサンドル・ロゴシュキン）は、ソ・フィン戦争にからめて、ラップランドの美しい自然を描いた映画だ。ソ連は、続いてバルト三国を併合、ルーマニアからベッサラビアを割譲させるに至る。

さて、このドイツによるポーランド侵攻だが、これを題材に、ルビッチが『**生きるべきか死ぬべきか**』(42)という傑作を残している。これは独軍のワルシャワ侵入から話が始まるが、ワルシャワの劇団がヒトラーに変装してナチのスパイからレジスタンスの活動家のリストを奪うというコメディだ。その前年まで洒落た恋愛映画ばかり撮っていたルビッチが、初めて取り組んだ反ナチ映画でもあった。それまで極力ユダヤ人としての出自を隠してきたルビッチだったが、ここでは真正面から反ナチを掲げ、その存在感を示した。考え抜かれた洒脱な台詞、シェークスピアにかけた一等のアイロニー、ソフィストケイトと呼ばれる流麗なテンポとリズム、いずれをとっても一級で、後期ルビッチの代表作となった一作だ。

また七〇年代にニュージャーマンシネマで一世を風靡したフォルカー・シュレンドルフ監督の『**ブリキの太鼓**』(79)も、独軍によるポーランド侵攻を題材とした作品だ。原作は、最近、元親衛隊員だったことを告白したギュンター・グラスの長編小説だが、三歳で成長を止めた少年の目を通して、戦前から戦中のダンツィヒの歴史が描かれる。映画の中で醜悪な大人たちの世界を拒否するオスカル少年が、唯一心を通わせるのがユダヤ人のおもちゃ屋マルクスなのが意味深だった。このおもちゃ屋を演じたのはシャルル・アズナブールで、彼はフランスのユダヤ系シャンソン歌手だ。

それにしても、この映画は最初から最後まで寓意に満ちており、歴史を知らずに映画を理解することは不可能と思われる。その寓意性と即物的映像表現が衝撃を与え、七九年のカンヌでグランプリ、八〇年のアカデミーで外国映画賞を受賞した。

アムステルダム、その時オードリーは

西部戦線では、独軍は四〇年四月にデンマーク、ノルウェーに侵攻してこれを降伏させ、五月には奇襲攻撃でオランダに侵入する。ここで宥和政策を推進した英国のチェンバレンは辞任、チャーチルが挙国一致内閣を組織してフランスへの軍の派遣を決議するが、オランダはたった四日で降伏してしまう。続いて独軍はベルギー、フランスへと侵入、三日後にはフランスの要塞マジノ線を突破する(マジノ線突破については、NHK『**映像の世紀　第5集**』[95]が詳しい)。

このように、第二次大戦は圧倒的

なドイツ有利の展開で開始されることになるが、この独軍の快進撃については、仏軍が防衛主体で軍隊の近代化が遅れていたとか、ナチのリッペントロップ機関の平和攻勢が功を奏したとか、フランスで第三共和政の政治的混乱が尾をひいたなど、たくさんの分析がなされてきた。

実戦上では、急降下爆撃機シュトーカによる空からの機銃掃討と、戦車と火炎放射器による焼き討ち作戦が奏功したといわれている。いきなりのカウンターパンチで、連合軍の兵隊は慌てふためき、ほとんどなす術もなかったのだ。

ところでこのナチによる電撃作戦でオランダのアルンヘムが占領された時、後にハリウッドの女優となるオードリー・ヘップバーンはその町にいた。程なく彼女は、叔父と従兄弟が銃殺され、異父兄も収容所に連行される憂き目に合うことになる。これはオードリーが十一歳の時の話だった。やがて母の実家はナチに没収されるが、この占領下の出来事を彼女は生涯記憶に留めることになる。

ベルトラン・メイエ・スタブレ著『オードリ・ヘップバーン、妖精の秘密』（風媒社）によれば、オードリーの母の実家は、アルンヘムの市長や裁判所の判事、さらにはオランダ領ギニアの領事も務めた名家だった。母のエラは、一九二〇年にオランダ王家オラニエ家の武官と結婚したが、二人の子どもをもうけて離婚する。その後エラはヘップバーン姓のアイルランドの銀行家と結婚してエダ（オードリー）を産むが、この父は親ナチの政治結社に近づき、これが原因でエラと別れることになる。エラは三人の子どもとアルンヘムに戻るが、そこでナチの襲撃を受けた。

では、なぜオードリーの親族は銃殺されたのか。独軍に抵抗したからというのが表の理由だが、このエラの母、すなわちオードリーの祖母の古い祖先にユダヤ人の血が入っていたこともあったようだ。先祖はポルトガルから移住してきたユダヤ人だという。もちろんオランダの有力者との婚姻関係によりそのユダヤ性は薄められているが、自分の血にユダヤ人の血が混入しているという事実をオードリーも知っていたらしい。つまりオードリーはセファルディ（スペイン系ユダヤ人）の末裔ということになる。これが知る人ぞ知るオードリー・ヘップバーンの「秘密」だった。

ベルギーでの長い列

オランダについで、ドイツはベル

ギーに侵入するが、この時大量の避難民が発生して幹線道路に何百キロもの難民の列ができることになる。これを題材にした映画がルネ・クレマンの名画**『禁じられた遊び』**（52）だった。ナルシソ・イエペスのギターによる主題歌で日本でも大ヒットした映画だ。

この作品は、逃避行の最中に両親を独軍の機銃掃討で失った孤児を描いている。ブリジット・フォッセー演ずる主人公は、両親を殺されて泣きながら道端を歩いていると、そこで農夫の子ミシェルと出会う。そのままミシェルの家に入り込み、そこで育てられることになるのだが、やがてミシェルとともに墓づくりの遊びを始める。そうしているうちに墓地から本物の十字架を盗み出すようになり、それが発覚して孤児院に預けられることに……。

詩情豊かな映像と音楽の中に、子役の演技が見事に引き出され、それが多くの人々の感涙を誘った。その結果、『キネマ旬報』誌で五三年度のベストワンに選ばれた。ところが日本で人気を博したこの映画は、逆にキッチュなお涙頂戴だとしてヌーヴェル・ヴァーグの若者からはブーイングを受け、当時批評家だったトリュフォーにも酷評された。

この逃避行に際して、汽車で脱出を図った家族が離ればなれとなり、そこからとんでもない人生が展開してゆくのが、ピエール・グラニエ・ドフェールの**『離愁』**（73）だ。

話はジャン・ルイ・トランティニアン演ずるラジオ屋が、ナチの侵攻を前に家族を伴って汽車で脱出を図るところから始まる。客車は女子ども優先のために男は貨物車に乗るのだが、予期しないことにその貨物車が途中で切り離されてしまう。そこから映画は意外な方向へ展開していく。その貨車の中で、男はロミー・シュナイダー演ずるユダヤ人の女と出会い恋に落ちてしまうのだ。結局男は離れた家族ではなく、その謎の女を選ぶことを決意するが、男が家族と再会を果たすと女のほうが消えてしまう。

ここで映画が終わればただの悲恋物語なのだが、この後ドンデン返しが待っている。元の生活に戻った一年後、男は突然秘密警察から召還を受け、そこで例の女のことを根掘り葉掘り聞かれる。実はあの女は男の通信技術を利用して連合軍のスパイ活動を行なっていたのだ。男がその女を知っているか否かが詰問されるが、その男に迫るのが、あの**『死刑台のエレベーター』**（57、監督ルイ・マル）でジャンヌ・モローを陥

『禁じられた遊び』監督ルネ・クレマン、
出演ブリジット・フォッセー、ジョルジュ・プージュリー（二人の子役）、1952年

れるリノ・バンチェラだった。この役者のクールな眼差しに射止められた人間に逃げ道はない。

ここからのラストシーンは秀逸だ。あくまで何も知らないと通していた男だが、その女が出てきた瞬間……。

その終わり方は、やはりフランス映画としかいいようのないものだった。

ダンケルク撤退とロンドン空襲

フランスに侵入した独軍は、やがて連合軍をドーヴァー海峡の浜辺に追い詰めていく。この結果、連合軍はいったん撤退することになる。ジャン・ポール・ベルモンドが主演した『**ダンケルク**』（64、監督アンリ・ヴェルヌイユ）は、この有名なダンケルク撤退を題材にした作品だ。

しかしこれが一風変わった戦争映

画で、ここに登場する仏軍はまったく戦意を感じさせない軍隊なのだ。独軍の大攻勢に押されてダンケルクに集結してきた敗残兵の群れといってよい。そこではそれぞれの軍隊の生き残りがまるで難民のように生活し、船で逃げることばかり考えている。指揮命令系統も定かでなく、町の娘をレイプする兵隊もいる。

ベルモンド演ずる一軍曹は、船で逃亡することに失敗し、たまたまレイプされる娘を救い出したことから娘とパリへ逃亡することを決意する。ところがいよいよそこを立ち去る段になって、独軍の機銃掃討で死んでしまうのだ。ベルモンドは、ゴダールの『**勝手にしやがれ**』(59)でもラストであっけなく死ぬが、この映画でもあっけなかった。

この後パリが陥落し、ヒトラーはスイス駐在の英大使に和平使節を送るが、チャーチルは断固としてこれをはねつけた。これがヒトラー最初の誤算となる。

ドイツはロンドンへの激しい空襲を仕掛けるが、これを迎えた英国空軍は、苦しい戦いの中ドイツ空軍を撃破する。この空中戦を描いた戦争巨編が『**空軍大戦略**』(69、監督ガイ・ハミルトン)で、これはローレンス・オリヴィエを筆頭とする英国版オールスター映画だった。この金がかかる映画をつくったのは、007シリーズでボロ儲けしたユダヤ系名プロデューサー、ハリー・ザルツマンだ。

この映画は全編がアクロバット航空ショーの連続。航空戦を描いたものとしてはピカイチの映画だが、その分ドラマの部分は希薄になっていた。ただ映画を通してわかることは、ヒトラーがロンドンではなく空軍基地を狙っていたら、制空権はドイツが握っていただろうと思われることだ。ドイツはチャーチル憎しのあまり、ロンドン破壊に重点を置いた。そのため燃料が足りず、軍事基地を攻撃することができなかったのだ。

ロンドン空襲の際に市民が地下鉄に寝泊まりした話は有名で、いくつかの映画にそのシーンが登場する。また、この事態を描いた珍しい戦争映画もあった。八七年にイギリスでつくられた『**戦場の小さな天使たち**』(監督ジョン・ブアマン)がそれで、空襲によって日常から「解放」され、むしろ「自由」を獲得してゆく子どもの世界を描いていた。

本節の最後はドイツ空軍に立ち向かった英国の名機の話を紹介しよう。それは機動性に富むスピットファイアーで、戦中にこの戦闘機を開発した直後に死んだR・J・ミッチェル

『旅芸人の記録』監督テオ・アンゲロプロス、1975年

の伝記映画がつくられている(**『スピットファイアー』**[42])。これを監督主演したのは、自ら空軍に従軍して死んだ英国のユダヤ系俳優レスリー・ハワードだった。

バルカンと地中海への進出

ロンドン空襲の失敗の後、ドイツは矛先をバルカンに向け、四〇年九月に日独伊三国同盟を締結、その後ルーマニアを占領する。同じくイタリアはギリシャに軍を進めるが、ここで侵攻に失敗し、北アフリカでもイギリス軍に苦戦する。

この間ドイツはハンガリーとルーマニアを枢軸に加入させ、四一年の四月にはユーゴスラビアに侵攻する。スロボダン・シヤン監督の**『歌っているのはだれ?』**(80)は、ドイツ侵攻直前の平和なユーゴを描いた映

画だ。その後ドイツはギリシャを征服、北アフリカに軍を進める。なおこれによりソ連との関係が悪化し、ソ連は同月ドイツに備えて日ソ中立条約を結ぶことになる。

ドイツの支配下にあったギリシャを描いた映画も数多くあるが、ここで思い浮かぶのが、六一年に公開された**『ナバロンの要塞』**（監督J・リー・トンプソン）だ。これは特殊部隊による独軍の要塞爆破を描いた戦争活劇だが、実はまったくのフィクションで絵空事の物語だった。

これに対し、五六年のイギリス映画**『将軍月光に消ゆ』**は、マイケル・パウエルとエメリック・プレスバーガー（ユダヤ系）のコンビによるもので、クレタ島の独軍司令官を誘拐する実話を映画にしたものだ。

ギリシャが生んだ世界的名匠テオ・アンゲロプロスは、名作**『旅芸人の記録』**（75）で、三九年から五二年までの時間の流れを、ある旅芸人一家の歴史に絡めて叙事的に織りなした。ここでは、独軍の侵入とそれに対するパルチザンの抵抗、さらに戦後の内戦と、歴史に翻弄される人間の悲しみが表現されている。

パルチザンに加わるのは一座の長アガメムノンの息子オレステスだ。これにアガメムノンに対する妻の裏切りと母に対する娘エレクトラの復讐という情念のドラマが、重層的に展開されてゆく。人物は皆ギリシャ悲劇の登場人物になぞらえて行動し、そこに抗いがたい運命の悲劇が展開される。これに、アンゲロプロス特有のゆったりとしたパンニングと風景を包括するロングショット、それに詩情豊かな言葉が葛折りとなり、見事な現代版ギリシャ悲劇が誕生した。

ギリシャの場合、解放後も共産解放軍や王党派、それに英軍が入り乱れての流血が長く続く。これについては**『哀愁のエレーニ』**（85、監督ピーター・イェーツ）に、その悲劇が描かれている。

なお『旅芸人の記録』が終わりとなる五二年は王政が確立してギリシャがＮＡＴＯに加盟した年だった。

またこの映画が公開された七五年は、ギリシャが王政から軍事政権を経て、やっと民政を確立した翌年の年だ。アンゲロプロスは、この作品でカンヌ映画祭国際批評家大勝を受賞し、世界的な映画作家となっていく。

第4章 ハリウッドとアメリカの参戦

『カサブランカ』をダンディズムだけで観てはいけない。ナチス・ドイツがヨーロッパに侵攻し、パリを陥落させたとき、アメリカはまだ参戦していなかった。多くのハリウッド映画がアメリカの参戦を促し、戦意昂揚の役割を果す。〝ボギー〟もまたプロパガンダの一翼を担っていたのだ。

四〇年六月にパリが陥落すると、翌月ヴィシーにペタンによる親独政権が誕生する。この結果、フランスの北半をドイツが、南半をペタン政府が統治する分裂時代が始まる。

ボガートの男の哀愁と「戦意高揚」

このヴィシー政権下の仏領モロッコを舞台とした有名な映画に、戦中公開された『カサブランカ』(42)がある。よく映画雑誌などで行なう世界映画ベストテンで、年輩だけでなく若者の票も多数獲得する作品だ。なるほどこの映画でボガートが見せた男の哀愁は語り草で、彼は今でも〝ダンディズムの師表〟と崇められている。

この伝説の作品は、一般にはバーグマンとボガートという世紀の二大俳優による悲恋ものとして知られている。愛し合いながら大義のために恋を諦める男女の悲愁、それがこの映画の表看板であり、裏には密かにレジスタンス映画の刻印が刻まれていた。実際、多くの人がそのような観点でこの映画を観たのだ。

ところが最近の映画史家によれば、そうした観方でこの映画をとらえることについて異論がでてきている。ではどのような観方をすればよいのか。それは、この映画が一種の戦意高揚映画だというものだ。要するに、戦いを躊躇する人間に、戦いを決断させる映画だというのだ。

たしかにボガートが演ずる主人公は、過去にスペイン市民戦争に参加したというキャラを付与されているが、決してレジスタンスの闘士ではない。彼はいわゆる〝巻き込まれ型〟の人間に過ぎず、彼が漂わせる〝哀愁〟とは、結局迷いがそのまま顔に現われただけの話なのだ。彼は過去の女にせかされ、仕方なくレジスタンスに組みしただけだった。という

『カサブランカ』監督マイケル・カーティズ、
出演ハンフリー・ボガート、イングリッド・バーグマン、ポール・ヘンリード、1942年

のも、一般民衆のレベルでは、フランスにおいても、アメリカにおいても、はっきりとドイツと戦うことを決意していた人間は多くなかったからである。

この映画の主人公もそうであり、ボガートは別にドイツに深い恨みがあるわけではなかった。しかも彼が経営するクラブはドイツ兵によって潤っており、ドイツと戦えば築きあげた資産を失うことになるから尚更だ。そんな人間がどうしてドイツと戦う必要があるだろうか。この決断があまりに難しかったため、ボガートは〝哀愁〟を漂わせていたのだ。

ハンガリー系亡命ユダヤ人であるマイケル・カーティズ監督にとって、最も重要なシーンは、ボガートとバーグマンの切ない恋の囁きではなく、ラストの極めて即物的なワンシーンだった。それはバーグマンとその夫をボガートが逃した後に、ボガートを助けた現地の警察署長が、安堵して水を飲もうとするシーンだ。彼が手にした瓶のラベルには（ヴィシー水）と書かれてあり、彼はそれを唾棄すべき表情で投げ捨てるのだ。

　警察署長が堪忍袋の緒を切らして「ヴィシー水」をごみ箱に棄てるということは、もはやドイツがヨーロッパを占領し続けることは不可能だというメッセージを含意している。カーティズは、このシーンを見せるためにわざわざあのメロドラマをつくったのだ。

反ナチのハリウッド映画

　この章は『カサブランカ』から話を始めたが、実はハリウッドが反ナチ映画を作り始めたのは三九年頃のことだった。それまではアメリカの政権の内外にナチのシンパが目を光らせていたため、表だったナチ批判を展開することはできなかったのだ。しかも米国民の中にも親ドイツ派がかなりいて、ドイツと戦うという国民的コンセンサスはなかなか確立しなかった。

　こうした中、三九年にはロシア系亡命監督アナトール・リトヴァクにより**『ナチ・スパイの告白』**（日本未公開）という映画がつくられる。これはアメリカにいるナチのスパイとGメンの対決を描いたもので、ナチをギャングに代わる新たな敵役として登場させた映画だった。

　『第七天国』（27）で有名なフランク・ボーザージが発表した**『死の嵐』**（40、日本未公開）では、アメリカ青年（ジェームズ・ステュアート）とドイツ娘（マーガレット・サラヴァン）が、ドイツ国境を逃れるところをSSに追跡され、女が敵の銃弾に倒れるという設定となっている。これには暗にアメリカがナチから正しいドイツを救い出さねばならぬ、というメッセージが込められた映画だった。というのも、アメリカにもドイツ系移民が大量におり、同じドイツ人でも〝良いドイツ〟と〝悪いドイツ〟を区別する必要に迫られていたからだ。当然ナチは〝悪いドイツ〟の範疇に入る。

　ヒッチコックの**『海外特派員』**（40）も、ナチに命を狙われる海外特派員の話で、ロンドン空襲の最中に外電を伝えるラストシーンは、アメリカに参戦を促すメッセージとなっていた。同時にこの作品は、その後のヒッチコックを特徴づける要素がたくさん盛り込まれた映画としても有名だ。

　知り過ぎた男が命を狙われるとい

『海外特派員』監督アルフレッド・ヒッチコック、1940年

う〝巻き込まれ型〟のシークエンス、カメラに仕組まれた銃という意表をつく演出、身近に殺人者がいる設定と落下や墜落を使った恐怖の意匠等だ。ヒッチコックはユダヤ人ではなく、彼が渡米したのはあくまでハリウッドでサスペンスを撮ることが目的だった。

　こうしたユダヤ色がまったくない人間に反ナチ映画を撮らせるというのも、またハリウッドの製作者の技だったのだ。彼にこれをつくらせたのは名プロデューサー、ウォルター・ウェンジャー。彼は一八九四年カリフォルニア生まれのユダヤ系で、第一次大戦のパリ講和会議で大統領の秘書官を務めた秀才だった。パラマウント社の重役だったジェシー・ラスキーと知り合い同社に入社、その後制作部長に上り詰めたところで独立し、戦中戦後を独立プロの製作者として過ごした。

　当時のハリウッドには、「ウェンジャーのように知的な」という言葉があったそうで、実際数カ国語を自在に操ったため、彼の下には多くの亡命監督が馳せ参じた。

チャップリンの戦い

　ロンドンが連日空襲にあい、ハリウッド映画にナチが敵役として立て続けに登場した四〇年の夏になっても、アメリカはまだ参戦していなかった。そればかりか、四〇年後半には英国駐在米国大使のジョセフ・ケネディ（ケネディの父）が、ハリウッドを訪問して反ナチ映画の製作を中止するよう呼びかけている。この局面で登場したのが、チャップリンの『**独裁者**』（40）だった。ハリウッドがドイツ寄りの政治家に屈しそうになった時、チャップリンが爆弾を抱えて登場したのだ。

　世の中には、チャップリン好きと

チャップリン嫌いがいて、彼のつくり過ぎの完全主義や演説臭が鼻につくという人もいる。しかしこの局面下、ヒトラーに面と向かって公然と戦いを挑んだ映画人はチャップリンのほか見当たらないだろう。かけた経費も二〇〇万ドルと空前のスケールで、しかもチャップリン初のオールトーキー映画だった。奇しくもチャップリンとヒトラーは、いずれも一八八九年四月の生まれだ。なお、チャップリンの子ども時代を描いた映画としては、リチャード・アッテンボローの『**チャーリー**』(92)がある。

『独裁者』は、ユダヤ人理容師が独裁者ヒンケル(ヒトラー)と入れ替わることから生ずる笑劇だが、チャップリンの神業のマイムを通してヒトラーが徹底的にコケにされ、かつラストの六分間の演説で高らかにヒューマニズムの価値が謳い上げられるメッセージ映画だ。アメリカの国民は、チャップリンがどのようにヒトラーを演じるか興味をそそられこの映画を観に行ったが、結局彼のメッセージをしっかりとキャッチする。

この映画では、チャップリンの演技を笑うことによってヒトラーを笑い飛ばす仕組みとなっており、観客にとってヒトラーは英雄ではなく、陳腐なものの代名詞と化してゆく。これがヒットを飛ばすとなると、当然世論の流れも変わってゆかざるをえない。

後年チャップリンは、もし収容所のことを知っていたらあの作品はつくらなかったと回想したが、たしかにあの時点で収容所の惨劇を知っていれば、彼も気が退けたことだろう。収容所の現実はいかなる笑いも誘わないからだ。しかしながらチャップリン自身、この作品が原因で赤狩り時代にアメリカを追放されることになったことを思えば、やはり『独裁者』をつくったことは彼にとっても一つの戦争だったといえるだろう。

しかし、『独裁者』がヒットを飛ばしていた四一年八月、上院議員バートン・ウィンクラーが、ハリウッドが戦意高揚映画をつくっていると批判を展開する。続く九月には戦意高揚映画の件についてハリー・ワーナーを招いて議会で聴聞会を開くことが決定された。これにはさすがにハリウッドの帝王たちも身をすくめた。

ヨーク軍曹、封を切る

四一年の秋になっても、アメリカはまだ参戦を決断できないでいた。そのため戦争の準備を整えていたルーズベルトは、次第に窮地に立たされてゆく。国内には親ナチ組織やドイツ系財閥のほか、平和主義者もおり、彼らが戦争反対を唱えていたからだ。また親独政治家の牽制もあって、ハリウッドの大御所たちは次第に戦意高揚映画の製作に二の足を踏むようになっていく。そんな中で登場したのが**『ヨーク軍曹』**(41)だった。

この映画の監督ハワード・ホークスはユダヤ人ではなく、どちらかといえばユダヤ人嫌いで通っている人物だった。彼自身反ナチ映画を撮る気などさらさらなく、これはただの頼まれ仕事の一つに過ぎなかった。主演のゲーリー・クーパーもそうで、脚本を書いたジョン・ヒューストンも非ユダヤ系だ。

ところがこれが逆に功を奏し、この映画は稀に見る戦意高揚映画となったのだ。それはどういう意味なのか。そのことを知るためには『ヨーク軍曹』の粗筋をみてみなければならない。

主人公のヨーク軍曹は、第一次大戦で活躍したテネシー出身の実在の英雄で、映画は彼の青年期のエピソードから始まる。射撃の腕前ばかりが達者で手のつけられない不良だったヨークは、やがてクェーカー教徒の娘に恋をして結婚し、自らも入信する。そのため良心的兵役拒否者となり、第一次大戦に仕方なく従軍した際も、決して発砲しないことを宣誓するのだ。ところが戦場で次々と仲間が倒れていくうち彼の誓いは破られることになる。彼は前線で孤立して敵に包囲されると、ついに銃を手にして神業の狙いで独軍の一個師団を降伏させてしまう。ここでヨークに撃たれる独軍は、かつて彼が射撃大会で優勝した時の七面鳥のように描かれる。英雄として帰還したヨークには国民の寄付で土地が授けられ、その新居で妻と平和に暮らすことになるところで映画は終わる。

この話で重要なことは、ヨークが良心的兵役拒否者だという設定だ。そのヨークが自分の誓いを破って銃を発砲するというところにこの映画の狙いがある。つまりアメリカが、建国の理念と愛する人を守るためには、どうしてもドイツと戦わねばならぬ、というメッセージがこの映画には込められていたのだ。

かくして『ヨーク軍曹』は、逡巡していた国内世論を一気に参戦に傾ける方向に作用する。ホークスとクーパー、この二人にはユダヤの面影はない。第二次大戦はユダヤ人を守る戦いではなく、「全体主義に対する自由と民主主義を守る戦い」とい

『ヨーク軍曹』監督ハワード・ホークス、
出演ゲイリー・クーパー、ウォルター・ブレナン、ジョーン・レスリー、ジョージ・トビアス、1941年

う大義名分がここに確立するのだ。

なおこの年の興行成績は、リバイバルの『**風と共に去りぬ**』(39、監督ヴィクター・フレミング)を外すと、『ヨーク軍曹』が第一位となり、『独裁者』が二位となった。そして映画はゲーリー・クーパーに初のオスカーをもたらし、彼を名実ともにアメリカの顔にする。

この『ヨーク軍曹』をつくらせた男の名前を記しておく。それはハリウッドの大御所ジェシー・ラスキーとハル・B・ウォリスだった。ハル・B・ウォリスは、あの『カサブランカ』の製作者でもあった。いずれもユダヤ人である。

戦時体制のハリウッド

そして四一年十二月八日、日本軍による真珠湾攻撃でアメリカは参戦し、翌四二年にはハリウッドも戦時体制に入っていく。年明け後に公開された『**ミニヴァー夫人**』(42、監督ウィリアム・ワイラー)は、チャーチルに「駆逐艦一隻より勝利に貢献した」と言わしめる。多くの映画関係者が従軍し、自発的な組織として戦時活動委員会が結成され、情報局内につくられた映画部門との連携のもと、さまざまな活動が繰り広げられていった。この中で重要なのは戦争記録映画の作成だったが、ジョン・フォードやハワード・ホークス、ウィリアム・ワイラーをはじめ、多くの映画人が記録映画の製作に従事した。

この間、ハリウッドでは娯楽映画を次々と送り出していたが、この中には戦争ミュージカルという特筆すべきジャンルがあった。また既に紹介済みのルビッチの『生きるべきか死ぬべきか』』、カーティズの『カサブランカ』がつくられたのも四二年だ。

『生きるべきか死ぬべきか』については、さらに語らねばならないエピソードが一つある。この作品のヒロインを演じたキャロル・ロンバートが、この映画の出演後に飛行機事故で死亡するという不可解な事件が発生したのだ。

キャロル・ロンバートは三〇年代に一世を風靡したスクリューボールコメディの定番美女だった。この映画に出演する前に、あの『風と共に去りぬ』のクラーク・ゲーブルと結婚して三年が経過していた。映画でも彼女は輝く美しさで、この時夫のクラーク・ゲーブルが声もかけられないほど落ち込んだといわれている。彼女は戦時国債キャンペインに駆り立てられ、全国を遊説して歩いていたのだ。

ところで戦時公債といえば、ベロニカ・レイクはその金髪一束で一八万ドル、ジンジャー・ロジャースは愛用の靴と帽子で六万ドルを調達した。また、硫黄島に立てられた「星条旗」が、戦時国債を売るためにつかわれたことは、『父親たちの星条旗』（2006、監督クリント・イーストウッド）でふれられている。開戦後には、ベティ・グレイブル、リタ・ヘイワース、ラナ・ターナーなどの金髪女優が軍隊の慰問に訪れて活躍する。彼女たちの写真は兵舎にピンで留められ、これらの女優は「ピンナップガール」と称された。その女王は、なんといってもB級ミュージカルのベティ・グレイブルで、彼女の足には一〇〇万ドルの保険がかけられた。

さらにディートリッヒも前線慰問を行ない、自由勲章を得ている。戦後も彼女が一つの神話として語り継がれた理由はこうした活動にあったが、戦後彼女は歌手としてドイツを回った時、逆に人々に売国奴呼ばわりされ冷たい反応を浴びた。その後イスラエルで公演した際には熱烈な歓迎を受けたが、彼女はベルリンを熱愛しながらも、祖国を棄て、ヒトラーを押し上げたドイツを最後まで許すことができないと何度も口にした。

彼女の伝記映画としては、二〇〇一年に孫のJ・D・ライヴァによって『真実のマレーネ・ディートリッヒ』というドキュメンタリーがつくられている。

第5章

独裁者も映画狂

映画好きな独裁者といえば現在では金正日、ということになるが、なぜか独裁者は映画好き。ヒトラー、ムッソリーニ、そしてスターリン。独伊の戦時映画、ソ連の社会主義リアリズム映画を検証する。

ハリウッドの反ナチ映画の攻勢に対し、ドイツも負けじと動き出す。ドイツを代表する映画会社ウーファは、四〇年を過ぎると盛んに戦意高揚映画を製作し始める。

ハリウッドに対抗するドイツ映画

このうちナチ党員だったファイト・ハーランが監督した『**ユダヤ人ジュース**』（40）は、英国で製作されたユダヤ人の偉人映画を逆に悪人に仕立てつくり変えたもので、これはドイツで二〇〇〇万の人が観たほか、占領下のフランスでもヒットし、パリの映画館に長蛇の列ができたといわれている。

このハーラン監督の映画に何本も出演し、ついに彼と結婚した女優がクリスティーナ・ゼーダーバウムで、彼女はいつも水死する役を演ずるので、「帝国水死体」と呼ばれた。また主演したフェルディナント・マリアンは、戦後自殺して、彼の妻も死体となって発見された。

反英の立場から南アのボーア戦争を描いた『**カール・ペータース**』（41）をつくったヘルベルト・ゼルピンは、冒険映画専門の監督だったが、この後同じく反英映画『**タイタニック**』（43）を製作中に海軍を侮辱する言葉を吐いて逮捕される。その後は獄中で謎の自殺を遂げた。思えばディカプリオ主演の『**タイタニック**』（97、監督ジェームズ・キャメロン）は、ナチ映画のリメイク版だったのだ。

これらのナチ映画を製作したウーファという会社は、そもそも第一次大戦中にアメリカの反独プロパガンダ映画に対抗するためにつくられた映画会社だった。ルーデンドルフという将軍が、大戦中にウーファという映画局を設立し、その指導の下、中小映画会社を合併させてつくった会社だった。

最初に資本を出したのはドイツの財閥で、ウーファは出発の時点では純ドイツ民族資本で船出した。しかし合併させられた中小の映画会社にはユダヤ人所有の会社も多く、スタッフにはたくさんのユダヤ人がいた。

第一次大戦後、ウーファは数々の名画を生み出し世界市場を席巻するが、ルール占領後の経済破綻でアメリカ資本の支配を受けるようになると、多くの俳優や監督がハリウッドに身売りしていく。この事態をドイツ国民は怒りをもって見ていたのである。その後三二年になって、ヒトラー政権の成立に絶大な力を発揮したフーゲンベルクという大物が、ドイツ銀行の支援でアメリカからの借り入れ金を返済する。そして政権獲得後には完全にナチの管理下に置かれることになるのだ。

ヒトラーはもちろん大の映画好きで、彼によって最初の国家大賞を授与された映画はグスタフ・ウチツキの『**あかつき**』(33)という映画だった。そしてヒトラーがこの映画をウーファ・パラストの桟敷席で観た時、その隣の桟敷に座っていたのが亡命前のビリー・ワイルダーだったのだ。彼はその時シナリオライターをしていたが、自伝の中で、あの時ヒトラーを暗殺しておくべきだったと回想している。なぜなら彼の母は、その後アウシュビッツで死ぬことになるからだ。

宣伝相は「娯楽」好き

三四年から、ナチ映画の全権を掌握することになるのが、最後までヒトラーと運命を共にしたナチ宣伝相ゲッベルスだった。

このゲッベルスは、子どもの頃に病気にかかって足が不自由となり、青春時代はユダヤ人ハイネの詩を愛する内向的な文学青年だった。社会に出てからは、仕事のかたわら小説など書いて投稿していたが、まったく採用されず、ジャーナリズムを支配するユダヤ人に恨みを持つようになったといわれている。

そうした彼が、党員となって機関誌の草稿を書くようになってから、その大仰な文体が耳目を引いて、ヒトラーにも認められるようになっていく。彼が映画に目覚めるのはこの頃で、彼は大衆の心を摑む映画の魔力に取り憑かれていくのだ。その後三〇年に宣伝部長に昇格してからは、ハリウッド映画『**西部戦線異状なし**』(30)の上映中止事件を起こし、ナチの政権獲得後は宣伝大臣となって映画法を制定、すべてのドイツ映画

『ニーベルンゲン　ジークフリード』監督フリッツ・ラング
出演パウル・リヒター、テオドル・ロース、ハンナ・ラルフ、マルガレーテ・シェーン、ハンス・A・シュレトウ、ルドルフ・クライン＝ロッゲ、1924年

を管理下に置いた。その後の彼は、映画プロデューサーのような生活を送ることになる。

三三年に関係者を集めた講演で、彼はナチ映画が目指す指標となる四つの作品を挙げる。その四つとは、フリッツ・ラングの**『ニーベルンゲン　ジークフリート』**(24)、エイゼンシュタインの**『戦艦ポチョムキン』**(25)、エドマンド・グールディングの**『アンナ・カレーニナ』**(27)、最後はルイス・トレンカーの山岳映画**『アルプスの血煙』**(32)だった。このうち二人はユダヤ人の監督であるのは、どう説明すればよいのだろうか。

そして実際に彼の指導の下でつくられた映画がどのようなものだったかというと、それは巷で喧伝されているようなナチ・プロパガンダ映画ではなく、人畜無害な娯楽映画がほとんどだった。これについては瀬川祐司の『ナチ娯楽映画の世界』（平凡社）という本に詳しいが、ナチ時代につくられた映画の主流は、ウーファのユダヤ人プロデューサー、エーリッヒ・ポマーが持ち込んだハリウッド風のレビュー映画だった。そして次にくるのが山岳映画、郷土映画、喜劇映画、冒険活劇だ。

このうち喜劇映画と冒険活劇のスターはハインツ・リューマンとハンス・アルバースで、この二人はナチ時代を通してスターであり続けた。ところがなんとリューマンの妻とアルバースの愛人はユダヤ人だった。妻がユダヤ人だったために自殺に追い込まれた俳優が実際にいる中で、この二人は特別な待遇を受け、リューマンは妻を離婚し亡命させている。アルバースも愛人を亡命させるが、戦後はその愛人とよりを戻している。

ほかにもハリウッドでも人気を博したツァラ・レアンダーのようなスター女優が何人かいたが、この女優を世界に売り出したメロドラマの巨匠デトルフ・ジールクは、妻がユダヤ人だったために大戦前にアメリカに亡命し、名をダグラス・サークと変えて、ハリウッドでも有名な映画監督となる。

映画の都チネチッタ

ヒトラーとゲッベルスが映画狂ならば、ムッソリーニはどうなのだろうか。前にも述べたように、これが無類の映画狂だった。

名匠フェリーニが晩年につくった『**インテルビスタ**』（87）は、ローマ郊外にある映画都市チネチッタを描いた映画で、この都市にまつわる彼なりの思いを変幻自在な映像で表現した作品だった。このチネチッタ撮影所は、三四年に設立された映画総局の提案で、ムッソリーニの号令の下に建設された大撮影所だった。ベルリン・オリンピックの三六年に建設が始まり、三七年四月に開設する。

そもそもイタリア映画は、映画の誕生とともにその歴史が始まり、第一次大戦前には『**カビリア**』（13、監督ジョバンニ・パストローネ）などの歴史映画で世界市場を席巻したことがあった。ところが大戦後はハリウッドに市場を奪われ凋落し、二〇年前後に女性メロドラマで一花咲かせるが、その後は全く鳴かず飛ばずの状態を続けていた。

これが復活を果たすのは第二次大戦後だが、この時活躍した映画人は、実は皆ムッソリーニ時代にチネチッタで映画を学んだ若者たちだった。三五年には映画学校チェントロが開設され、ここでロッセリーニやデ・シーカが学んでいる。そして三八年には名門の製作会社チネスが復活する。

ところで、この時代にどのような映画がつくられたかといえば、ウーファ同様ほとんどが軽い喜劇だったようだ。

いわゆるファシズムのプロパカンダ映画としては、三七年の『**シピオネ**』（監督カルミネ・ガローネ）があり、これは古代ローマ帝国の復興を夢見た国策映画だった。また戦中も『**アルカサール包囲線**』（40、監督アウグスト・ジェニーナ）などの戦意高揚映画がつくられる。注目に値するのは、あのロッセリーニが『**白い船**』（41）などの戦意高揚映画をつくっていることだ。この映画は実際の海戦をドキュメンタリータッチで描いているが、海軍の水兵と志願看護婦の純愛もので、ファシズムとは無縁な美しい映画だった。こうした柔な戦意高揚映画がつくられた背景には、ムッソリーニが映画の製作に口出ししないことがあった。

第1章で以前ムッソリーニがルノワールの『**大いなる幻影**』（37）が好きだったという話をしたが、この映画はヴェネツィア映画祭でいったん最優秀賞を受賞しながら、後でガチガチのファシストの御用審査員により授賞が覆った映画だった。しかしムッソリーニ自身は、その後ルノワールを撮影のためにローマに招いているのだ。それ以前にも、彼はルネ・クレールの反ファシズム映画『**最後の億万長者**』（34）が検閲に引っかかった際に上映中止の決定を解除している。また映画雑誌『チネマ』も発刊されるが、その寄稿者にはコミュニストが多くいた。そのためこの雑誌は反ファシズムの拠点となっていくのだが、なんとこの雑誌の名目上の編集長は、ムッソリーニの息子ヴィットリオだったのである。

粛清政治で映画を統括

独伊の戦時映画をみてきたが、ソ連においても、戦中はたくさんの戦争記録映画と反ナチ映画がつくられた。そしてそれを統括したのは、もう一人の独裁者スターリンだった。

スターリンは「大祖国戦争」を指揮してナチを敗北に導いた英雄だったが、粛正政治によって、一五〇〇万ともいわれる人間を死に至らせた〝怪物〟でもあった。彼の犠牲となった人間は、ヒトラーが殺戮したユダヤ人の数を遙かに上回っていた。

そしてこのスターリンがまた大の映画狂だった。レーニンも映画好きで、ハリウッドの俳優ダグラス・フェアバンクスをモスクワに招いたりしたが、レーニンとの違いは、個別の作品に口を出し、手を加えたという点だった。表現の自由を奪ったという点でも、彼はヒトラーの上をいった。

スターリンが権力を確立するのは二五年頃だが、彼は三二年に芸術文化における「社会主義リアリズム路線」を宣言し、同時に映画産業を自己の支配下に置く。興味深いのは、三五年の「ソビエト映画記念式典」で、彼の好みによるソ連映画人の叙勲が行なわれた際、八段階に分かれた等級の中で、エイゼンシュタインが五番目のランクだったという点だ。その理由は、エイゼンシュタインがロシア革命の映画『**十月**』(28)で、スターリンの嫌いなレーニンを英雄的に描いたからとされている。

最高のレーニン勲章を貰ったのは『**アジアの嵐**』(28)のプドフキン、『**大地**』(30)のドヴジェンコほか八名だった。

本当はゲッベルス同様、彼もエイゼンシュタインの『**戦艦ポチョムキン**』(25)が好きだったのだが、彼が国民に押しつけた映画は、躍動的な芸術映画ではなく、様式ばった教条映画だった。以後ソ連の映画人は、ひたすらスターリンの気に入る映画づくりに奔走することになるが、実はエイゼンシュタインもその一人で、彼はスターリンの意向にそって、ドイツ騎士団を撃破したロシアの英雄『**アレクサンドル・ネフスキー**』(38)などを制作する。

一方スターリンの怒りをかった者には粛正が待っていた。三九年、エイゼンシュタインの盟友でソビエト構成主義演劇の旗手メイエルホリドは逮捕され、翌四〇年に銃殺される。メイエルホリドはスターリンにおもねることなく、むしろ不服従の態度をとり続けた芸術家の一人だった。彼が逮捕された直後、エイゼンシュタインは、スターリンの命令でワグナーのオペラ『ワルキューレ』の演出を命じられる。

これは独ソ不可侵条約締結後のドイツとの文化交流の一環として上演された演劇だったが、映画監督の篠田正浩は、その著『エイゼンシュタイン』(岩波書店)で、「政治の犬となった芸術家の無節操が露骨にさらけ出された」とこの時のエイゼンシュタインを評している。ところがこの芝居を実見したオーストリア人は、このオペラが、ヒトラーを揶揄したパロディになっていたと書き記しており、実際に、ドイツ大使館からはワグナーを侮辱したとクレームがつ

『大地』監督アレクサンドル・ドヴジェンコ
出演スチェパン・シュクラート
1930年

いた。

前にも触れたとおり、エイゼンシュタインはユダヤ人だった。エイゼンシュタインの本音がどこにあったかは、この本の最後でみることになる（210頁〜）。

ちなみにトロツキーが暗殺されたのもこの年で、これについては、ジョセフ・ロージーの『**暗殺者のメロディ**』（72）に詳しく描かれている。

反ユダヤ主義者スターリン

今から考えると、ヒトラーとスターリンが一時同盟を結んだのは、戦略的な考え以外にも、二人にそれなりの共通点があったからだと思いたくなる。

その共通項の第一は民族主義だった。ヒトラーがゲルマン第一主義を標榜していたように、スターリンはスラヴ民族主義を標榜していた。さらに二人とも過去の栄光を夢見る男だった。スターリンは帝政ロシアの栄光を回復しようと考えていたし、ヒトラーもドイツ帝国の復興を夢見ていた。そして最後は反ユダヤ主義だ。

グルジャ人のスターリンは純粋スラヴとはいえないかもしれないが、少なくともユダヤ人によって国が〝乗っ取られる〟ことだけは耐えがたかったようだ。それがヒトラーとの共通点だ。

武闘派スターリンが革命政権に身を置いた時、政権内にはトロツキーをはじめとしてたくさんのユダヤ人がいた。スターリンとその一派にすれば、庇を貸して母屋を取られるの思いが強く、彼らを排除しなければならないと強く感じたことであろう。彼にとってはトロツキーのいうような「世界革命」は必要ではなく、旧ロシア帝国内で自分とその後継者が君臨することが重要だったのだ。

　その後、シベリアへのユダヤ人の強制移住計画であるビロビジャン植民地の建設をはじめとし、次から次へと反ユダヤ主義的な政策が実行に移されていく。

　ちなみに、ヒトラーとスターリンの関係を描いた映画としては、七九年の『**ヒトラーのためのソナタ**』（監督アレクサンドル・ソクーロフ）と九五年のフランスのトランス・パレシンズ・プロダクションが製作した『**ヒトラーとスターリン　知られざる独ソ関係**』がある。特に後者は、共産党とナチの驚くべき関係が、新資料によってリポートされている。

　今はそれらに触れる余裕はないが、こと映画について語るならば、スターリンのとった確かな戦略とは、映画界からのユダヤ色の一掃ということになりそうだ。

　革命前のロシア映画を支配していたのはユダヤ人だった。しかも革命後には、エイゼンシュタインを筆頭に、映画界は一時的にユダヤ人で独占されることになる。彼らは第一次大戦後の前衛的な芸術傾向の中で、社会主義リアリズムの対極に位置する映画や演劇を創造していた。その後粛正の嵐の中で、スターリンはユダヤ系映画人に何度も踏み絵を踏ませている。そしてこれらのユダヤ系映画人のほとんどが変節を遂げていく。

　たとえばエイゼンシュタインにモンタージュの技法を手ほどきしたエスフィーリ・シューブは、スターリン時代には数々の歴史記録映画を製作し、スターリンにおもねる映画を撮った。また「エキセントリック俳優工房」のトラウベルクも、いくつかの実験的な作品をつくった後でその「形式主義」を批判され、リアリズムへの転換を図る。さらにもう一つの実験映画工房からデビューしたフリードリッヒ・M・エルムレルは、これも実験的な作品の後に『**カーチカは紙のリンゴ**』（26）というドラマで社会主義リアリズムに転向する。

　これに対して作家のイサーク・バーベリと演出家メイエルホリドは、スターリンに不服従だったため、殺されたのである。

II

第二次大戦の展開

第6章

ナチ占領下のフランス映画

「ヴィシー時代」にいたる、フランス映画界とユダヤ人との深い関係、巨匠たちの亡命などの経緯をみておこう。そして占領下、映画人のレジスタンスはどのように行なわれたのか。

アメリカとドイツが映画で鍔《つば》迫り合いを演じていた頃、映画の国フランスはどのような状況にあったのだろうか。まずはフランス国内の情勢からみていこう。

「ヴィシー時代」の始まり

一九四〇年五月、連合軍のダンケルク撤退から数日後のこと、負け戦により移動を繰り返していたフランス政府は、ボルドーでレイノーに代わってペタン元帥を首相に就任させる。

その翌日、陸軍次官であったド・ゴールがロンドンに脱出、結局二十二日には休戦条約が結ばれ、政府はヴィシーという町でペタンを国家主席に選出することになる。

このペタン内閣の中には英国と手を繋ぐことを主張する一派もいたが、ドイツとの協力を主張するラヴァル派がペタンを取り込み、ドイツとの同盟に活路を見出すことが決定される。この動きを見て、英国首相チャーチルはアルジェリアの仏艦隊を英艦隊に合流させようと試みるが、海軍はこれを拒否、英国はやむなく仏艦隊に砲撃を加えた。

この結果、ペタンは自らヒトラーに協力を申し出て、ついにフランスの北半をドイツが占領し、南半をペタン政府が統治することになる。これがヴィシー時代の始まりだ。

ヴィシー時代というと、ドイツによる力の支配というイメージが強い。ところが英国のテレビ局が製作した『**戦争と都市パリ**』（63、監督ギイ・セリグマン）という記録映画を観ると、この時代はパリ市民にとってさほど悪い時代でなかったのでは、と思えてくるから不思議だ。初めのうちは市内で無抵抗な市民の殺害は行なわれた例はなく、暴動も発生しなかった。独軍将校による楽団の演奏会が多くの市民を集め、歓楽街は毎日のように灯が点っていたのだ。七五年に英国でつくられたピーター・セラーズ（ユダヤ系）主演の『**ソフト・ベッズ、ハード・バトルズ**』（監督ロイ・ボールディング）は、高級クラブの女が独兵を懲らしめるコメディだが、高級クラブは独兵で潤い、独兵相手の商売で成金になる市民も続出した。配給制ではあったが、当初は食糧がなくなることはなく、市民は毎日芝居や映画を楽しみ、多くの市民が戦前の人民戦線時代よりもましだと感じたのだ。

四一年に独軍将校が暗殺された時、その代償に六人の処刑が要求されるが、フランス司法は積極的に協力して三人を処刑した。『**Z**』（68）のコスタ・ガブラスは、これを題材に映画を撮っている（『**セクション・スペシャル**』［75、日本未公開］）。パリ市内には多くの対独協力者が現われ、同年パリで『ユダヤ人とフランス展』という反ユダヤ主義展覧会が開催された時、そこは多くの人で賑わった。その展覧場には五つの展示室があり、その第三展示室は、なんとフランス映画界におけるユダヤ人支配を糾弾する展示場だったのだ。

たった五つの展示室の一室が、フランス映画とユダヤ人の関係について割り当てられていたというのはどういうことなのか、その理由を探る必要があるだろう。

ユダヤ人だらけのフランス映画界

もともとフランスは映画の誕生国であり、映画が産業として確立したのもフランスが最初だった。そしてそこには最初からユダヤ人が深く関与していた。

映画創生期に活躍したジョルジュ・メリエスは、『**ドレフュス事件**』（1899）という映画をつくって反ユダヤ主義に抗議し、最初の大手映画会社パテは、ポペルトというユダヤ人と手を繋いで国際展開を図ることに成功した。パテに資金を提供したのはギュンツブルクというユダヤ財閥だった。さらにパテでは、チャップリンに影響を与えたマックス・ランデールというユダヤ人喜劇役者がスターとなり、ほかの独立プロでもサラ・ベルナールといったユダヤ人女優が活躍した。

第一次大戦後には、たくさんの亡命ユダヤ人がパリにやってきて前衛的な映画を撮っている。映画史に名を残した監督としては、『**アッシャー家の末裔**』（28）のジャン・エプスタインやシュールレアリスム映画のマン・レイがおり、また『**ナポレ**

オン』（27）で有名なアベル・ガンスも、母の再婚相手がユダヤ人で、そのユダヤ姓を名乗って映画を撮っていた。

三〇年代はフランス映画の黄金時代で、ルネ・クレール、ジャン・ルノワール、ジュリアン・デュビビエといった巨匠が活躍した。この三人はユダヤ人ではないものの、彼らに映画をつくらせたのはやはりユダヤ人だった。クレールの初期の傑作**『イタリア麦の帽子』**（27）をつくらせたのは、ロシア系亡命ユダヤ人カメンカであり、彼はオデッサの資産家の息子だった。この映画で衣装と装置を担当したのがラザール・メールソンで、彼もポーランド生まれのユダヤ人である。加えてクレールの妻となったブローニアという女性も、ポーランド出身のユダヤ人だった。

このブローニアは、パリの「アヴァンギャルド村の華」と呼ばれた女性で、そこにはダダの理論家でユダヤ人のトリスタン・ツァラがおり、彼女はやがてユダヤ人画家キスリングのモデルをし、マン・レイの前衛映画に出演し、結局クレールの鞘に収まった女性なのだ。

またルノワールの乳母はガブリエルというユダヤ人女性で、彼の実質的デビュー作**『牝犬』**（31）の出資者は、当時フランス最大の靴製造業者のモントゥ氏（ユダヤ人）だった。この映画のプロデューサーは、戦後寺山修司にも映画を撮らせることになるピエール・ブロンベルジュ（ユダヤ人）で、さらにこの映画の上映を引き受けたのは、シリツキイというロシア系ユダヤ人なのである。

デュビビエのトーキー第一作**『資本家ゴルダー』**（30）は、ポーランド出身のユダヤ人実業家の家庭悲劇を描いた映画だが、彼にこれをつくらせたのはベルナール・ナータンというルーマニア生まれのユダヤ人で、この人物は収容所で死んでいる。

結局、フランス映画界がユダヤ人に支えられていたというのは、嘘ではなかったのだ。二〇〇一年、ピエール・グランブラ監督の**『銀幕のメモワール』**は、この時期活躍し、迫害されて死んだユダヤ人俳優の物語だ。

亡命する巨匠たち

フランスでは、大戦開始直後、作家のジャン・ジロドゥが情報局映画部部長となって、彼の下で何本かの愛国映画と宣伝映画が企画されることになる。その中でデュビビエは、挙国一致映画**『わが父、わが子』**（40）のメガホンを取った。これは

『ゲームの規則』監督ジャン・ルノワール、
出演マルセル・ダリオ、ノラ・グレゴール、ローラン・トゥータン、ジャン・ルノワール、1939年

ルイ・ジューベという希代の名優を使った家庭劇で、フランス人の愛国心を刺激する国民映画だった。このフィルムの完成後、デュビビエはフィルムを抱えて単身アメリカへ亡命する。

彼が亡命した理由は、三〇年代にたくさんのユダヤ人を主人公とする映画を撮っていたからだった。亡命後の彼は、アメリカでも職人芸を発揮し、**『運命の饗宴』**（42）ほか五本の映画を監督した。

一方ジャン・ルノワールだが、こちらは三九年に公開した**『ゲームの規則』**がファシストの攻撃にあって窮地に立たされる。そのルノワールに手を差し伸べたのがムッソリーニだった話は前に触れたが、この時彼を補佐したのはヴィスコンティで、彼をルノワールに紹介したのは香水で有名なココ・シャネルだった。ところが撮影開始数日でドイツがオランダに侵攻し、イタリアが一気に参戦に傾いたため、ルノワールは慌ててパリへ戻る。そしてその数週間後には多くの避難民と共に南仏を目指していた。

この後ルノワールをアメリカへ招くのはドキュメンタリー作家ロバート・フラハーティで、彼はヴィシー政府から旅券を発行してもらい、リスボン経由でアメリカに旅立つことになる。この時船の中で知り合ったのが、あの『星の王子さま』の小説家サン・テグジュペリだった。

アメリカでは、最初に二〇世紀フォックスのザナックと契約し、**『スワンプ・ウォーター』**（41）という南部の自然をテーマにした映画を撮る。しかしザナック流の映画づくりについていけずにフォックスを飛び出し、今度はRKOで**『自由への闘**

い』（43）という反ナチ映画を撮影する。これはナチ占領下のフランスの田舎町で、司令部の言いなりになっていた臆病な教師（チャールズ・ロートン）が、レジスタンスの闘士の処刑をきっかけに立ち上がり、最後は自分も処刑されるという物語だ。

教師はラストで五分ほど自由についての講義をするが、これは二〇世紀版「最後の授業」ともいうべき名授業だった。

しかし戦後にこの映画が上映された時、亡命者映画ということでパリ市民の酷評にあい、失望したルノワールはそのままアメリカにとどまることを決意する。結局ルノワールは、傑作の誉れ高い『**南部の人**』（45）を含めて、戦中に五本の映画をアメリカで撮っている。

『**女だけの都**』（35）のジャック・フェデーは、大戦前にスイスに亡命し、大戦中に三本の映画を撮影してその映画人生を終えた。

三六年にアレグザンダー・コルダ（ユダヤ系）に招かれ、一時英国で映画を撮ったルネ・クレールは、戦争開始後、コルダのつてでハリウッドに招かれ、『**奥様は魔女**』（42）など四本の映画を撮っている。

いずれにせよ三〇年代の巨匠たちは、誰一人フランスに留まれなかったのだ。

占領下での活路は

巨匠たちは亡命したが、国内に残ったユダヤ人系映画人は、当然生存の機会を奪われることになる。たとえばルノワールの『**大いなる幻影**』（37）で、ジャン・ギャバンを助ける村の女を演じたディタ・パルロは、ドイツ生まれのユダヤ人だったために収容所に入れられた。この映画でユダヤ人将校役を演じたマルセル・ダリオはアメリカに亡命するが、彼のアメリカでの代表作は、あの『**カサブランカ**』（42）だった。

一九一〇年からフランス映画界で名脇役として活躍し、多くの映画でユダヤ人役を演じていたアリ・ボールは、四一年に映画の撮影のためベルリンに旅行中、ユダヤ人だった妻リカとともに逮捕された。そこで収監され拷問を受ける。四三年にはパリの監獄に送還されるが、四カ月後、衰弱のために釈放されたが、その数日後に息絶えた。

彼が出演した映画で日本人に馴染みが深いのは、ジュリアン・デュビビエの『**にんじん**』（32）で、ここで彼は夫婦関係が終わりを迎えた初老男の悲哀を見事に演じている。この映画の原作は、母親に嫌われた少年の孤独を描いたルナールの名作だが、この時嫌われ者の少年役を演じたロベール・リナンは、大戦中はレジスタンスに加担して銃殺された。

ところでドイツ占領下、フランスの映画人はどのような映画をつくり、この占領時代を生き抜いたのだろうか。

キネマ旬報社の『フランス映画史』(岡田晋・田山力哉)によれば、映画人ではマルセル・パニョルやアベル・ガンスらが南部に逃れ、そこで独自の映画づくりをする。パニョルはマルセイユで**『井戸掘り人の娘』**という映画をつくり、それは四〇年十月に公開された。

『にんじん』監督ジュリアン・デュビビエ、出演ロベール・リナン、アリ・ボール、1932年

一方パリでは、ゲッベルスの指導下、ウーファの出資で「コンティナンタル」社が設立され、そこでは御用映画がつくられた。また対独協力映画雑誌『ル・フィルム』が発刊され、主に戦前の映画界で隆盛を占めたユダヤ人への攻撃が盛んに行なわれる。そして独仏映画の交流が奨励され、コンティナンタル社製作の娯楽映画がドイツで上映された。

こうした中、四二年にはクリスチャン・ジャックが、作曲家ベルリオーズの伝記映画**『幻想交響曲』**を発表し、ジャン・ドラノワはヴィーン体制下に外国勢力の力で誕生したブルボン復古王朝に反抗する英雄を描いた**『ポンカラール』**を製作する。

この人物は、ナポレオンに仕えた実在の英雄で、フランス独立の象徴ともいうべき人物だった。

この二つの作品は、ナショナリズムを刺激するとしてゲッベルスの指導を受けるが、続く四三年には、やはりジャン・ドラノワがジャン・コクトーのシナリオによるトリスタンとイゾルデ神話の復活である『**悲恋**』を、クロード・オータン・ララは『**ドゥース**』を監督して、再度警告を受けた。

この三人は、いわゆるフランスの伝統に回帰することで占領時代を生き抜こうとした映画人だったといえるだろう。

映画人の抵抗の始まり

占領下のフランス映画がナチの管理下にあるからといって、フランスの映画人がナチにおもねる映画ばかりつくっていたというわけではない。

たとえば『**恐怖の報酬**』(52)で有名なアンリ・ジョルジュ・クルーゾーは、新聞記者からレビューの座付き作者となり、その後ドイツ映画の字幕を制作していたが、この時期になって「コンティナンタル」社から実質的な監督デビューを飾った。あのクルーゾーの出発がナチの会社だったとは驚きだが、ゲッベルスは本国ドイツでスリラーをつくらせなかったため、あるいはフランス映画でその穴を埋めさせていたのかもしれない。ところが親独派と見られてたクルーゾーが続いて発表した『**密告**』(43)は、たちまちゲッベルスを怒らせることになる。

これはある田舎町で、男女の不倫を暴露する中傷の手紙が送られてくることから端を発するサスペンス映画で、密告を奨励するためにつくられたプロパガンダ映画だった。ところができてみると、逆に密告の恐怖を描いた映画となっていて、早速、上映禁止となる。実際コンティナンタル社では、ユダヤ人を含めた何人ものスタッフが、密告により収容所送りとなっていたのである。まさにクルーゾーの戦後を予告する映画といえるだろう。

四二年にマルセル・カルネが発表した『**悪魔が夜来る**』は、ユーグ男爵の城で姫と騎士の婚約披露宴が開かれているところに、悪魔の使者が二人の幸福を破壊するためにやってくるというファンタジー映画だった。その悪魔ははっきりナチを暗示しており、ラストシーンで、悪魔によって石にされた主人公の心臓がいつまでも鼓動し続けるシーンは、ナチに蹂躙されても死ぬことのないフラン

『悪魔が夜来る』監督マルセル・カルネ、
出演マリー・デア、アラン・キュニー、ジュール・ベリ、フェルナン・ルドー、アルレッティ、1942年

ス精神の暗喩として語り継がれている。

　四三年には、ルノワールの弟子で独軍の捕虜となっていたジャック・ベッケルが**『赤い手のグッピー』**を、同じくロベール・ブレッソンが、十八カ月に及ぶ収容所生活の後で、**『罪の天使たち』**を公開する。いずれも戦後のフランス映画で特異な位置を占めた作家のスタートを飾るにふさわしい作と評された。この時期はある意味で、映画界の〝主役〟が交代した時代でもあったといえるだろう。

　かくて四三年の五月には、レジスタンスの統一組織の下に「フランス映画解放委員会」が設立されることになる。その中には、ジャン・グレミヨンとジャック・ベッケルのほか、この時期の名優ピエール・ブランシャールが名を連ねていた。

　翌年、ジャン・グレミヨンは**『この空は君のもの』**（44）を公開するが、これは女性パイロットを主人公にした家庭ドラマで、庶民の心意気を映し出した愛国映画だった。

　なお二〇〇二年になって、このコンティナンタル社の映画人群像を描いた**『レセ・パセ　自由への通行許可証』**（監督ベルトラン・タヴェルニエ）という映画が公開されたが、この映画は、当時助監督を務めていたジャン・ドヴェーヴルの回想をもとに、コンティナンタル社で働く映画人のレジスタンス活動を描いた作品だった。

第7章 レジスタンスの光と陰

ドイツによるフランスの占領時代、いたるところで「レジスタンス」が展開されていた。数多くの映画がこの抵抗運動を描き、〝英雄神話〟が流布されてきた。しかしそこには、レジスタンス＝正／ナチ＝悪の構図では割り切れないものが潜んでいた。

前章はフランス映画人のレジスタンス加担で話が終わったが、たしかに多くの日本人がヴィシー時代から連想することといえば、やはりレジスタンスではなかろうか。大戦を描いたフランス映画を観ると、そこにかならずレジスタンスの闘志が登場し、英雄的な死を遂げるのが定番となっているからだ。

クレマン風〝英雄〟的な抵抗と死

このレジスタンスは、もともとはドイツによる占領直後に発行されたフランス労働者の地下出版物から始まる散発的な反独抵抗活動だった。占領直後の四〇年六月、ロンドンに亡命したド・ゴールは、BBCラジオを使ってフランス国内にドイツへの徹底抗戦を呼びかける。これに呼応してフランス国内にもレジスタンス組織がつくられていき、亡命から一年が経過した四一年九月、ロンドンに「自由フランス政府」が誕生する。

このド・ゴールの亡命政府は、最初は英国政府に軽んじられていたものの、やがてフランスの正式の代表として認められるようになり、これに応じてレジスタンス組織も統率されていく。かくてレジスタンスは活性化してゆくが、映画の世界では、このレジスタンスを描いた名作が数多くつくられている。

まず思い浮かぶのはルネ・クレマンだ。フランス映画界の中で、彼ほど真正面に、しかも英雄的にレジスタンスを描いた作家はいなかった。ちょうど私が子どもの頃には、往年の二枚目アラン・ドロンが主演した『**太陽がいっぱい**』（60）が大ヒットし、日本でのドロン人気が爆発している最中だったが、この海兵隊を除隊したダーティーな不良青年をスターにしたのはクレマンだった。『太陽がいっぱい』の後、クレマンはドロンにのめり込んで商業映画に転向するが、彼のレジスタンス讃歌はその後も続き、ド・ゴール派の記念碑的作品『**パリは燃えているか**』（66）で完成を迎える。

ルネ・クレマンは、一九一三年のボルドーの生まれで、戦中はやはりレジスタンスに関わり、終戦後の四五年に早くもレジスタンスの鉄道員を描いた『**鉄路の斗い**』で世界の注目を浴びた人だった。この映画は第一回カンヌ映画祭グランプリを受賞している。

これは連合軍のノルマンディー上陸に対抗するために、独軍が軍用列車を走らせようとするのを、フランスの鉄道員が阻止した史実を映画にしたものだ。実際に戦った人を含めた素人俳優によって演じられたドキュメンタリータッチのドラマだが、映画ではあらゆる妨害工作が描かれ感心させられる。製作は映画総同盟と国鉄抵抗委員会で、これを観ると、まさに国民すべてがレジスタンスに加担したような錯覚に陥るのだ。

特に、今まさに処刑されんとする闘士が、壁を這う蜘蛛を凝視するシーンは、レジスタンスものの白眉と評されている。このシーンを撮影したのはアンリ・アルカンで、こちらのほうは一九〇九年パリ生まれだ。両親はブルガリア人だが、彼自身レジスタンスに身を投じて収容所に入れられた経験を持っていた。後に『**ローマの休日**』（53、監督ウィリアム・ワイラー）を撮影することになるのがこの人である。

レジスタンスの陰の部分

クレマンの〝英雄的レジスタンス〟は世界中に名を轟かせたが、現実のレジスタンスは英雄的な話ばかりがあったわけではない。

クレマン同様、レジスタンス活動に挺身したジャック・ベッケルは、戦後は『**現金に手を出すな**』（54）などの作品でフィルム・ノワールの巨匠として崇められることになるが、一時独軍の捕虜として過ごしたことがあった。その経験を基に、戦後『**穴**』（60）という映画を撮ることになる。

これはパリの刑務所で実際に起こった脱獄未遂事件を題材につくられた映画で、後に監督となるジョゼ・ジョヴァンニの原作による映画だった。そのディテールにこだわった徹底したリアリズムが、世界に衝撃を与えることになる。映画はレジスタンスとは何の関係もないように思えるが、実は主演の男と原作者は元レジスタンスで、仲間の裏切りで脱走が失敗するという設定もレジスタンスの記憶に繋がるものだった。事実レジスタンスでは、仲間の裏切りによって何人もの人間が死んでいったからだ。

これについては、ベッケルの弟子で戦中は連合軍の兵士として闘っていたジャン・ピエール・メルヴィルも、**『影の軍隊』**（69）という忘れがたい作品をつくっている。この映画は、ゲシュタポに捕まった同志の密告によってメンバーが次々と逮捕されていく中、信頼していた女性活動家（シモーニュ・シニョレ）が独軍に逮捕され、彼女が口を割った後に殺すことを決断する同志の苦悩を描いている。処刑を決めるのはリノ・バンチェラだ。

『穴』監督ジャック・ベッケル、
出演ジャン・ケロディ、ミシェル・コンスタンタン、1960年

殺される女性活動家を演じたシモーニュ・シニョレは、カルネの**『悪魔が夜来る』**（42）で映画人生をスタートした名女優だが、実はユダヤ人だった。ドイツのヴィスバーデン生まれの移民で、さまざまな職業を経験した後、素性を隠して映画界に潜り込んできた女優なのだ。フランスが誇る演技派女優として、戦後も**『嘆きのテレーズ』**（52、監督マルセ

ル・カルネ）や『**悪魔のような女**』（55）で強烈な印象を与えた。特にクルーゾーの『悪魔のような女』は、まさに身も凍る映画で、シニョレの冷めた眼差しなくして成り立ち得ない作品だった。

シニョレは四六年にイヴ・アレグレ監督と結婚したが、その後離婚してシャンソン歌手イヴ・モンタン（ユダヤ人）と再婚する。鴛鴦《おしどり》夫婦といわれたが、モンタンがマリリン・モンローと浮き名を流した時、自殺未遂で夫を奪い返した。

この裏切りというテーマは、レジスタンスに関わった者には戦後も忘却できなかったようで、デュビビエが五九年につくった『**自殺への契約書**』は、戦争が終わって数年経過し、旧交を暖めるために再会したかつての同志が、その場で密告者の裁判と処刑を行なうというショッキングな内容の映画だった。

デュビビエという人は人生の暗さを描くことに生涯をかけた人だが、晩年になっても達観の境地に達することができなかったと思われる。

抑制された抵抗

その特異な映像表現で一部マニアに熱狂的な支持を受けたロベール・ブレッソンも、既述したように、独軍の捕虜となって収容所で過ごした経歴を持っていた。そしてその捕虜体験をもとに、戦後『**抵抗**』（56）という傑作をつくることになる。

これは収容所から脱走を図ろうとする捕虜の日常を、主観を排して淡々と描出した作品で、ベッケルの『穴』に先行する脱走映画の傑作だ。この二つの映画の最大の違いは、発せられる音の大きさにあった。

ベッケルの『穴』では、刑務所地下の下水溝コンクリートに、巨大な音を発して鉄の棒で穴をあける作業が延々と写し出されるが、ブレッソンの映画の場合はほとんど音らしい音が聞こえてこない。

これはブレッソンのほかの映画でもそうだが、彼の作品では台詞もほとんどなく、静かな画面が影絵のように流れてゆく。しかしその抑制のきいた映像が、逆にものすごい迫力で我々を圧倒してくるのだ。

ブレッソンの映画話法は、行為そのものが価値を持ち、目的を持つという考えにより構築されており、作家は行為を演出や演技で加工してはならないという信念に依拠していた。したがって、カメラは行為する人間の横にあってひたすら行為を写すだけで事足りるのだ。『抵抗』では、脱走を企てる男がスプーンから器具

『抵抗』監督ロベール・ブレッソン、出演フランソワ・ルテリエ、シャルル・ル・クランシュ、モーリス・ベブアロック、1956年

を作り、穴をあけ、縄をより、塀を登る行為が淡々と写し出されるが、そこで作家の感情移入はまったく排除される。

この手法は続く『スリ』(60)でも発揮され、ここでも執拗なスリの行為が綿々と映し出された。ところがこの行為はもともと体を張ったものであり、激しい緊張を伴うものなのだ。まさに観客は、スリの横にいて、その行為を凝視し、その瞬間に固唾を飲むことになる。

余談だが、私は学生時代にこの映画を観たが、ラストシーンで全身に震えが走ったことを覚えている。それはスリが刑務所から昔の恋人のもとに帰ってきて抱擁されるシーンなのだが、一言も言葉を交わさない二人の沈黙の表情がアップで長々と映し出され、そこに生きることの悲しみが凝縮されて伝わってきた。この映像に比べれば、言葉はまったく無力だとその時感じたものだ。

ともあれ、今までいわゆる戦中派の作家の作品に焦点を当ててきたが、戦中派の作品に見出されるキーワードは、表現の違いこそあれ、やはりレジスタンス(抵抗)という言葉に集約されるのである。

クレマンにせよ、ノワールの作家たちにせよ、戦中レジスタンスを経験した映画人は、皆この時代の抵抗を描くことを創作活動の出発点としていた。そしてこれは大いなる成功を収めた。

つまり「フランスでは、ドイツに対し国民をあげて抵抗した」とする〝神話〟が、映画の世界から現実の世界に流布し、それが〝世界の常識〟となった時代がしばらく続くことになる……。

抵抗から沈黙へ

たしかにヴィシー時代を描いた戦中派のキーワードは「抵抗」だった。しかし渡辺和行の『ナチ占領下のフランス』（講談社）には、これについては次のように書かれている。「ヴィシー期の社会を表すキーワードは沈黙である。多くのフランス人に馴染みがあったのは、レジスタンスでもコラボシオン（対独協力）でもなくて沈黙であった」

ここで渡辺氏が使用する「沈黙」というのは、どのような意味の沈黙なのか。防御、蜂起を待つ時間稼ぎ、あるいはカムフラージュのための沈黙のことか……。

このことについては、終戦後にメルヴィルがつくった『**海の沈黙**』(47) というレジスタンス映画をとりあげ、考えてみよう。これは、メルヴィルの長編デビュー作で、しかもまったくの自主制作映画だった。大方の観客は、この映画をクレマン風のレジスタンス讃歌が展開されると思っていた。ところがこの映画は、何事も起こらない不思議なレジスタンス映画だったのだ。

ある海辺の田舎町の一軒家に独軍の将校が寄宿してくる。そこには適齢期の娘と初老の父親が二人きりで住んでいる。この突然の客人に対し、親子は沈黙を守ることでフランスを防衛しようとする。彼らはドイツ将校に何を言われても口を開かない。どこまでも沈黙を守ることでドイツ兵に不服従の抵抗を貫くのだ。

こうしたシチュエーションの次にくるものといえば、アメリカ映画ならば、次は将校による暴力と相場が決まっているだろう。ところが実際はそうはならないのがフランス映画のフランス映画たる所以なのだ。

この親子の沈黙に対し、独軍将校は毎晩ドイツ精神の崇高さとフランスの美しさを語り、両者が合体することで偉大な国家が建設されることを語る。そして、フランス娘の心の中には将校に対する恋心が芽生えてゆく。この展開は意外な気がするが、実際独兵と恋愛関係に陥ったフランス娘は何万人いたかしれないのだ。映画では、最後に収容所での事実が明らかとなり、将校は嗚咽しながらすべては幻想だったことを語って戦地へ赴いていくが、その時娘のまなじりには、しっとりと涙が浮かぶのだ。

この話は、フランス抵抗文学の第一人者ヴェルコールの同名小説を映画化したものらしい。ナチ＝サディストという図式に捕らわれる者を愕然とさせる終わり方だ。ドイツのフランス支配という時代は、我々がイメージするほど残虐なものではなかったことを、図らずも露呈してしまった映画なのである。そしてフランス国民の中には、ドイツの支配を受け容れることも致し方ないとする意識が存在していたことを証明する映画でもあった。

そしてこの映画について調べていくうちに、実はもっと衝撃的なことが明らかとなるのだ。

「ロートシルド」の涙

メルヴィルの『海の沈黙』で、独軍の将校に恋心を抱く娘を演じたニコール・ステファーヌという女優は、俳優名鑑をひもといてもその名が出てこない。しかし映画評論家の細川晋によれば、彼女の本名はニコール・ド・ロートシルドというらしい。つまりロートシルド男爵の令嬢がこの人である。「ロートシルド」は「ロスチャイルド」のフランス語読みで、ロスチャイルドは全欧最大のユダヤ財閥だ。そして本家はドイツのフランクフルトにあった。彼女は制作も担当しているが、要するにメルヴィルに金を出したのはロスチャイルドだったのだ。そしてこの映画を市場に流通させたのは、ピエール・ブロンベルジュで、前にも述べたが、彼は戦中は収容所に入れられた人だった。

娘の涙は、ロートシルドの先祖が生まれたドイツの犯した過ちを思って流した涙だったのか……。

メルヴィルの本名も「グランバック」といい、これは「グランバーグ」というドイツ系ユダヤ姓の変名だとも考えられる。調べてみると、実際そのとおりで、フランス・フィルム・ノワールの巨匠メルヴィルもユダヤ系だったのだ。

それでは、これらのユダヤに関わりある人々が制作したレジスタンス映画が、必ずしも〝英雄〟的な物語でなかったことは、何を意味するのか。

それは、ドイツのフランス支配が、

ナチの暴力とそれに対する抵抗という単純な図式で割り切れないものだったかもしれない、という考えにいたる。

フランスが簡単に降伏した理由

その構造にアプローチする前に、第一次大戦でパリを死守したフランスが、ナチス・ドイツの前にこれほど簡単に降伏してしまった理由がどこにあったか、再考してみる必要があるだろう。

これについては、先にも歴史家によるいろいろな分析を紹介したが、忘れてならないのは、当時全体主義はドイツ、イタリアだけに存在したのではなく、アメリカ、イギリス、フランスにも広まっていたという事実なのである。フランスのファシスト団体としては「アレクシオン・フランセーズ」「火の十字団」などがあり、アメリカ、イギリスにはそれを上回る数のファシスト団体が存在していた。これらのファシスト団体は、莫大な数の支持者を獲得していたのだ。

このようにファシズムがアメリカ、イギリス、フランスにも広まった理由として、大恐慌の影響のほか、ドイツ、イタリア、日本の枢軸国家が急成長を遂げ、各国の政治団体を刺激せざるをえない状況が存在したことが挙げられる。加えてアメリカ、イギリス、フランスでも反ユダヤ主義が浸透し、それがどこの国でも民衆の支持を獲得していたことが、もう一つの理由だった。

しかし、アメリカ、イギリスにおいては、反ユダヤ主義勢力に対抗する親ユダヤ勢力が存在し、また独裁を嫌う民主主義の伝統がファシズムに勝っていたため、大戦の開始とともにファシズム勢力は急速にしぼんでしまった。

ところが、フランスの場合は少し事情が異なっていた。フランスにおける反ユダヤ主義は、実はイタリアよりも激しいものだったのだ。

かくて次章では、抵抗でも沈黙でもないフランスの別な相貌をみてゆくことにする。

第8章 暴かれたフランスの暗黒

「レジスタンス」という英雄神話の陰には、多くの政治家や文化人を含んだ人々の沈黙やナチへの協力があった。そして、ある意味ではナチスの支配よりおぞましい〝ユダヤ人狩り〟の事実が、戦後世代によって徐々に明かされることになる。

戦後フランス映画が再出発した時、最初にメガホンをとった者は実際にレジスタンスに従事した者たちだった。それは映画に限らずあらゆる分野で起こった現象である。そうこうするうちに、かつてペタンを支持していた者までが、抵抗の闘士だったと叫ぶようになる。一時期のフランスの文化状況はそうした局面に陥ったとみなすべきかもしれない。その結果、世界中の人が、フランス人すべてが抵抗運動の闘士だったと錯覚してしまったのである。

〝隠れヴィシー派〟とアプレゲールの登場

今の話に関連して私を驚かせたのは、社会主義者でレジスタンスの闘士だったといわれた元大統領ミッテランの過去を暴露した『フランスの青春』という本が、一九九四年に出版されたことだ。これには彼がかつてヴィシー政権の国民革命に同調して活動し、ペタンから勲章を貰ったこと、あるいはユダヤ人迫害に無関心だったことが記されている。また近年の研究では、レジスタンスの頭目ブランショや共産党員のアラゴンも、反ユダヤ的論陣を張っていたことがわかってきている。

実のところを言えば、戦後フランスで活躍した多くの政治家が、掘り起こすと暗い過去を持っているらしい。ヴィシー政権下の地方政治家の半分が、戦後も現役のまま活躍したからである。

政治家だけではない。我々日本人が〝フランスの良識〟と考えている文人たちの多くがヴィシー政権を支持していた。ヴァレリー、クローデル、ジロドゥ、ジイドがそうであり、彼らは戦後も文壇の重鎮として君臨し続けた。

このほかにも、対独協力を問われて責任を追及された作家として、セリーヌ、シャトーブリアン、ボナール、モンテルランなどがいる。解放とともに逮捕されて銃殺、あるいは自殺した人物としてはブラジャックやドリュ・ラ・ロシェルがいた。ヌーヴェル・ヴァーグの旗手ルイ・マルが六三年につくった『**鬼火**』は、このドリュ・ラ・ロシェルの友人で、やはり自殺した詩人ジャック・リゴーの最期の数日間を描いた作品だ（原作ドリュ・ラ・ロシェル）。

してみれば、占領下の知識人がこぞって反ファシズム闘争に打ち込んでいたというのも、どうやら眉唾である可能性が高い。ヴィシー期には、多くの者が〝沈黙〟によって事態の成り行きを見守っていたのだ。

ところが戦後も十年が経過すると、今度はアプレゲール（戦後派）の若者が登場し、再びその時代の真実を検証し始めることになる。彼らはヴィシー期には子どもであり、子どもの目から大人の行動を観察していた。あの時代に本当にフランス人はナチと戦ったのか。子どもの目であるだけに容赦はない。そしてこのテーマについて、新しい視点の映画がつくられるようになる。

彼らが注目したのは、今まで近くにいた人物が、ある時突然連行されていなくなったという事件だった。彼らは一体どこに連れていかれたのか。真に残虐な出来事は、彼らの見えないところで発生していたのだ。

ユダヤ人狩りとルイ・マル

四二年七月十六日、フランス警察のイニシアチブでパリのユダヤ人が大量に自転車競技場に連行された事件（ヴェル・ディヴ事件）を、パリ市民で知らない者はいなかった。もっとも収容所で何が起こっていたかは誰も知らなかったが、彼らが殺されるかもしれないという予想は大方の人間が持っていた。

そしてその事実に着目したのが、アプレゲール（戦後派）の作家たちだったのだ。彼らの掘り起こしたテーマ、それは占領下のユダヤ人狩りに対する記憶だった。戦中派が〝沈黙〟によって覆い隠していた犯罪を、戦後派は白日に晒し始めることになる。

戦後の調査によれば、フランスでは占領下の四年間に八万人近いユダヤ人が収容所に送られ、生きて帰ってきたのは二〇〇〇人ほどだった。このほかにイタリア国籍のユダヤ人も狩り出されるが、これに抗議したのが、なんとムッソリーニだったのだ。これはドイツが出した政令だったが、実行したのはフランス人で、一部のフランス人は積極的にそれに協力した。

この問題を真正面から取り上げた映画作家が、ユダヤ系のマルセル・オフュールスだった。彼の『**悲しみと憐憫**』(71)はこの問題を取り上げた最初の映画として知られている。最近では、二〇〇二年の『**バティニョールおじさん**』(監督ジェラール・ジュニョ)がこの事件を題材としており、これは独軍相手に繁盛を極めたパリの肉屋が、最後は命がけでユダヤ人の子どもをスイスへ逃す物語である。

しかしなんといっても、この問題を世界的にアピールしたのは、ルイ・マルの『**さよなら子供たち**』(87)が最初だろう。

この映画はマルの自伝的作品で、前半はマルの家庭が描かれる。マルの一家はロスチャイルドと資本関係がある裕福な実業家で、自由で開放的な雰囲気を漂わせていた。彼は話のわかる父親と、美人で官能的な母親の下に少年時代を送る。六一年の『**私生活**』には、思春期の息子と母親との恋愛関係が描かれているが、これはマルと母親の関係を連想させるもので、『さよなら子供たち』でもそうした家族関係が描かれている。そのため、初めは『私生活』の続編かと思わせるつくりになっている。

ところが後半からは、彼が入れられたカトリックの寄宿学校に匿われているユダヤ人少年との交流がモチーフとなり、最後は彼を匿った神父と少年が連行されるところで終わる。最後のナレーションはマル自身が担当し、「私は、この朝のことを死ぬまで忘れない」という言葉でエンドマークがつく。

『さよなら子供たち』には収容所が登場するわけではなく、ユダヤ人狩りのシーンも極めてあっさり描かれている。しかしながらこの作品において、我々は初めてマルの原点を確認することができたのである。しかもこれをつくるまでに、彼には四十年の月日が必要だったのだ。

コラボシオン(対独協力)の実態

実は『さよなら子供たち』に先行する十三年前、ルイ・マルはもっと厳しいヴィシー期の現実を描いていた。『**ルシアンの青春**』(73)がそれで、これはフランス人が思い出したくないコラボシオン(対独協力)を暴く映画だった。

映画の主人公であるルシアンは田舎の病院で掃除夫として働いている。

久しぶりに家に帰ると、自分の家には他人が住んでいる。要するに一家は小作人なのだが、父は戦争で不在、母は愛人兼家政婦となって家主の家に寝泊まりしていた。その事実を知ったルシアンは激昂してそこを飛び出すが、ふとレジスタンスに加担してみたい気分になる。そこで地下活動をする学校の教師のもとを訪ねるが、まったく相手にされない。その上仕事場に帰る途中、警察の前でスパイに間違えられ署内に連れ込まれ、教師がレジスタンスであることを密告してしまう。ルシアンはその手柄でそのまま秘密警察の手先となる。

『ルシアンの青春』監督ルイ・マル、出演ピエール・ブレーズ、オーロール・クレマン、オルガー・ローウェンアドラー、1973年

後半はルシアンとユダヤ人娘の暗い恋の物語へ推移していく。とはいえ、その恋は権力を笠に着て成り立つ恋である。娘は父を助けるために仕方なく体を預けるが、ルシアンはその父を容赦なく収容所に送り込む。娘も連行されそうになるが、ルシアンは独兵を撃って娘を助け出し、山の中に逃げる。そこで二人は初めて本当に愛し合うが、映画はそこで終わる。最後の字幕にルシアンが後に処刑されることが記される……。

結論からいえば、この映画にはフランス民衆の誇りも抵抗も描かれていない。しかも観客は決して主人公に同情することはできない。ルシアンの特技は石で小動物を殺すことであり、彼は衝動のままに生きる田舎の青年だった。そんな彼にはファシズムもレジスタンスも違いはなく、成り行きでドイツの手先になったものの、教師に断られなければレジスタンスの闘士になっていたかもしれないのだ。また、ユダヤ人娘の描き方も極めて曖昧で、彼女も現実から逃避するために自ら望んで敵の愛人になろうとする危うさを秘めている。

この映画の登場人物は現実と戦う人間ではなく、ただ現実に翻弄されるだけの、であるがゆえにリアルな人間なのである。唯一の救いは、これも成り行きなのだが、ルシアンが最後は独兵を撃ち、暴力によって支配された愛ではなく、純粋な愛を獲得して終わるラストである。

『ルシアンの青春』にはレジスタンスの教師が出てくるが、二〇〇一年に製作されたアメリカ映画『**シャーロット・グレイ**』（監督ジリアン・アームストロング）には、ユダヤ人の子どもをゲシュタポに売り渡す卑劣な学校関係者が登場する。

この映画はレジスタンスの連絡係として派遣された英国の女諜報員が、諜報活動をしていく過程で誰も信じられなくなるドラマだが、映画ではたくさんのコラボシオンが登場する。同時に英軍の偽情報で無惨にも犬死にさせられるレジスタンスの哀しいコミュニストたちが描かれている。

現実は、痛ましいほど非情である。

トリュフォーの人間愛

『ルシアンの青春』で示されたヴィシー期の告発は、さすがにフランス人の不興を買い、マルは十年ほどフランスを離れて暮らすことになる（この間米女優キャンディス・バーゲンと再婚）。

これに対し、同じヌーヴェル・ヴァーグの旗手としてほぼ一年おきに傑作を発表し続け、戦後フランス映画の顔となるのがフランソワ・トリュフォーだ。

三二年のパリ生まれで、五七年に短編『**あこがれ**』でデビューし、五九年の『**大人は判ってくれない**』で世界に飛び出し、その絶妙なテンポと語り口で愛の奥深さを描き続け、政治とは無縁で通したトリュフォー。だがその彼も、晩年に近い八一年には、『**終電車**』という作品で、ナチの文化政策を題材にしたユダヤ人問題を取り扱うことになる。

当時ナチはあらゆる芸術作品の検閲を実施していたが、とりわけ映画と演劇には、その親ユダヤ的傾向のため厳しい検閲の目を光らせていた。パリ市民は、仕事の後で芝居や映画を観て終電車で帰ることを最高の喜びとしており、それがこのタイトル由来となっている。

映画に登場するモンマルトル劇場の支配人兼演出家のルカ（ハイン

ツ・ベネント）は、ユダヤ人だったために財産が没収される前に劇場を妻マリオン（カトリーヌ・ドヌーヴ）に譲り渡し、逃亡したとみせかけて、劇場の地下室に潜伏する。マリオンは劇団の看板女優であり、ルカは通気孔を通して舞台稽古の声を聞き、深夜マリオンに演出の指示を出していた。こうした状況下、マリオンは新進の俳優でレジスタンスの活動家ベルナール（ジェラール・ドパルデュー）と新作の興業をうち大成功を収める。新聞はマリオンを絶賛して、ユダヤ人がフランスで最も美しい女性を略奪していたと書き立てる。やがてマリオンはベルナールに心惹かれてゆく自分を発見する。

　映画は、ルカ、マリオン、ベルナールの三角関係の物語と移っていくのだが、これに当時の検閲官やゲシュタポの追及と、市民の群像が絡まってドラマは展開する。検閲官の役はアラン・ローブローという実在の人物がモデルとなっているようだが、彼は大劇作家ジロドゥの擁護者だった。

　いずれにせよ、この映画では占領下の深刻さはあまり感じられない。どちらかといえば良質のコメディ仕

『終電車』監督フランソワ・トリフォー、出演カトリーヌ・ドヌーヴ、ジェラール・ドパルデュー、ハインツ・ベネント、1981年

立てになっており、トリュフォーお得意の一人の女をめぐる二人の男の愛の争奪戦が展開されている。この意味では原点ともいうべき**『突然炎のごとく』**（62）に回帰したといってもよいかもしれない。ただ違いは、『突然炎のごとく』は悲劇的結末を迎えるが、『終電車』の主人公は、ルカとベルナールの二人の愛を勝ち取ることで終わるという点だ。

この大円団の終わり方にはトリュフォーの年齢を感じさせるが、ここには一種の暗喩が込められているともいえる。つまりトリュフォーは、レジスタンスの闘士であるベルナール（フランス）が、マリオン（演劇）を通してルカ（ユダヤ人）と結ばれていることを訴えたかったのではなかろうか。

ルルーシュの愛国心

クロード・ルルーシュといえば、パリ解放時にはまだ幼い子どもで、ヌーヴェル・ヴァーグ以降にフランス映画界をリードすることになるユダヤ系の映画監督だ。

六六年の**『男と女』**で一躍世界の寵児となり、冬季オリンピックの記録映画**『白い恋人たち』**（68）でもその流麗な映像が世界に衝撃を与えた。その後は活動の比重を実業にシフトし、しばらくは泣かず飛ばずで過ごしていたが、その彼が財産を抵当に入れて作った大作が、八一年の**『愛と哀しみのボレロ』**だった。

この映画は、大戦前からアルジェリア戦争に至る複数の家族の運命を描いているが、舞踊、音楽、映像が渾然と一体化した映像詩と呼べる作品で、ルルーシュらしく全編が一つの音楽のように構成され、しかもそこには重厚なドラマが展開されていた。

ニューヨーク、パリ、ベルリン、モスクワの芸術家の運命が交互に走馬燈のように映し出され、やがて彼らとその子どもが運命の糸で絡み合ってゆく映画話法は、彼ならではのものだ。そしてこの映画に登場する芸術家たちにはそれぞれモデルがあった。なかでもパリ入場時の独軍楽隊の指揮者がカラヤンで、連合軍の楽隊指揮者がベニー・グッドマンであることは、その筋の人間であれば誰でもわかるだろう。

ルルーシュは八五年にも**『遠い日の家族』**というユダヤ人狩りをテーマとした映画を撮っているが、九六年になると、今度は大戦下のユダヤ人問題を本格的に扱った大河ドラマ

『愛と哀しみのボレロ』監督クロード・ルルーシュ、出演ロベール・オッセン、ニコール・ガルシア、マニュエル・ジェラン、ジェラルディン・チャップリン、1981年

を製作する。これが**『レ・ミゼラブル　輝く光の中で』**で、この作品は彼の作家人生の到達点と呼ぶにふさわしい傑作だった。

これも二代にわたる男の人生を描いた二〇世紀のタペストリーだが、圧巻は第二次大戦下のフランスの悲劇で、ここではユダヤ人迫害、ノルマンディー上陸、パリ解放と、大戦の主要な事件が歴史絵巻のように再現される。その二代の男を老いたジャン・ポール・ベルモンドが渋い演技で演じた。この二代の男は、同時に二〇世紀のジャン・バルジャンの役を兼ね、途中『レ・ミゼラブル』の劇中劇が挿入され、やはりそれがベルモンドによって演じられるのである。

このように映画は重層的な構成となっているが、主人公は、ナチ占領下にユダヤ人の脱出に手を貸し、逃亡の車の中で、ユゴーの『レ・ミゼラブル』を読んで聞かせてもらうことから人生が変わるのだ。

簡単にいえば、この映画は、ある不幸な男がユダヤ人一家を救うことで最後に幸せを摑むという物語なのである。映画では、このユダヤ人一家を取り巻く人間模様が絶妙に描かれている。ユダヤ人を売る農夫、助ける修道女、親ナチからレジスタンスに振り変わる犯罪者や警官と、戦時下を生きるあらゆるタイプの人間が登場する。最後はフランスへの愛国心と人間愛の肯定によって幕を閉じることになるが、これなどは、ルルーシュだからこそ描けた戦争だったといえるだろう。

第9章

独ソ戦が生んだ悲劇

ヒトラーとスターリンという二人の独裁者のメンツのために、多くの兵士が使い捨てられていった。レニングラードやスターリングラードの攻防戦など、独ソ戦を描いた映画を追いながら、歴史過程をたどる。

さて、しばらくフランス映画の話が続いたが、ここからは再び第二次大戦に戻ってその流れを映画で辿っていきたい。まずはヒトラーの大きな躓きとなる独ソ戦の開始から。

ヒトラー慢心、失策招く

歴史家によれば、独ソ戦はロンドン空襲の失敗（50頁参照）で進撃にブレーキがかけられたヒトラーが、その行き詰まりを打開するためにとった戦略だといわれている。

もともとヒトラーは、スラヴ人をユダヤ人の次に劣る人種とみなしており、ましてやスターリンに支配されるソ連は奴隷国家も同然と考えていた。第一次大戦においても、ドイツはタンネンベルクの戦いでロシアを簡単に撃破しており、彼は「ソ連はドアを二度蹴れば倒れる家である」と豪語して侵攻を決断するのである。

独ソ不可侵条約締結から一年が経過すると、ドイツは日独伊三国同盟を締結し、その後ソ連侵攻計画であるバルバロッサ作戦に着手する。一九四一年にはハンガリー、ルーマニア、ブルガリアを三国同盟に加盟させてソ連侵攻の準備を整える。

この間ソ連はポーランドを分割してバルト三国を併合したものの、ドイツへの備えは遅々として進まなかった。スターリンは、ドイツが突如ソ連に攻めてくるとは思っていなかったようで、これはヒトラーが英国が休戦に応ずると考えたのと同様、大戦の大きな読み違いの一つと数えられている。

四一年六月、ソ連への侵攻が開始された。たちまちウクライナ、白ロシア、バルト海沿岸が奪われ、続いてレニングラードが狙われることになる。ロマノフ王朝の首都で革命発祥の地を守るために、ソ連はレニングラード南方のルガに市民総動員の防衛線を張る。この独ソ戦最初の攻防を描いた映画が『**レニングラード攻防戦**』（74、監督ミハイル・エルショフ）だ。また包囲された旧都を守るために火薬調達を命じられた工場長の決死の火薬搬送を映画にしたのが『**レニングラード大攻防１９４１**』（85、監督ヴィクトール・アリストフ）で、ともに市民の活躍で旧都が防衛される様を描いている。

　ソ連はレニングラードを死守するが、ここでドイツは方向を転じてモスクワ攻略を開始する。この作戦名「台風」と呼ばれるモスクワ攻略戦を描いた映画は、八五年に制作された『**モスクワ大攻防戦第２部　台風**』（監督ユーリー・オーゼロフ）だ。独軍はこの作戦でモスクワから二〇キロの地点まで侵攻するが、ナポレオンの時と違って、ロシア人はこの時首都を明け渡さなかった。シベリアからきた赤軍がここで猛反攻に出て、独軍の侵入を食い止めるのである。この間拡大した戦線のあちこちでパルチザンが組織され、またあのナポレオンを蹴散らした冬将軍がやってくる。このためドイツ戦車は動かなくなり、機銃は使用不能となって独軍は立ち往生となる。雪中で孤立した独軍はここでジューコフ将軍指揮下の赤軍の逆襲を受け、地上戦で初めて敗北を喫するのだ。

　これはヒトラーの慢心が招いた失策といえるが、考えてみると、最初にことがうまく運び過ぎると、後が怖いというのは何事にも通ずる教訓であろう。

戦時下でのロシア人

第二次大戦におけるソ連の死者は一八〇〇万人以上といわれている。一方ドイツは三五〇万人で、アメリカは二九万人だった。

　この数字を見ると、いかにソ連の犠牲者が多いかわかるだろう。ソ連は、いわば死体の山を築いて祖国を防衛したのである。

　ところが大戦前から終戦後にかけて、ソ連映画で国民の犠牲の大きさを真正面から取り上げた映画はなかった。なぜなら映画はスターリンによって検閲されていたからだ。

　大戦を描いた劇映画には二つのタイプしかなかった。残虐な独兵に立ち向かう勇敢な兵士、それから大祖国戦争を勝利に導く英雄スターリンである。これに映画人の粛正も祟って、スターリン末期の五一年には、ソ連の長編映画は九本というどん底に陥る。

　五三年になって、長く続いたスタ

ーリン支配がその死によって終わりを迎える。続くマレンコフの後を承けたフルシチョフは、五六年の共産党第二十回大会でスターリン批判を展開。この時フルシチョフは、非公式ながらスターリン時代の映画にも批判を向け、気持ちが悪くなるほどスターリン崇拝一色の『**ベルリン陥落**』（49、監督ミハイル・チアウレリ他）を手厳しく批判した。その結果、ソ連映画にもようやく雪解けが訪れるが、この時登場した映画人は、まさに戦争に従軍した人々であり、前線で戦争の苦しみを知った人たちだった。かくてソ連でも戦争の中に生きる真実の人間の姿が描かれるようになってゆく。

こうした監督の中でいち早く登場したのは『**戦争と貞操**（**鶴は翔んでゆく**）』（57）のミハイル・カラトーゾフで、彼はこの映画で、許嫁と両親を戦争で失った銃後の女性の悲しみを流麗なカメラワークで描き、ソ連初のカンヌパルムドール（大賞）を獲得した。

またグリゴーリ・チュフライの『**誓いの休暇**』（59）は、戦争の悲劇を叙情的な映像で描いたソ連製ヌーヴェル・ヴァーグといえる映画だ。独軍の戦車二台を爆破した功労で休暇を貰った若い兵士が、帰郷の道すがら出会った人々のヤボ用に振り回され、ついに母と再会した時には数分の時間しか残されていなかったという物語だ。母を抱擁してすぐその場を立ち去った息子は、その後二度と母のもとに帰ってこなかった。そして母は、死ぬまで息子を待ち続けるのだ。

セルゲイ・ボンダルチュクの『**人間の運命**』（59）は、平凡なロシア人の戦争を淡々と描いた秀作である。優秀な息子が自慢の実直な男が、泣きつく愛妻を突き放して従軍するが、戦場ではすぐに捕虜となって収容所に入れられてしまう。地獄の捕虜生活をかろうじて生き延び帰郷すると、家は独軍に爆撃され跡形もなかった。しかも爆撃で生き残った息子も勝利目前のベルリンで戦死する。そこで主人公は、村で見つけた戦争孤児を養子にし戦後をスタートさせるのである。

こうした普通の兵士の戦争体験は、スターリン時代には絶対に描けないものだった。

外人部隊とハンガリーの悲劇

独ソ戦では、ドイツとソ連の兵隊以外にもたくさんの外人部隊が動員された。当然それにまつわる悲劇も無数に存在し、映画の世界でもそれ

『戦争と貞操（鶴は翔んでゆく）』監督ミハイル・カラトーゾフ、
出演タチアナ・サモイロワ、アレクセイ・バターロフ、1957年

を題材とした作品がいくつかつくられている。

まずは独ソ戦開始後に動員されたイタリア兵の悲劇を描いたのがデ・シーカの**『ひまわり』**（70）だ。これはマストロヤンニとソフィア・ローレンの名コンビが組んだ戦争メロドラマだが、ロシア戦線で敗走した男が農家に救われて、そのまま農家の娘と結婚してしまう話だ。敗走兵をマストロヤンニ、農家の娘を**『戦争と平和』**（65、監督セルゲイ・ボンダルチュク）でナターシャを演じたリュドミラ・サベーリエワが演じた。戦争が終わって夫をロシアまで捜しに来るのがソフィア・ローレンで、彼女は子どもまでいるかつての夫を発見し、傷心のままイタリアに帰る。それからしばらく経って、今度はマストロヤンニがローレンのもとを訪れるが、逆に彼女が再婚して赤ん坊を抱いてる姿を見てロシアに戻るのである。

この話は、いわば戦争メロドラマの定番ともいうべき筋で、元ネタはテニスンの小説『イノック・アーデン』からとっている。映画の世界では、第一次大戦を題材とした**『第七天国』**（27、監督フランク・ボーザージ）、アルジェリア戦争を題材とした**『シェルブールの雨傘』**（64、監督ジャック・ドゥミー）などがこれと似た筋だが、どの作品を観ても見事に泣かせる仕上がりで、作品の甲乙はつけがたい。

また、独ソ戦で息子を失うドイツの地主のもとへ出稼ぎにくるハンガリーの小作人たちを描いた映画が、ゾルタン・ファーブリ監督の**『ハンガリアン』**（77）である。

この小作人たちは、最後は召集されてソ連との戦いで死ぬことになるが、映画はこの哀しき小作人たちの運命を、ハンガリーという国家に投影させて描いている。実際ハンガリーは、ポーランド同様ドイツとロシアという二つの大国に蹂躙され続けた歴史を持っていた。ハンガリーは第一次大戦と第二次大戦で二度もドイツのために兵を出したが、ハンガリー兵の扱いは小作人同様の扱いだったのである。そしてドイツが負ければ、今度はソ連に煮え湯を飲まされることになるのだ。

たとえばＮＨＫのＢＳで放映された**『失われた日々のために』**（88、監督フェレンツ・デーグラーシー）は、独軍に動員されたハンガリー軍の少佐とその家族が、スターリン時代に、懲罰として電気も通らない湿地帯に送られる悲劇を描いている。誇り高い少佐は、そのプライドのために金を稼ぐことができず、その結果、妻と子どもは塗炭の苦しみを味わう。

圧巻は、夫の不在の際に、産婆もいない小屋で、妻が幼い子どもに指示を出してお産するシーン。やがて妻の夫へ対する愛は冷めてゆくが、この映画の本当の哀しさは、追放が解除された後に、夫が蒸発してしまうことがラストで知らされることだ。

地獄のスターリングラード

四二年に入ると、ドイツは石油が不足してきてカスピ海の油田地帯がどうしても必要となってくる。そこでヒトラーは、春が過ぎると、南部戦線を防衛していた精鋭軍を投入してヴォルガ河の要衝スターリングラード（現ヴォルゴグラード）に攻め入ることを決断する。スターリンは威信をかけて防衛するが、これが第二次大戦最大の攻防といわれたスターリングラードの戦いだった。

これについては、七二年にソ連で**『白銀の戦場　スターリングラード大攻防戦』**（監督ガブリール・エギアザーロフ）という映画が製作されている。スターリングラードの手前でドイツの戦車部隊を迎えうった砲兵隊の塹壕戦を描いたものだが、この部隊はほとんど〝人柱〟同様の役割を与えられて全滅寸前までゆく。最後に生き残った少数が英雄として賞賛されて映画は終わるのだが、この映画がつくられた時のソ連はブレジネフ時代で、いかにもスターリン主義のプロパガンダ臭が溢れた映画だった。

一方破れたドイツのほうも、ドイツ統一後の九三年に**『スターリングラード』**（監督ヨーゼフ・フィルスマイヤー）という大作を映画化している。これはイタリアの港で休暇を楽しんでいた若いドイツ兵が、スターリングラードに送られて遭遇する地獄を、これでもか式にリアルに描いた映画だ。

二八万の精鋭部隊で生き残ったのはわずか三万人という激戦を、厳寒のラップランドで撮影し、そのリアルな映像は戦争映画に新機軸をもたらしたとして評価を得た。瓦礫と化した街での敵味方もわからぬ銃撃戦、厳寒のために腐ってゆく足、逃亡する将校たち、そして映画の最後は力尽きて倒れた兵士が雪人形と化していく。捕虜となった九万人も、その後氷雪の中で死の行軍が待っていた。

二〇〇一年には、ジャン・ジャック・アノーがこの戦いを素材にまったく新しい戦争映画を送り出す。邦題はやはり**『スターリングラード』**だが、これは破壊されたスターリングラードにおける独ソ二名のスナイパーの対決（実話）を映画化したものだ。

内容はドイツによって破壊されたスターリングラードで、ウラルの羊飼い（ジュード・ロウ）が廃墟に身を隠し、次から次と独兵を狙撃して戦局が好転する話だ。これに対してドイツも狙撃の名手（エド・ハリス）を送り込み、両者が火花を散らすことになる。これに加えて狙撃兵の恋人となるユダヤ人女性と、彼女を愛する党幹部の三角関係や、子どもを囮に使ったスパイ合戦が絡み、加えてスターリンへの批判などが盛り込まれて重層的な映画に仕上がった。なんといっても見所はスナイパー同士の決闘で、これがまるで黒澤明の**『用心棒』**（61）のような緊迫感に溢れており、飽きさせない。

ともあれ、この時のスターリング

『戦争のはらわた』監督サム・ペキンパー、出演ジェームズ・コバーン、マクシミリアン・シェル、1976年

ラードは、独裁者の威信のために、人間がまるで薪のごとくに火の中に放り込まれた焦熱地獄の街だった。

ペキンパーの異色の戦争映画

第二次大戦を扱った戦争映画で、公開以来三十年以上経ちながら、いまだに戦争映画ファンに高い人気を保つ映画がある。それはスターリングラードの南で敗走する独軍を描いた映画だった。サム・ペキンパーの**『戦争のはらわた』**(76)である。

この映画が人気を博している理由は、必ずしも映画が戦争の真実に肉薄しているからというわけではなく、これがペキンパーというカルト的人気を博す監督によってつくられた戦争映画であるからだろう。

ペキンパーといえば、七〇年代に一世を風靡したバイオレンス映画の巨匠である。もともとは西部劇の監督で、六九年の『**ワイルドバンチ**』でブレイクした後、ダスティン・ホフマン（ユダヤ系）の『**わらの犬**』（71）やスティーヴ・マックウィーンの『**ゲッタウェイ**』（72）などのバイオレンス・アクションで人気を博した。

スローモーションによる血しぶき映像が得意で、『**仁義なき戦い**』シリーズで大ヒットを飛ばした深作欽二はひところ「日本のペキンパー」といわれ、また北野武もその影響を受けた一人と目されている。

だがペキンパーは、単に壮絶なる暴力描写のみで耳目をひいた監督ではなかった。ペキンパー映画が受ける最大の理由は、彼がアウトローや一匹狼、そして時代遅れの人間に限りない哀惜を注いでいたからである。なにしろ彼自身が、ハリウッドの〝ドン・キホーテ〟の一人だったのだ。この『戦争のはらわた』も、彼が毒舌のためにハリウッドのお偉方に干され、仕方なく西独と英国の資本でつくった映画だった。当然映画の主人公も筋金入りの反骨漢だ。

映画は、主人公の伍長に率いられた前線防衛小隊の生々しい白兵戦を描いている。伍長を演ずるのはジェームズ・コバーンで、彼はヒトラーを毛嫌いしているが、連隊一の戦闘能力を持つ男だった。彼の部隊はまさにナイフで相手を倒すのである。

映画は同時に、この伍長と彼の上司である中隊長（マクシミリアン・シェル）との男の闘いを描いている。この中隊長は貴族の末裔で、ただ鉄十字章を貰うためにロシア戦線に志願してきた男だった。彼にとって重要なことは真の名誉ではなく、あくまで勲章なのである。そして実際には銃の装填もできない人間なのだ。

思い起こせば社会心理学のエーリッヒ・フロムは、ナチズムを支えた人間像として「権威主義的人間」という概念を提唱しているが、まさに彼はこの概念に当てはまる人物だった。映画の原題は「鉄十字章」で、鉄十字章を貰いながらも反逆的な態度のため伍長に留まる主人公と、鉄十字章のためには部下をも殺害する名誉欲の塊との火花を散らす確執が描かれているのだ。

そしてこの映画の脚本は、なんと『**カサブランカ**』（42）を脚色したジュリアス・J・エプスタイン（ユダヤ系）だったのである。

第10章 進撃する連合軍

連合軍は北アフリカから巻き返しを図り、砂漠ではドイツのロンメルとイギリスのパットンという戦車軍団が死闘を繰り広げていた。やがて北アフリカを制圧した連合軍は、いよいよイタリアでの戦いに移る。

南部戦線では、一九四二年十一月に連合軍がモロッコとアルジェリアに上陸する。その後北アフリカの仏軍は連合軍の傘下に入るが、米第二軍はチュニジアのキャサリン峠で手痛い敗北を喫し、チュニジアの制圧には四三年五月までかかった。

砂漠の狐ロンメル

このチュニジアの攻防を描いた映画としては、七七年の『**ザ・ビッグ・バトル**』（監督ウンベルト・レンツィ）がある。この北アフリカ戦線で連合軍を苦しめたのが、戦車師団を率いて「砂漠の狐」と怖れられたエルウィン・ロンメル元帥で、彼は捕虜を殺さなかったこともあって、連合軍兵士の中で神話的存在として語り継がれた。そのため彼が登場する映画が数多くつくられている。

戦中の作品ではワイルダーの『**熱砂の秘密**』（43）がある。これはロンメルを迎えるホテルで、メイドと英国将校が独軍の軍需物資が隠された地図を手にすることから始まるスパイサスペンスだった。戦中ということもあり、この映画のロンメルは悪役仕立てだが、ここでロンメルを演じたのはユダヤ系のエーリッヒ・フォン・シュトロハイムだ。

戦後の五一年には、ヘンリー・ハサウェイにより『**砂漠の鬼将軍**』がつくられるが、こちらではロンメルは英雄として描かれている。演じたのはジェームズ・メイスンで、捕虜となった英国将校が、戦後ロンメルの死にまつわる謎を調査し、彼がヒトラー暗殺計画に関与して処刑されたとする説をセミ・ドキュメンタリー風に描いた作品だ。

五三年には、やはりジェームス・メイスンのロンメルで『**砂漠の鼠**』（監督ロバート・ワイズ）が制作される。リビアのトブルクで、玉砕寸前までロンメルに抵抗したオーストラリア軍の勇戦を描いた映画だ。主演はハリウッド・デビューを飾ったばかりのリチャード・バートンだが、バートンは七〇年にもヘンリー・ハサウェイのメガホンで**『ロンメル軍団を叩け』**という映画に出演している。バートン率いる工作部隊が、ロンメル指揮下のトブルクで、地中海に向けた大砲を爆破する戦争アクションだ。もっとも、この映画は六六年の**『トブルク戦線』**（監督アーサー・ヒラー）のパクリで、こちらのほうはユダヤ人工作部隊が独軍燃料倉庫を爆破する活劇だ。

北アフリカ戦線といえば、やはり砂漠を行軍する戦車部隊の戦いが中心なのだが、こうした映画で今も高い人気を誇っているのが、ゾルタン・コルダ（ユダヤ系）の**『サハラ戦車隊』**（43）だ。これは**『カサブランカ』**（42）の後にボガートが主演した戦争活劇で、砂漠に孤立した戦車隊長が、知略によって独軍の一個師団を降伏させてしまう痛快な物語だ。

ボガートの役柄は、後に彼が初めてアカデミー賞を受賞する**『アフリカの女王』**（51、監督ジョン・ヒューストン）の郵便船長役に通ずるキャラで、後年のボガートを予告する傑作となった。

『砂漠の鬼将軍』監督ヘンリー・ハサウェイ、出演ジェームズ・メイスン、セドリック・ハードウィック、1951年

パットン大戦車軍団の登場

北アフリカ戦線で重要な役割を果たしたのが、シチリア島の南にある

マルタ島だった。この島はジブラルタルからカイロを結ぶ英軍の補給基地で、イギリスは多大な犠牲を払ってこの島を防衛する。そしてアフリカに向かう独軍の輸送船を襲うようになる。五三年の『**マルタ島攻防戦**』(監督ブライアン・デズモンド・ハースト)と七〇年の『**地獄の艦隊**』(監督ポール・ウェンドコス)は、このマルタの攻防を描いた映画だった。こうして補給を絶たれた独軍はやがて苦況に立たされてゆく。

かくて砂漠の狐ロンメルも敗北を喫することになるが、彼が最初に敗北するのがエジプトのエル・アラメインで、打ち負かすのは英第八軍のモントゴメリー将軍だった。これも何本も映画化されているが、最近では『**炎の戦線エル・アラメイン**』(2002年、監督エンツォ・モンテレオーネ)があり、これは砂漠に孤立するイタリア軍が壊滅する話だ。

その後チュニジアに集結した独軍を降伏させるのが、モントゴメリーのライバルとなる米ジョージ・S・パットン将軍である。

彼については、七〇年に『**パットン大戦車軍団**』(監督フランクリン・J・シャフナー)という映画がつくられ、その年のアカデミー作品賞を受賞した。シナリオは監督デビュー前のフランシス・フォード・コッポラである。これをつくらせたのは、20世紀フォックスの社長に就任したばかりのリチャード・ザナックだった。

同時にこの年は、「ハリウッド最後の帝王」といわれたダリル・F・ザナックが映画制作を引退した年で、ダリルの最後の映画は真珠湾攻撃を題材にした『**トラ・トラ・トラ!**』(70)だった。これはあの黒澤明を途中で解任し、それがきっかけで黒澤が自殺未遂をはかった映画だ。一方息子のリチャードは、その後は独立プロを興して『**JAWSジョーズ**』(75、監督スティーヴン・スピルバーグ)などのヒット作を連発していく。

ところで、戦争映画は第一次大戦後に確立したジャンルだが、最も興隆を見たのはキューバ危機以後の六〇年代だった。この時期には戦争スペクタクル巨編が数多く製作されたが、これに一番力を注いだのがダリルだった(なお、キューバ危機については、ヒッチコックが『**トパーズ**』[69]をつくっている)。

さて『パットン大戦車軍団』だが、この映画は、いわば戦争狂ともいうべきパットンの個性的な人間像を描きながら、第二次大戦の経過を流れるように辿った戦争巨編だ。パットンという人物の評価については中立的に描かれ、〝一将功成って万骨枯る（一人の将軍が功名を立てるには、万の兵士の犠牲が必要）〟という現実と、パットンこそが第二次大戦を勝利に導いた最大の功労者だという二つの事実が公平に語られている。

　このパットンを見事に演じたのがジョージ・C・スコットで、彼はこの後アカデミー主演男優賞の受賞を拒否した男として歴史に名を残すことになる。彼の場合、ノミネートそのものを拒否していたためオスカー像を受け取る者がなく、結局オスカーはパットン記念館に寄贈されることになった。しかしこれが祟って、その後彼は作品に恵まれず、ノミネートもされないのにアカデミーの会場に顔を出すというオチまでついた。

『パットン大戦車軍団』監督フランクリン・J・シャフナー、出演ジョージ・C・スコット、カール・マルデン、1970年

　また、実際にこのパットン指揮下の北アフリカ戦線に従軍し、その後欧州戦線でも活躍して二十四個の勲章を貰い、戦後は映画界入りして西部劇の俳優となったのがオーディー・マーフィだ。五五年には彼の自伝を映画化した『地獄の戦線』（監督ジェシー・ヒッブス）がつくられたが、彼は飛行機事故で死んだ。

シチリアからナポリへ

　北アフリカを制圧した連合軍は、次にはシチリアに上陸することになる。このシチリア上陸に関しても『パットン大戦車軍団』がその経過をよく描いている。映画では、シチリア東部の町メッシーナへの、パットンとモントゴメリーの先陣争いが描かれている。パットンは先にメッシーナを制したものの、疾病兵を殴るなどの過激な行動と言動でアイゼンハワーの怒りを買い、第七軍司令官を解任されてしまう。もっともロバート・デュヴァルがアイゼンハワーを演じたテレビシリーズ『**将軍アイク**』（78）（監督メルヴィル・シェイヴルソン）を観ると、アイクが誰より信頼していたのは、やはりパットンだったようだが……。

ともあれ連合軍のシチリア上陸で、ムッソリーニはファシスト評議会の決議により国王に解任されることになる。この時ムッソリーニの娘婿のガレアッツォ・チャーノは、イタリアのためにムッソリーニの罷免に回った。この結果、バドリオ新政権が誕生し、ムッソリーニはグラン・サッソ山上のホテルに幽閉される。これと同時にファシスト党も解散するが、独軍はなおイタリアを死守せんと軍隊を投入した。同時に各地でパルチザンの蜂起が始まる。

この後新政権は、九月の連合軍によるカラブリア上陸で無条件降伏を申し出る。するとローマはたちまち独軍に占領され、国王と新閣僚は南イタリアに落ち延びた。独軍はサレルノ付近で連合軍に攻撃を加え、今度は手のひらを返したように伊軍関係者や市民に危害を加え始める。

たとえばムッソリーニを罷免したチャーノもこの後処刑された。ほかに退却しようとしたギリシャ駐屯の伊軍に対する虐殺なども発生したが、これについては『**コレリ大尉のマンドリン**』（２００１、監督ジョン・マッデン）に哀しい恋の物語が語られている。

また早速発生した市民の虐殺については、『**祖国は誰のものぞ**』（62、監督ナンニ・ロイ）でナポリで起こった悲劇が描かれている。これは独軍が市民を強制労働に駆り立てようとし、それが契機で起こった市街戦を描いた映画だ。市街戦は老人や女、子どもまで駆り出して四日続くが、最後は形勢の不利を悟った独軍の撤退で終わった。

かくてナポリは解放されるが、ナポリ市民には真の解放はなかった。長い砂漠の戦いに疲れた連合軍の兵士が、ナポリで狼藉の限りを尽くしたからだ。

そうした荒廃したナポリの戦後を描いた映画が、八一年に公開された『**狂える戦場**』（監督リリアーナ・カヴァーニ）である。この映画には子どもに売春させる親やレイプ常習の兵士などが登場する。〝飢えた〟米兵と、それに迎合する市民の精神的退廃がグロテスクな映像で描かれている。

カヴァーニは、やや親ナチ的な倒錯趣味の傾向を持つ映画作家で、この映画はもちろん額面通り受け取ることはできない。しかし解放後のナポリの混乱は相当ひどかったようで、終戦直後の四六年にも、ロッセリーニが『**戦火のかなた**』の一挿話で、戦争孤児で溢れかえるナポリの〝穴蔵〟にたむろする避難民の地獄を描いていた。

連合軍のローマ進撃

イタリア降伏直後、ヒトラーは空からの奇襲部隊によって幽閉されたムッソリーニを救出する。その後、北イタリアのサローに傀儡国家「イタリア社会共和国」をつくり体制の立て直しを図ろうとするが、国民の心はすでにムッソリーニから離れていた。

一方ナポリを占領した連合軍はそのまま北上していく。ここでも独軍は激しい抵抗を続け、連合軍はナポリとローマの中間にあるカシーノ付近で釘付けにされる。この局面打開のために、連合軍はナポリから大部隊を派遣し、ローマより五〇キロほど南のアンツィオへの上陸を決行する。ところがここで予期しない手痛い敗北を喫することになるのだ。

イタリアのグラマー女優シルヴァーナ・マンガーノの夫で、一時ハリウッドで活躍した製作者ディノ・デ・ラウレンティスは、これを素材とした『**アンツィオ大作戦**』(68)という映画を製作した。監督は赤狩りで転向したエドワード・ドミトリクだ。

この映画では、ロバート・ミッチャム演ずる従軍記者の目を通じてアンツィオでの連合軍の失敗が描かれている。連合軍がアンツィオに上陸した段階では、そこに独軍の防衛線は存在しなかった。そのため連合軍はまったく反撃を受けずに上陸に成功するが、サレルノで手痛い犠牲を払ったレスリー将軍は、これをドイツの作戦だと深読みし、塹壕を掘って陣地を固める戦略に出たのだ(なおサレルノの戦いを描いた映画は、四六年ルイス・マイルストン監督の『**激戦地**』)。

時間を与えられたかたちになった独軍は、アンツィオの郊外に強力な防衛線を築くことになる。この結果、いざ進撃を開始した連合軍は、今度は穴に落ちた〝獲物〟ように独軍の手にかかっていく。映画では、かろうじて生き残った七名の偵察部隊が独軍の隠れた要塞を発見し、これを契機にドイツのローマ防衛線が突破される過程を描いている。

一方カシーノで足止めされていた連合軍だが、そもそもこのカシーノという町はベネディクト派の修道院があり、中世の建造物や美術品がたくさん遺っていた町だった。連合軍はさすがにそこを空爆することができず、仕方なく地上部隊で侵攻することを決定する。結局カシーノの町は両軍の砲弾のために廃墟と化すが、ここで活躍したのがアンデルス将軍率いるポーランド兵だった。米軍がアンツィオに回されたために出番が回ってきたのだが、彼らは期待通りに働き、最初に修道院に掲げられた旗はポーランドの国旗となった。アンツィオでは米軍が手痛い犠牲を払うことになるのだから、これは皮肉な結果といえるだろう。

このカシーノの攻防を描いた映画には、五八年の『**激戦モンテカシノ**』（監督ハラルト・ラインル）がある。こちらのほうはドイツ映画なので、僧院の美術品を戦火から守ろうとするドイツ将校の活躍が描かれている。

ローマ市民の抵抗とロッセリーニ

連合軍がアンツィオで死闘を演じている最中、ローマでは市民が蜂起し独軍と市街戦を交えていた。この解放直前のローマにおける市民の抵抗を描いた作品が、ロッセリーニの名作『**無防備都市**』（45）なのだ。

この映画はローマ解放直後に撮影されたが、映画に写されていることはついこの前体験した現実で、ローマの観客は自分がカメラを回しているような感覚に囚われながらこの映画を観たという。ヒロインと思われたアンナ・マニーニ演ずる女が、結婚式の朝に夫を連行され、それを追いかけてアッという間に射殺される映画話法は、まさに劇映画の常識を打ち破るものとして人々の度肝を抜いた。後にヒッチコックは、『**サイコ**』（60）で、ヒロインを劇の途中で突然殺して同じ話法を繰り返す。

また、パルチザンを匿った神父が広場で処刑される様をじっと見つめる少年たちの目で終わるラストは、憎悪が新たなパルチザンを誕生させることを暗示する名シーンだった。そして、これを観たバーグマンにロッセリーニに対する恋文を書かせ、ハリウッドを棄てる決意をさせたのだ。

この後ロッセリーニは、オムニバス形式でイタリア戦線を描く『**戦火のかなた**』（46）を発表する。これには本当のパルチザンや連合軍兵士が出演し、観る者が現実の戦場に身を

『無防備都市』監督ロベルト・ロッセリーニ、出演マルセル・パリエロ、アルド・ファブリッツィ、アンナ・マニーニ、マリア・ミキ、1945年

置いているような臨場感を生み出した。観客はまずカメラマンとともに各戦線を訪問し、その後に個別のドラマを発見したのだ。こうして彼からイタリアのネオリアリスモが始まり、その名は世界に轟くことになる。

　もっともロッセリーニという人物は、前にも触れたように、大戦中は戦時路線にそった映画を撮っていた。戦中はファシスト政権に優遇されながら、**『白い船』**（41）などの戦争映画をつくっていたが、『白い船』を実際に指揮したのは、海軍省映画部のフランチェスコ・デ・ロベルティスという人物で、素人を使う手法はロベルティスが開発したものだった。しかも実際にパルチザン活動に打ち込んでいた映画人がパルチザン映画の準備を始めた段階で、彼は企画を横取りするような形で『無防備都市』の制作に取りかかったのだ。

　その後、世紀の美女バーグマンに家族を棄てさせる離れ業を演じた彼は、当然周囲から嫉視を浴び、特に左翼陣営から厳しい批判を浴びた。当時コミュニストだったヴィスコンティも、彼を変節の男と厳しく非難している。またアメリカのマスコミも、彼をイタリアの色事師と吹聴して囂々《ごうごう》たる非難のキャンペインを張った。この結果、バーグマンと結婚後のロッセリーニは国際市場から閉め出され、彼女を主演にして撮った映画も興行的に失敗に帰することになる。

　彼がその後、**『ロベレ将軍』**（59）という傑作で復活するのは、バーグマンと別れて別な女と一緒になり、バーグマンが古巣のハリウッドでアカデミー賞（**『追想』**［56、監督アナトール・リトヴァク］）を再度受賞した後のことだった。

第11章 ドイツ占領下のイタリア

他国による占領がさまざまな悲劇を生むのは、時代も洋の東西も問わない。敗戦の四五年まで、ドイツ軍に占領されていた北イタリアの悲劇は、多くの映画によって描かれている。そしてそれは、多分に〝イタリアらしさ〟に富んだものになっていた。

一九四四年六月、連合軍によるローマ解放後も、北イタリアは独軍に占領されたままの状態だった。ノルマンディー上陸のため、イタリアから人員と補給物資がフランスに振り向けられたため、四五年の春まで独軍は北イタリアに居座る。この独軍占領下のイタリアについては、この国ならではの物語が数多く誕生した。

イタリアらしい物語

まずはロッセリーニの後を追って『自転車泥棒』（48）により世界的名声を博したデ・シーカは、六〇年に『ふたりの女』（原作モラヴィア）という傑作を発表する。

これはローマから疎開した母と娘が、連合軍の黒人兵士にレイプされる悲劇を描いた映画だ。母役はソフィア・ローレンで、彼女はこの作品でアカデミー主演女優賞を受賞した（制作は夫のカルロ・ポンティ）。

印象的なのは、娘が心惹かれる青年を演じたジャン・ポール・ベルモンドで、彼は気の弱い反ファシストの青年を演じた。そしてその青年は、母のほうに惹かれていたのだ。能書きばかり達者で役立たずと馬鹿にされていた青年は、母には相手にされない。しかし最後は村人を守るため、敗走する独軍の道案内を買って出て殺される。この死を耳にして、絶望していた娘も生き続けることを決意する。

また六一年の『ローマの黄金』（監督カルロ・リッツァーニ）は、解放直前のローマ在住のユダヤ人に突きつけられた史実に基づく話だ。イタリア降伏後、ナチはローマ親衛隊長にすべてのユダヤ人を拉致してドイツに送るよう命じる。この命令に対し、隊長はユダヤ人指導者に、五〇キロの金塊を三十六時間以内に渡さなければ二〇〇人のユダヤ人を殺すと脅迫する。やむなく金を集めようとするが、戦時下ということもあり、十分な量の金が集まらない。しかしローマ教皇ピウス十二世がその金の拠出を申し出、各司教区の神父が十分な量の金を寄付したため、ナチの目論見は外れる。そこでナチは拉致専門チームをローマに派遣するが、この時もカトリックの司祭や住民がユダヤ人を匿い、多くのユダヤ人が救われた。実際にアウシュビッツに連行されたのは約一〇〇〇人ほどだったらしいが、この中には非ユダヤ人も含まれていた。

こうした映画がつくられた背景には、ファシズム政権を支持したカトリック教会の責任追及に対する弁明という意味あいが込められていたかもしれない。

『サンタ・ビットリアの秘密』（68、監督スタンリー・クレイマー）もイタリアらしい話だ。独軍に接収されそうになるワインを守ろうとする市民の物語で、独兵を煙に巻いてワインを守るのがアンソニー・クイン演ずる酒好きの市長だ。独軍の懸命の捜索と脅しに屈せず、ワインは守られることになるが、この映画を監督したスタンリー・クレイマーは、五〇年代のアメリカを代表する知性派のユダヤ系で、マッカーシズムに抵抗した進歩派の映画人だったことを付記しておこう。

抵抗活動と内戦・弾圧

イタリアでは、ファシスト政権崩壊時から市民による抵抗活動が一挙に活性化する。それに伴う独軍の弾圧も苛烈なものとなり、各地で虐殺が横行した。

この占領下での市民の抵抗を描いた映画といえば、前章で触れたロッセリーニの**『無防備都市』**（45）と**『戦火のかなた』**（46）が有名だが、その前に、実写フィルムで構成された何本かの記録映画が撮られていたようだ。また劇映画では、アルド・ヴェルガノによる**『陽はまた昇る』**（46）という映画がつくられたが、これらの作品は、ロッセリーニの成功で人々の記憶から消し去られてしまう。

一方ロッセリーニのほうだが、バーグマンとの結婚生活が破綻し、彼が再起をかけてつくった映画が五九年の**『ロベレ将軍』**だった。ここで彼は原点に立ち返り、ナチ支配下のイタリアにおけるパルチザンの抵抗と人間の矜持をテーマに取り上げている。

これは町のチンピラがゲシュタポに雇われてパルチザンの指導者にな

りすまし、牢獄の中でスパイ活動を行なうという物語である。だが最後は独軍を裏切ってパルチザンとしての死を選択することになる。いわば男の精神の葛藤を描いたドラマだ。映画でロベレ将軍を演じたのは映画監督のデ・シーカで、彼はここで男の改心を見事に演じた。

なおロッセリーニは、翌六〇年にも**『ローマで夜だった』**というパルチザン映画を撮っている。

またロッセリーニの初期の映画で助監督を務めたカルロ・リッツァーニは、ロッセリーニの一番弟子といわれた人だが、やはりパルチザン映画をたくさんつくった監督だった。処女作は**『パルチザンに気をつけろ』**（51）で、続く**『貧しい恋人たちの日記』**（52）もパルチザン映画である。残念ながら二つの映画は日本で公開されていない。日本で公開された**『汚れた英雄』**（60）も、ローマにいた実在のテロリストが、恋人とともにゲシュタポに追われて死ぬまでを描いた映画だ。

ロッセリーニの『戦火のかなた』を観て映画界に入ることを決意したタヴィアーニ兄弟のデビュー作は、五四年の**『サン・ミニアート44年7月』**というドキュメンタリーで、これは故郷トスカナ地方の町サン・ミニアートでの独軍による虐殺を題材とした映画だった。兄弟の家はこの時実際に焼かれた。八二年になって彼らは、今度は**『サン・ロレンツォの夜』**で、この時の虐殺を再現する。この映画は、独軍による住民虐殺を描いているだけでなく、同じ村の親戚や幼馴染みが、ファシストとパルチザンに別れて銃撃戦を演ずる悲劇を描いている。

映画は生き残った少女の語りという形を取っているが、殺し合う前に相手の名前を呼びながら銃を撃つという不条理を目撃した少女は、大人になって、流れ星の夜に、自分が見たことを子どもに語って聞かせるのである。その話を聞きながら眠り込む幼子のいたいけな寝顔で映画は終わる。

神無き世界の不条理

ドイツ占領下のイタリアにおける数ある悲劇の中で、やはり忘れられないのは独軍の犠牲となったユダヤ人の悲劇だ。

最近も、ユダヤ系女流作家ロレンツァ・マゼッティの自伝小説を映画化した**『ふたりのトスカーナ』**（2000年、監督アンドレア&アントニオ・フラッツィ）という映画が公開されている。これは孤児となって

『ゼロ地帯』監督ジッロ・ポンテコルヴォ、出演スーザン・ストラスバーグ、ローラン・テルジェフ、エマニュエル・リヴァ、1960年

フィレンツェのユダヤ人富豪に預けられた姉妹の戦争の記憶を辿った映画だ。映画で驚かされるのは、姉妹が預けられた一家が、連合軍のローマ占領まで何事もなく暮らしていたという事実だ。結局敗走する独軍によって一家は銃殺されるが、姉妹は十字架を首に下げていたため、かろうじて救われることになる。

六〇年の『**ゼロ地帯**』（監督ジロ・ポンテコルヴォ、ユダヤ系）は、収容所に連行されたユダヤ人の物語だ。主人公は、裕福な一家の娘で、映画は娘がピアノのレッスンから帰るところから始まる。家へ帰ってくると、ちょうど家族が親衛隊に連行される現場に遭遇する。彼女は逃げることもできたが、思わず声を発して捕まってしまう。この何気ないシーンは秀逸だ。

ここで思い出すのはフォークソング「ドナドナ」だ。「ドナ」はユダヤ人が我が神を呼ぶ「アドナイ」を縮めた言葉で、あの歌は、家族がトラックに乗せられ収容所に連行されていく姿を見送ったポーランドの詩人の心象を歌にしたものとされている。この詩人の場合は声を発せず、その思いを後で詩に残したのだ。

ともあれ、ここから映画は収容所内の人間模様に転じていく。抵抗して死んでいく者、生き延びるために魂を売るもの、絶望して発狂する者などだ。

彼女は数々の屈辱をなめた後に独兵の情婦となり、ナチの手先として働くことを決意する。それからしばらく経ったある日、若いソ連兵の捕虜が収容されてくる。何気ない会話から、主人公には捕虜に対する恋心が芽生えていき、彼を中心とした脱走計画に加担させられてしまう。

計画は歩哨がいなくなる一瞬の隙をみて彼女が鉄条網の電気を切った際、一斉に蜂起して鉄条網を破るというものだった。しかし監視塔に兵隊が常駐しているため、それを実行したら命がないことも間違いなかった。彼女は躊躇するが、それを実行し撃たれて死ぬ。死に際して女の発した最後の言葉は「アドナイ」(我が神)だった。

この映画の特徴は、ナチの被害者が、生きるために加害者となって二重の苦痛に引き裂かれるところにある。この苦しみから解放されるために最後に死が準備されているのだが、もし生き残ったとしても今度は魂の煉獄が待ち受けているだろう。まさに神なき世界だ。その神なき世界で発せられる最後の言葉が、神を讃える「アドナイ」だとは。不条理もここまでくれば発する言葉もない。

この映画で主人公を演ずるのが、スーザン・ストラスバーグで、彼女はあのアクターズ・スタジオの主宰者リー・ストラスバーグの娘であった。もちろんユダヤ系だ。三歳の時から女優になることを義務づけられ、五五年に映画デビューし、九〇年代まで活躍した。やはり彼女の映画出演作で忘れられないのは、この『ゼロ地帯』だろう。

逞しきイタリア人

『ゼロ地帯』は、ナチの手先となるユダヤ人を主人公としており、しかも彼女を情婦とする独兵が極めて人間的に描かれていた。そのせいもあって、この映画は多くの人の批判を受けた。たとえば『**美しき諍い女**』(91)のジャック・リヴェットは、これを親衛隊の視点から描いたポルノだといった。また監督のポンテコルヴォは、後に『**アルジェの戦い**』(66)をつくることになるコミュニストだったため、ソ連兵の描き方がボルシェヴィキ礼賛のステレオタイプに陥っているという批判も起こった。

このリヴェットの抗議はいささか一方的とも思えるが、たしかにイタリアにはキワモノのナチ映画というジャンルがあり、収容所内での人体実験や親衛隊による倒錯的な行為を扱った映画が数多くつくられ、収容所を見せ物化していると批判が浴びせられてきた。ところがそうした映画の製作者・監督として有名なティント・ブラス(代表作『**サロン・キティ**』[76])は、実はミラノのユダヤ財閥出身で、これには私も啞然とさせられた。

ともあれ、どうもイタリア人が描

く〝収容所映画〟は、その犯罪性を糾弾することよりも、そこに生きる人間の生き様に関心があるようで、そうした人間のなりふり構わぬ生命力を描いた映画が、女流リナ・ウェルトミュラーの『**セブンビューティーズ**』(75)だった。

この映画は、いわば人間として〝最低〟の男を主人公としている。結婚しない七人の妹を持つナポリのチンピラ(ジャンカルロ・ジャンニーニ)は、長女が婚約者に売春させられたのを知ってその婚約者を殺害する。もちろん刑務所に入るが、刑務所から出るために兵役に志願し、戦場に赴くとその生活にも耐えられず脱走、その後収容所送りとなる。そこで主人公は生き延びるために必死で女看守を口説き、仲間を殺害することも厭わない。こうして生還を果たすが、彼を迎えたのは娼婦となって米兵に体を売る妹たちだった。実際こうした人間はいたであろうし、それが人間の逞しさだといえばそれまでだが、これでは収容所という現実が何であったかわからなくなってしまう。

九八年にアカデミー外国語映画賞を受賞した『**ライフ・イズ・ビューティフル**』(監督主演ロベルト・ベニーニ)は、おとぎ話のような〝収容所映画〟だった。これは観た人も多いだろうが、息子とともに収容所に入れられた主人公が、その息子に対し、収容所で行なわれていることが実はゲームであり、このゲームの勝者には本物の戦車が与えられると信じ込ませる物語だ。

息子が絶望しそうになるたび、知恵を絞って息子を励ます主人公の姿は観客の泣き笑いを誘ったが、主人公が死んだ後に、収容所が連合軍によって解放されるあのラストシーン。生き残った少年の前に止まった大きな連合軍の戦車に対して、映画を見ている多くの人が拍手を送ったのである。

ムッソリーニの死

連合軍の攻勢とパルチザンの蜂起により、四五年には独軍も地滑り的な敗北を喫していく。ルイジ・ザンバの『**平和に生きる**』(46)は、変装して逃亡を図る独兵が、味方に撃たれて死んでしまう話だが、オットー・スコルツェニー親衛隊少佐の特殊部隊に救出されて、サローにドイツ傀儡政権を作っていたムッソリーニも、ここに及んで独軍のトラックに隠れて国外脱出を図ることになる。しかしながらスイス国境付近でパルチザンに包囲され逮捕された。

これについては、米ABCのテレビシリーズ『**ムッソリーニ**』（85、監督ウィリアム・A・グレアム）に詳しく描かれているが、その後ムッソリーニは愛人クラレッタ・ペタッチとともに射殺され、二人の死体はミラノのロレート広場に逆さ吊りにされた。そしてこの事件の二日後、イタリアの独軍は降伏する。この逆さ吊りの死体は、写真に撮影されてイタリア中に出回ったため、この事件は深くイタリア国民の脳裏に刻まれることとなった。

当然映画の世界でもこれを扱った作品がつくられた。決定版は八四年の『**クラレッタ・ペタッチの伝説**』（監督パスクァーレ・スクイティエリ）で、これには実在のクラレッタの妹が出演した。映画は彼女の回想によって物語が語られるが、ここでクラレッタを演じたのは、クラウディア・カルディナーレである。

クラレッタは、十二歳の時にムッソリーニにファンレターを送り、十八歳の時に町の集会でムッソリーニに出会う。それから三年後、彼女は市民公認のムッソリーニの愛人となるが、ムッソリーニが四三年七月に失脚して彼から逃亡をすすめられた時も、ムッソリーニを棄てずにつき従った。イタリア人は、一人の男に最後まで付き添ったクラレッタを、今でも女性の鑑として崇めている。

ただしテレビシリーズのほうでは、ムッソリーニの妻を中心にドラマが構成されており、ムッソリーニが本当に愛していたのは妻であるという描き方をしている。真相はどうかわからないが、妻は生きて戦後を迎えた。だが娘はアメリカに亡命、息子も二人死んだため、彼女は寂しい戦後を迎えた。

このムッソリーニ失脚前後に、アドリア海の避暑地で恋に燃え上がった男女を描いた名画が一つつくられている。ヴァレリオ・ズルリーニ監督の『**激しい季節**』（59）がそれで、これは若い戦争未亡人と徴兵を逃れた青年の燃えるような恋を描いたイタリア版『肉体の悪魔』である。この二人も戦争のために引き裂かれる。

映画評論家の佐藤忠男によれば、イタリアには、デ・シーカの『**終着駅**』（53）やヴィスコンティの『**夏の嵐**』（54）のように、年上の女と思春期の青年の恋愛ものがやたらに多いという。これもマリア信仰や母親に甘える家族主義といった文化に根ざした現象なのだろうが、ムッソリーニとクラレッタの場合は、その逆ということになろうか。

III

第三帝国の崩壊

第12章

ノルマンディー上陸

ナチス・ドイツによって占領されたフランスを連合国側が奪還するための「ノルマンディー上陸作戦」は、一九四四年六月六日に始まった。イギリスからドーバー海峡を渡ってフランスのノルマンディーに、三〇〇万人近い兵員が上陸。壮絶な死闘が繰り広げられた。

イタリアが降伏した二カ月後の一九四三年十一月、テヘランで連合軍首脳の会談が開かれる。これはスターリンが初めて参加した連合軍会議で、彼はこの場で、かねてより主張してきたソ連戦線以外の「第二戦線」の早期形成を強く要求した。そしてその提案は受けいれられる。

上陸までの長い道程

この件については、チャーチルの反対にもかかわらず、ルーズベルトがスターリンの提案に早乗りしてしまった、とする説が唱えられてきた。チャーチルは独ソの消耗戦を長引かせるために、ここでも時間を引き延ばすことを主張したというのだ。果たして真相はどうなのだろうか。

戦後の鉄のカーテン演説でもわかるように、チャーチルの反共は徹底しており、そのせいか、ソ連映画に登場するチャーチルはヒトラー並の悪役に描かれることが多い。たとえばチアウレリの『**ベルリン陥落**』(49)では、彼はほとんど道化師そのものとして登場する。

反共についてはアメリカも同じで、米軍が本当に怖れていたのは、ソ連が先にベルリンを陥落させてしまうことだったかもしれない。

時間的に見ても、この時はフランスに上陸を決断するタイムリミットだった。アメリカは、欧州への上陸準備を参戦前から始めていた。ルーズベルトは、既に四一年三月に武器貸与法を成立させて英国への武器援助を開始し、五月には非常事態宣言を発して、八月にはチャーチルと大西洋上で会談している。戦中の四一年につくられた『**英空軍のアメリカ人**』(監督ヘンリー・キング)には、この時期の米英関係が描かれている。これをみると、事実上、アメリカが参戦状態にあったことがわかる。

十二月の真珠湾攻撃の後は総動員体制で動き、アフリカ戦線開始後も第二戦線の形成については定期的に協議を重ねていた。問題はいつどこに上陸するかだが、万全の態勢を整えるには時間を要したのだ。

アメリカがDデイ（上陸日）に至るためには、第一に新兵の訓練から始めなければならなかった。これについては、空挺部隊の訓練過程を描いたテレビドラマ『**バンド・オブ・ブラザース（第一話）**』（2001、監督フィル・アルデン・ロビンソン）にその様子がよく描かれている。彼らがジョージア州トコア基地で訓練を始めてからDデイに至るまで、実に七一二日を要したのだ。この時動員された多くの若者は、大恐慌期に少年時代を送った青年で、彼らは軍隊に入って初めてたらふく飯を食うことができた。

このドラマでは、新兵の訓練を担当する上官が鼻持ちならないユダヤ人大尉で、彼は出陣前に部下に造反されて左遷されることになる。このことがきっかけでユダヤ人兵士とワスプの兵士の喧嘩が始まるが、モンゴメリー・クリフトがユダヤ人新兵を演じた『**若き獅子たち**』（57、監督エドワード・ドミトリク）の中でも、軍隊内でのユダヤ人兵士へのリンチや嫌がらせが、重要なテーマとして取り上げられていた。

これはこの時期の米軍の深刻な問題だったと思われる。志願兵はまだしも、徴兵で戦場に赴いた兵士の中には、「なぜユダヤ人のために戦争に駆り出されなければならないのか」という不満が存在していたのである。

咲いて、散りゆく恋の花〝戦争メロドラマ〟

一般に戦争映画といえば、戦場における男の闘いを描いているが、ほかに〝戦争メロドラマ〟というジャンルが存在する。

その舞台は数多あるが、第二次大戦を扱った映画で一番多いのは英国だった。というのも、四二年からDデイまでの二年間に、英国には百万人以上の米兵が駐屯していたからだ。英国の兵士はアフリカ戦線やビルマ戦線に動員されたため、一時期若い英国女性は米兵に〝占有〟されるという事態が発生した。ここにたくさんのロマンスと別れのドラマが誕生したのだ。

古くはヘンリー・コスター（ユダヤ系）が監督した『**あの日あのとき**』（55）がある。これは赤十字勤務の

▲『あの日あのとき』監督ヘンリー・コスター、出演ロバート・テイラー、ダナ・ウィンター、1955年

美女（ダナ・ウィンター）と米軍大尉（ロバート・テイラー）の悲恋もので、Dデイ当日の作戦遂行の上官が、愛する女の許嫁だったという設定の物語だ。大尉は負傷してアメリカ（妻のもと）に帰るが、上官のほうも地雷を踏んで戦死し、女は二人の愛する男を同時に失うことになる。

これと似た筋の物語が『**ハノーバー・ストリート　哀愁の街かど**』（79、監督ピーター・ハイアムズ、ユダヤ系）だ。こちらのほうは、特殊任務の遂行を命じられた米軍中尉（ハリソン・フォード）が、任務の相方が自分の惚れた女（レスリー＝アン・ダウン）の夫であることを知って苦悩する話だ。中尉は、銃弾を浴びた恋敵を助けて女のもとに連れ返すが、病院で女から愛の告白を受けながらも、後ろ髪を引かれる思いでその場を立ち去ってゆく。

同じく七九年の『**ヤンクス**』（監督ジョン・シュレシンガー、ユダヤ系）は、米軍キャンプが置かれ、若い女のほとんどが米兵とできてしまった地方都市の騒動を三組のカップルを通して描いている。一組は結婚して妊娠、一組は不倫で終わるが、中心となるのはリチャード・ギアとリサ・エイクホーン演ずる純愛カップルで、ここでも二人の間に許嫁が介在する。映画では、この許嫁が戦死し、そのことがかえって二人の結婚の妨げとなってしまうのだが、ほかにも両国間の文化の違いなど、戦時下における異国間結婚の難しさが描かれていた。最後はすべての兵

◀『ヤンクス』監督ジョン・シュレシンガー、出演ヴァネッサ・レッドグレーブ、ウィリアム・デベイン、リサ・アイクホーン、リチャード・ギア、1979年

士が戦場に赴くが、その後どれだけの女が泣いたかしれないことを予感させて終わる。

二〇〇一年の『ダーク・ブルー』（監督ヤン・スウィエラーク）は、米軍ではなく英国に亡命したチェコ空軍のパイロットの話だ。ここでは主人公が、信頼する部下が好きになってしまった人妻を横取りするのだが、作戦遂行中にその部下に命を助けられ、自責の念に駆られる。結局その部下は戦死し、惚れた人妻のもとには戦場から夫が帰ってくる。終戦後、一人チェコへ帰ると、かつての恋人は別な男と暮らしていた。かくて主人公は、友、愛人、恋人のすべてを失い、ラストは共産党政権下の収容所に入れられて終わる。

かように大戦下の英国では、数知れぬ恋の花が咲き、そして散っていったのだ。

Dデイ前夜、繰り広げられる諜報戦

連合軍がフランスのどこに上陸するかは極秘中の極秘事項で、作戦を遂行する兵士にも出発直前まで知らされていなかった。この上陸地をめぐって連合軍と独軍の間には、熾烈な諜報戦が展開されることになる。

六四年の『36時間』（監督ジョージ・シートン）は、上陸地を知っている米軍高官がリスボンで薬物を飲まされ誘拐されるところから話が始まる。目が覚めて鏡を見ると、自分は別人のようになっていて、米軍の病院に収容されている。新聞を見ると、既に戦争は終わって数年が経っていた。聞けば自分は独軍の拷問で記憶喪失となり、この病院に入院しているというのだ。主人公は、周到に準備されたドイツの罠に嵌ってい

くのだが、そこから目を見張る逆転劇が展開していく。

八一年の『**針の眼**』（監督リチャード・マーカンド）は、上陸地がノルマンディーであることを突き止め、Uボートで帰還しようとして失敗するスパイの話で、これは地味ながらもサスペンスとバイオレンスが適度にミックスされたスパイ映画の佳作だった。ここで冷酷なドイツのスパイを演じたのがドナルド・サザーランドで、彼は七〇年代から八〇年代にかけて戦争映画の常連となった曲者役者だ。

九四年の『**堕落**（ビデオ邦題・ロンゲストデイ2）』（監督ウォーリス・ハッセン）は、連合軍の上陸地が北フランスのカレーだと独軍に信じ込ませるために、英軍の司令官が非道な策略を巡らすドラマだ。ここで犠牲となるのが男女一組のフランス人スパイで、二人は指示通りに任務を全うするが、その先には捨て石としての運命が待っていた。その二人のスパイが独軍に捕まって、偽情報を自白するようあらかじめ仕組まれていたのだ。やがて女スパイに恋する米軍少佐が、司令官の陰謀を見抜くが、ラストはその少佐が収容所から解放された女スパイと無言の対面をして終わることになる。

実際に連合軍の陽動作戦は上陸直前まで続くが、上陸の一日前に英国で訓練を受けていた自由フランス軍の落下傘部隊がブルターニュ半島に降下し、独軍の攪乱を狙う作戦が展開された。この史実を映画にしたのが九四年の『**ザ・ロンゲスト・デイ**』（監督ジャック・エルトー）で、ここでは降下部隊がフランス人であるがゆえに情に流され、目的がレジスタンス部隊の編成へと大きく変化して作戦が失敗に終わる様が描かれている。降下した四三〇人中七十七名が死亡、一九〇人が負傷または行方不明でことは終わった。

上陸数時間前の作戦を描いた映画も存在する。六九年のイタリア映画『**激戦地**』（監督ウンベルト・レンツィ）がそれで、海岸線の地雷や大砲を破壊する特殊部隊の活躍を描いた映画だ。

最後となるが、シチリアで第七軍の司令官を解任されたパットンはこの時どうしていたのか。実は囮《おとり》軍隊の司令官として、カレー上陸のダミーに使われていたのだ。

史上最大の作戦

かくて一九四四年六月六日、連合軍は北フランスのノルマンディー地方に上陸する。第二次大戦の帰趨を決した作戦の始まりである。

この世紀の戦いを描いた映画は数多いが、なんといっても二〇世紀フォックスの**『史上最大の作戦』**（62、監督複数）を筆頭に挙げないわけにはいかないだろう。これはノルマンディー上陸の二日間を三時間で描いた歴史再現映画で、巨額な製作費が投入されたオールスター映画だった。製作はあのダリル・F・ザナックだ。原題は「最も長い日」、それは上陸の二日前にベルリンに向かったロンメル元帥の言葉から取っている。

映画の見所は、連合軍、レジスタンス、独軍の動きを多方面から丹念に追っている点だ。それが時間に沿って記録映画風に再現されるが、それぞれのシーンを英米独の三人の監督が撮影した。

天候不順による上陸延期から始まって、上陸決定、グライダー部隊の突入、レジスタンスによる列車爆破、空挺部隊の上陸と場面は刻々変化していくが、この間独軍の動きが伝えられる。独軍のルントシュテット元帥に機甲師団の派遣を要請する少将を演じたのは、戦中に収容所に入れられたドイツの国民的俳優クルト・ユルゲンスだ。そして映画で彼がつけていた勲章は、本物のルントシュテット元帥から送られたものだった。

映画の圧巻はビーチへの上陸だが、印象に残るのは、ジョン・ウェインが隊長を演ずる82師団空挺部隊の悲劇だ。そもそもこの空挺部隊というのは、本隊が突入する前に敵陣に入り込み、本隊突入に備えてさまざまな工作をする部隊だが、死ぬ確率が非常に高かった。映画でも、木や教会の屋根に宙づりになったまま撃たれて死ぬ兵士が描かれるが、その死に様は痛ましい限りだった。

それから四十年ほど経過し、この空挺部隊にスポットを当てた十時間にも及ぶドラマがつくられる。それが既に紹介した、ケーブルテレビHBO制作の十話シリーズ**『バンド・オブ・ブラザーズ』**だ。この制作を思い立ったのは俳優のトム・ハンクスとスピルバーグで、トム・ハンクスは第五話のメガホンも取った。ドラマは米陸軍史上語り草とされる101空挺師団506パラシュート歩兵連隊E中隊の歴戦を描いたものだ。

ノルマンディー上陸を扱ったのは第二話（監督リチャード・ロンクレイン）で、ここでは部隊がノルマンディーに降り立って集結し、敵の砲台を占拠するまでを臨場感豊かに描いている。このシリーズの見事さは、カメラが常に兵士の横にあって、兵士とともに移動している点だ。いわば従軍カメラマンの視点なのだ。そ

『史上最大の作戦』監督ケン・アナキン、アンドリュー・マルトン、ルンハルト・ヴィッキ、出演ジョン・ウェイン、ロバート・ミッチャム、ヘンリー・フォンダ、クルト・ユルゲンス、ロバート・ライアン、ロッド・スタイガー、1960年

して兵士個別のドラマがカットされるかわりに、ディテールに徹底してこだわった点が優れていた。迎撃砲に向かって降下する恐怖、パラシュートが開く瞬間の衝撃、敵兵だらけの見知らぬ場所に降り立つ不安、そうした現場ならではの皮膚感覚を体感できる稀なる映画なのである。

死の恐怖、リアルに表現

繰り返しになるが、ノルマンディー上陸といえば、なんといっても米英カナダの五個師団によるビーチへの上陸がハイライトといえる。彼らが上陸するために準備された船は、大小含めて六〇〇〇隻にのぼった。

独軍はフランスに投入された五十八個師団を海岸線に配置していたが、その多くはカレーに集中していた。よって上陸の成功は疑うべくもなかったが、米軍が上陸したオマハとユタでは、堅固な要塞の中で、独軍が狙いを定めて待ち構えていた。そのため最初の上陸者には確実な死が待っていた。その時の恐怖はいかほどのものであったろうか……。

その恐怖を見事に映像化したのが、スピルバーグの**『プライベート・ライアン』**（98）だった。この映画は、手足の破裂や内臓露出など、最新のSFX技術を駆使したリアルな映像が観る者に衝撃を与えた。しかし後にスピルバーグは、この出だしが長過ぎると反省したと伝えられている。どんな目を覆う映像も三十分も観れば無感覚になってしまうというのだ。考えてみればそれが戦争の現実なのかもしれぬが、たしかに前半の長いバーチャル映像のため、続くドラマの部分の印象が希薄になってしまったことは否めない。

話の筋は、ライアン家の息子四人中三人が戦死したため、末息子を送還するよう特命を受けた部隊が、敵陣深く本人を捜しに行くというものだ。部隊は、多数の死者を出しながらもライアンを捜し当てるが、彼は仲間を置き去りにできないと言って召還に応じない。そこで特命部隊もライアンの部隊に合流し、ノルマンディーに向かう独軍の大隊と死闘を演ずるのだ。部隊は玉砕寸前のところで米軍の攻撃機P51とシャーマン戦車に救われ、ライアンは生還する。

つまりドラマは、オマハ上陸、ライアン捜索、独軍との死闘という三部構成となっており、プロローグとエピローグに老いたライアンが登場するのだ。そしてこの作りは、まさにスピルバーグ映画の総集編ともいえる構成なのだ。導入とラストは**『シンドラーのリスト』**（93）、第一部は**『インディ・ジョーンズ　魔宮の伝説』**（84）、長い二部からクライマックスへの移行は、**『JAWS・ジョーズ』**（75）ほか、さまざまな映画で使われた話法だ。それは、黒澤明をはじめ、彼がたくさんの映画の先達から習得した語り口であった。

ところでスピルバーグもユダヤ系であることは、広く知られた事実だ。彼はドイツ系ユダヤ人の多いシンシナティにコンピューター技師の子として生まれたが、ユダヤ教とは無縁の少年時代を過ごした。ところが父が転勤で引っ越すたびに、土地の子どもたちからユダヤ人と呼ばれ、仕方なく自分がユダヤ人であることを意識するようになるのだ。ヒット作の連発でハリウッドの救世主といわれたスピルバーグも、九〇年代以降は自らのユダヤ性にこだわった作品を何本か発表することになる。

第13章

パリ解放

一九四四年六月六日、連合軍はノルマンディー上陸に成功したものの、パリが解放されたのは同年八月二十五日だった。二五〇キロの道のりに約三カ月近くが費やされた。この間の事情もまた多くの映画の題材となっている。そしてパリ解放の後には、〝頭刈りの刑〟が……。

ノルマンディー上陸の十日後、独軍は最後の逆転を狙った切り札を切ってくる。

V1・2号と諜報戦

かねてより開発していた無人飛行爆弾V1号をロンドンに向けて発射するのだ。英国はこれに対して海岸線での迎撃と発射台の爆撃で応ずるが、続いてドイツは改良型のV2号を完成させる。これは英国全土が射程となる移動式のロケット爆弾で、どこからでも発射できる優れものだった。並行してニューヨークまで届くロケット爆弾の開発にも着手しており、これが導入されると戦局が逆転しかねない状況にあった。そのため連合軍は、これらの新兵器が大量生産される前に工場を爆撃する必要に迫られている。

一九六四年の『**633爆撃隊**』（監督ウォルター・グローマン）は、絶壁と対空砲に囲まれたノルウェーのフィヨルドにつくられたVロケット燃料工場を、小型飛行機がアクロバット飛行で爆破する映画だ。同じく六九年の『**モスキート爆撃隊**』（監督ボリス・シーガル）も、捕虜が収容されたフランスの古城の地下にあるVロケット工場を破壊する爆撃隊の活躍を描いている。

工場の空爆のためには、その場所や原料調達法などを探る必要があった。さらに効果的爆撃を行なうために、工場の配置図などを手に入れる必要もあった。こうした中で活躍するのがいわゆる諜報員たちだった。

四七年の『**鮮血の情報**』（監督ヘンリー・ハサウェイ）は、アメリカ戦略情報局のスパイ（ジェームズ・キャグニー）が、Vロケット工場の設計者を誘拐する実録ものだ。

九二年の『**嵐の中で輝いて**』（監督デイヴィッド・セルツァー）は、

ドイツの高官のメイドとなって、Ｖロケット工場の機密を盗み出すアメリカの女スパイ（メラニー・グリフィス）が主人公だ。この映画では、女スパイを泳がせるドイツの女スパイも登場し、両陣営の熾烈な諜報戦が展開される。

実際に製造工場に潜り込み、味方の爆撃を誘導して死んでいく諜報員もいた。六五年の『**クロスボー作戦**』（監督マイケル・アンダーソン）のスパイは、味方の爆撃によって工場もろとも消えてゆく。

もとより映画の世界でのスパイものといえば、古くはディートリッヒ主演の『**間諜Ｘ２７**』（31、監督ジヨセフ・フォン・スタンバーグ）や、ガルボ主演の『**マタ・ハリ**』（32、監督ジョージ・フィッツモーリス）のように、目映いばかりの美女が社交界を泳ぎ回り、開戦日などの重要機密を手にして最後は命を落とすというパターンの映画が定番だった。

第二次大戦を扱ったものには兵器がらみが多く、たとえばラングの『**外套と短剣**』（46）や英国映画『**間諜Ｍ１号**』（46、監督ローレンス・ハンチントン）などは、ドイツの原爆製造を阻止するために働くスパイを描いている。

近年では、ドイツの高性能暗号機エニグマの解読に従事する諜報員を描いた映画が何本かつくられている（『**エニグマ**』２００１、監督マイケル・アップテッド）。

これらの映画をみると、戦争において諜報活動がいかに重要な役割を果たすかわかるが、同時にスパイの命がいかに軽いものかも知ることができる。それは冷戦時代の二重スパイを描いた『**寒い国から帰ったスパイ**』（監督マーティン・リット）をみても同様である。現実はなかなかジェームス・ボンドのようにはいかなかったようだ。

ヒトラー暗殺計画

ロケット爆弾はロンドンの家屋を破壊したが、それで戦局に変化が生じるほどのことはなかった。むしろノルマンディー上陸がローマ占領の二日後ということで、連合国の中にはにわかに戦勝気分が漂っていく。そして一九四四年七月一日、連合国閣僚はアメリカのブレトン・ウッズに集まり、戦後の経済体制について話し合うのだ。

この間独軍の中には厭戦気分が高まり、心ある将軍はヒトラーを暗殺して停戦に持ち込もうとする動きが起こってくる。そしてそれは七月二十日に実行に移された。

このラステンブルクにある総統大本営で起こった時限爆弾による暗殺未遂事件を画策したのは、一時参謀本部長を務めた退役軍人ベックを中心とするグループで、主犯はアフリカ戦線で右腕と左目を負傷したシュタウフェンベルク大佐（伯爵）だった。

この事件は、今まで取り上げたいくつかの映画にも登場するが、これに焦点を当てて問題提起を行なった映画が五〇年代の西独で何本かつくられている。このうち今もDVDで観ることができるのが、『**誰が祖国を売ったか?**』（55、監督アルフレッド・ヴァインデンマン）と、『**暗殺計画７・２０**』（56、監督ファルク・ハルナック）だ。

最初の作品は、ヒトラー暗殺計画に関与して処刑された防諜機関長カナリスを中心に、後の作品は、実際に爆弾を仕掛けたシュタウフェンベルク大佐を中心に、ことの真相を追っている。結局この事件に連座した関係者は、ベック元帥の自決を皮切りに、ほとんどが銃殺されて終わった。シュタウフェンベルクの辞世の句は「神聖なるドイツ万歳」だ。

二つの映画からわかることは、軍隊という硬直化した組織が自壊していく有様だ。兵士は歯車と化し、正しい情報は伝達されず、個人の判断や決断がまったく機能しない組織がナチの軍隊だった。

前章で紹介した『**史上最大の作戦**』（62）の中でも、空挺部隊の上陸後に、フランス駐留の司令官が寝ているヒトラーと連絡を取ることができない事態が描かれているが、犬に囲まれた指導者を頂に抱くドイツの命運は、この時既に定まっていたといえるのだ。

この暗殺未遂事件に絡めた映画としては、ほかにも『**戦場の黄金律 戦争のはらわたⅡ**（ビデオ題名）』（78、監督アンドリュー・V・マクラグレン）、『**将軍たちの夜**』（66、監督アナトール・リトヴァク）などがあるが、前者は、停戦に持ち込もうとする将軍の特命を受けた軍曹（リチャード・バートン）が、どこまでも戦争を遂行しようとする大佐を殺して連合軍に降伏する話で、見所は、ボロボロになった軍曹を演じたバートンの、憔悴しきった顔だった。

後者は、変質性犯罪者の戦犯将軍が、戦後国際警察に追い詰められて自殺する話だが、『**アラビアのロレンス**』（62、監督デイヴィッド・リーン）の名優ピーター・オトゥールが、世にも恐ろしい能面顔で狂気の将軍を演じている。

『誰が祖国を売ったか』監督アルフレッド・ヴァイデンマン
出演O・E・ハッセ、アドリアン・ホーフェン
1955年

近くて遠いパリへの道

六月六日のノルマンディー上陸から八月二十五日のパリ解放まで、連合軍は実に三カ月近くの日数を要した。

これを長いとみるか、短いと見るかは意見の分かれるところだが、米軍にとってこの二五〇キロあまりの距離は近いようで遠い道のりだった。パリを死守せんとする独軍が熾烈な抵抗を示しただけでなく、アイゼンハワーも無理な侵攻は控えたからだ。

一方モントゴメリー将軍指揮下の英・カナダ軍は、独軍の激しい抵抗もなく、九月三日にブリュッセルを占領している。

『バンド・オブ・ブラザース（第三話）』（2001、監督ミカエル・サロモン）では、ノルマンディー上陸直後に米軍が小都市カランタンを攻略する様を描いているが、この攻略ではかなりの犠牲者が出た。ドラマでは、恐怖で目が見えなくなったブライスという歩兵に焦点を当て、兵士を襲う戦場の恐怖をテーマとして扱っていた。ブライスは恐怖に打ち勝とうと必死に努力するが、敵の銃弾を浴びて帰還、戦後間もなくその傷がもとで死亡する。

ノルマンディー上陸と並行して、米軍は南仏にも上陸した。ここで活躍したのが日系二世からなる第442部隊で、この部隊は米軍中最も多くの勲章を授与された。そしてこの部隊の歴戦を描いたのが『**二世部隊**』(51、監督ロバート・ピロッシュ)である。これはRKOからMGMに移籍したばかりの社会派プロデューサー、ドーリ・シャリー(ユダヤ系)が、サンフランシスコ講話条約を記念して制作した政治映画だった。

ところで敗走する独軍は、フランスの山村を襲ってあちこちに傷跡を残していく。これを扱った映画で衝撃的だったのは、火炎放射機で美女ロミー・シュナイダーを跡形もなく焼け焦がしてしまう『**追想**』(75、監督ロベール・アンリコ)という映画だ。これは疎開させた妻(ロミー・シュナイダー)と娘を独軍に殺された医師(フィリップ・ノワレ)が、復讐のためにその独軍小隊を皆殺しにする映画で、最後は将校を、妻がそうされたように火炎放射機で焼き殺してしまう。まさに憎悪が人間を鬼に変えてしまう瞬間を、凄まじい映像で描いた映画だった。

退却する独軍を解放軍と間違え、パニックに陥った村から逃げ出した兄弟の逃避行を描いたのが、『**フランスの友だち**』(89、監督ジャン・ルー・ユベール)だ。この兄弟は、途中でドイツの脱走兵と知り合って行動を共にし、親子のような情愛に結ばれるが、脱走兵は米軍に射殺され、その逃避行も終わりを迎える。

これに対して独軍の捕虜と連合軍兵士が、危険に晒された村人を守るために一緒になって行動するのが六五年の『**渚のたたかい**』(監督ロバート・パリシユ)だ。

この項の最後はまたパットン将軍の話で締め括ろう。連合軍のノルマンディー上陸後、パットンはようやく第三軍を与えられ、ブルターニュ半島を進撃し、パリ解放に際して重要な役割を果たすことになる。

パリは燃えているか

連合軍がパリに迫る中、パリではレジスタンスが蜂起し、市街戦が始まっていた。

　このパリ蜂起と解放を題材とした映画の決定版といえば、やはりルネ・クレマンの『**パリは燃えているか**』（66）であろう。これは米仏合作のオールスター映画だったが、蜂起前のレジスタンスの動きから始まって、パリの爆破命令を受けた司令官ディートリッヒ・フォン・コルティッツが、命令を履行せずに降伏するまで描いている。

　連合軍が迫る中、ヒトラーはパリ全市に爆薬を仕掛け、パリを破壊するようコルティッツに命令を下すが、最後の最後になって、コルティッツは爆破を思いとどまる。なぜならパリの街があまりに美しかったから。つまりパリを救ったのは、パリの美しさそのものだったのだ。

　映画では、この実話をもとにパリ解放の経緯が描かれているが、原作（ノンフィクション）が持つコルティッツの内面の葛藤はあまり描かれず、大部分がレジスタンスの英雄物語に割り当てられていた。

　7章でも述べたように、クレマンはレジスタンスを英雄的に描くことに生涯をかけた人で、彼のお気に入りの役者アラン・ドロンは、映画ではレジスタンスの闘士の役を演じていた。一方彼らをゲシュタポに売る男を演ずるのがジャン・ルイ・トランティニアンで、私としては、この

『二世部隊』監督ロバート・ピロッシュ、
出演ヴァン・ジョンソン、レーン・中野、ジョージ・三木、1951年

配役は逆にしたほうが効果的だったように思われてならない。

同様に六四年にジョン・フランケンハイマー（ユダヤ系）が監督した『**大列車作戦**』は、ナチに没収されたフランスの名画を守るために、フランスの鉄道員と市民が死の連携を演ずる物語だ。話はナチの高官が、パリ陥落の直前にパリ中から集めたピカソなどの名画をドイツに持ち去ろうとし、それをレジスタンスの指令を受けた鉄道員が総力で阻止するというものだ。クレマンの『**鉄路の斗い**』（45）もそうだが、フランスの鉄道員は、ドイツに徴用されただけあって先鋭的なレジスタンスを演じたようだ。あの手この手の妨害工作で、多くの鉄道員や一般市民の命が奪われるが、絵は守られる。

主人公の機関士を演じたのが、戦後ハリウッドの顔となったバート・ランカスターで、脇をミシェル・シモンをはじめとするフランスの名優たちが固めた。戦争アクションとしても上出来ながら、同時にレジスタンス映画特有のノワールな雰囲気が醸し出された映画だった。残念ながらただの娯楽映画の扱いを受けているが、私としては、レジスタンスを描いた名作として記憶されるべきだと思っている。映画の中では、絵画と命のどちらが重いかという問いかけが発せられるが、登場人物は皆その葛藤に苦しみながらも、命を賭すことになる。名画は、フランスそのものだという信念によって……。

こうした武器を持たぬ命がけの戦いが、戦時中に数多く存在したことを、この映画は教えてくれる。

頭を刈られる女の涙

かくてパリは解放され、ド・ゴールを先頭に連合軍はパリに入場する。独軍による五年の支配が終わり、この後、市民は熱狂して町に繰り出した。ユダヤ系のリチャード・ブルックスが監督、エリザベス・テイラーが主演した『**雨の朝巴里に死す**』（54）は、この時パリで出会った男女の出会いと別れの物語だ。だがそれが歴史のすべてではなかった。

アンリ・ヴェルヌイユの『**過去を持つ愛情**』（54）では、連合軍と一緒に帰還したフランス兵（ダニエル・ジュラン）が家に戻ると、その場で妻の不倫の現場を目撃し、そのまま妻を射殺するところから話が始まる。そして解放の熱狂の後で、今度は独軍将校の愛人となっていた女たちへの暴行が始まった。
6章で一度触れた英国のテレビドキュメンタリー『**戦争と都市　パリ**』(63、70頁参照)には、パリの市街で、独兵とつき合った女を市民が取り囲み、〝頭刈りの刑〟に処すシーンが映し出される。女の目には涙が浮かび、その悲しげな表情は観る者の胸をうった。

女優の中にもこの刑を受けた者が何人かいた。『**格子なき牢獄**』(38、監督レオニード・モギー、ユダヤ系)で世界中に愛されたコリンヌ・リュシエールもその一人で、彼女は屈辱のあまりその数年後に憤死する。また『**天井桟敷の人々**』(44、監督マルセル・カルネ)で芸人ガランスを演じたアルレッティも、頭は刈られなかったが、独軍将校との交際を取りざたされて戦後は不遇の日々を過ごした。

アンドレ・カイアットの『**ラインの仮橋**』(60)は、独軍将校の愛人となった女が、レジスタンス活動に挺身したかつての恋人の求愛を退け、フランスを去る物語だ。

私事で恐縮だが、私がこの頭刈りの刑というものを初めて知ったのは、小学校の時に観たクロード・ベリ(ユダヤ系)の『**老人と子供**』(66)という映画が最初だった。この映画の筋は単純で、ユダヤ人の子どもが身を守るために、田舎の反ユダヤ主義者の老人(ミッシェル・シモン)に預けられ数年過ごすという話だ。

子どもは自分がユダヤ人であることを絶対に言ってはいけないと親に言われており、それを押し通す。やがて老人と子どもは仲良しになり心が通い始めるが、決して子どもは真実を語ることができずに終戦を迎える。そして戦争が終わって親が迎えにきた時、老人は涙を流して少年を見送るが、少年の心には言いようのない寂寥が吹き抜けるのだ。

この何の変哲もない筋の中に、自分の身を最後まで明すことのできない少年の哀しみがさりげなく描かれていた。そして老人と少年が別れる前に、頭刈りのシーンが突如登場し、老人を怒らせるのだ。

この映画を観た場所は、私の生まれ故郷の、今は消滅してしまった小さな映画館だった。その時はヒトラーの名前も知らずに映画を観ており、どういう経緯でこの映画を観に行ったのかも思い出すことができない。それでもこの頭刈りのシーンは、今でも鮮烈に記憶に残っているから不思議である。

第14章

ベネルクスでの悲劇

一九四四年八月、パリが解放されると、連合軍はベルギーなどベネルクス三国へと向かうが、そこにもまた困難な戦いが待っていた。またここで、オードリー・ヘップバーンとアンネ・フランクという同い年の女性の命運にもふれておこう。

パリを解放した連合軍は、九月にベルギーに進駐するが、ベルギーから北フランスのドイツ国境沿いには、独軍が強力な防衛線（ジークフリート線）を築いていた。

これを突破するため米軍は多大な犠牲を払うことになるが、これについては、暴行で降格された歩兵（スティーヴ・マックウィーン）が独軍要塞に爆弾ごと突っ込む『**突撃隊**』（62、監督ドナルド・シーゲル）や、ヒュルトゲンの森での補充兵の地獄を描いた『**プライベート・ソルジャー**』（98、監督ジョン・アーヴィン）などにその悲劇が描かれている。

進路を遮るライン川

ベルギー北部では、英軍がアントワープを占領してそのままオランダに侵入した。ところがこの時、長く伸びた戦線のために補給に事欠き、ライン川手前で前進がストップしてしまう。

この間南部司令官パットンが、ジークフリート線を突破しドイツ国内への進撃を果たしたため、ライバルの北部司令官モントゴメリーは、功を焦って無理な侵攻計画を策定する。すなわち、大量の空挺部隊をライン川対岸の町アルンヘムに降下させ、そこで主要な橋を占拠して本隊を突入させるという計画を立案するのだ。これを「マーケット・ガーデン作戦」というが、この時降り立った空挺部隊が町に孤立し、戦場となったアルンヘムの町が破壊されてしまうことになる。

その結果、空挺部隊八〇〇〇人と多くの市民の命が奪われる。史実に基づいた連合軍のこの負け戦を描いたのが『**遠すぎた橋**』（77、監督リチャード・アッテンボロー）で、映画は無謀な作戦のために死んでゆく兵士や市民の惨劇をリアルに描いていた。
見所はアルンヘム橋の銃撃戦で、戦争において橋がいかに重要かがわかる映画だった。また空挺部隊が地上の独軍に狙い打ちされる様は目をそむけたくなる哀れさで、その部隊を指揮するジーン・ハックマンの台詞「上が命令を発し、みんなが死ぬ」は、まさに戦争の本質を言い当てた至言として心に響く。

『遠すぎた橋』監督リチャード・アッテンボロー、出演ロバート・レッドフォード、ジーン・ハックマン、ジェームズ・カーン、ショーン・コネリー、ライアン・オニール、マイケル・ケイン、アンソニー・ホプキンス、1977年

同様にロバート・アルドリッチ監督の**『攻撃』**（56）は、卑劣極まりない中隊長のためにベルギー国境で多数の部下を死なせた小隊長（ジャック・パランス）が、復讐を果たそうとして憤死するドラマだ。アルドリッチは、後に**『特攻大作戦』**（67）でも上官に反抗する手のつけられないアウトロー軍団の活躍を描いているが、この反骨精神はアルドリッチ自身のもので、彼はハリウッドの風雲児として知られた。

これら一連の作品に描かれるのは歩兵の命の軽さだが、こうした前線を進む歩兵をGIといい、GIものは戦争映画の定番となって、あまたの作品が世に送り出された。古い例ではテレビシリーズ『**コンバット**』があるが、なんといっても代表はサミュエル・フラー（ユダヤ系）の『**最前線物語**』（80）だろう。これはリー・マーヴィン演ずる鬼軍曹に率いられた若いGIが、各地を転戦して何度も死線を潜り抜け、凄腕の兵士に成長してゆく過程を描いた戦争ドラマだった。

独軍、最後の反攻 アルデンヌ

連合軍は多大な犠牲を払いながらライン川流域を占領し、同時に南方では十一月にロレーヌ地方とアルザス地方を占領する。

後はアムステルダムを解放してドイツ領に侵攻すればよかったのだが、この時、ベルギー南部の山岳地帯に隠れていた独軍が最後の猛反撃に出てくる。

一般に「アルデンヌの戦い」と称されるこの戦闘を描いた映画が『**バルジ大作戦**』（65、監督ケン・アナキン）で、これは独軍戦車部隊（SSハイパー機甲部隊）が連合軍の隙をついてベルギー奪還を試み、失敗する話だ。同じアルデンヌの戦いを独軍側から描いたのが『**パンツァー（鋼鉄師団）**』（99、監督ボブ・カールスハー）で、こちらのほうは独軍精鋭部隊が弾切れによって壊滅する様を描いている。

この戦いの最中、捕虜となった米兵一〇〇名近くが射殺される事件が発生する。これを「マルメディの虐殺」というが、後にニュルンベルグ裁判（182頁参照）で徹底追及され、責任者ハイパーも絞首刑の判決を受けた（実際は釈放され七六年に暗殺される）。この虐殺事件を題材としたのが『**極寒激戦地アルデンヌ　西部戦線1944**』（2003、監督ライアン・リトル）で、これは虐殺現場から逃亡した数人の米兵の苛烈なる逃避行を描いた映画だった。

このアルデンヌの戦いは、米軍兵士の脳裏に悪夢として刻まれたようで、これを題材とした映画がほかにも数多くつくられている。戦争直後の四九年には、ウィリアム・A・ウエルマンが『**戦場**』という映画をつくっているが、これはアルデンヌの山間部の町バストーニュに降り立った空挺部隊が、独軍に包囲されて動けなくなる話だ。部隊は雪のために全滅寸前までいくが、かろうじて天気が好転し、空軍の援助で生還を果たす。

『**バンド・オブ・ブラザース（第六話）**』（2001、監督ディヴィッド・リーランド）も、このバストーニュにおける最前線の地獄を衛生兵の目を通して描いている。映画からは雪の塹壕の凍てつく寒さがひしひしと伝わってきた。なおディートリッヒも、この時慰問に来てここに居た。

バストーニュの包囲は、四四年のクリスマス翌日、パットンの第三軍の到達で解かれるが、独軍の熾烈な抵抗は翌年一月中頃まで続いた。

九二年の**『真夜中の戦場　クリスマスを贈ります』**（監督キース・ゴードン）は、降伏を申し出た独兵と米軍最前線部隊が、戦場で一緒にクリスマスを祝うという物語だが、激戦の後の和解を描くこの映画は、事情を知らぬ米兵の発砲で独軍の玉砕に終わる。

シドニー・ポラック（ユダヤ系）の**『大反撃』**（69）は、アルデンヌにある中世の城に立て籠もった米軍小隊が、独軍の攻撃で壊滅する話で、戦争の論理が文化財を簡単に破壊してしまう不条理を描いた映画だった。

なお、この年のクリスマスを慰問するためパリに向かったグレンミラーは、ドーヴァー海峡で墜落し帰らぬ人となる。それについては、ジェームズ・ステュアートが主演した**『グレン・ミラー物語』**（53、監督アンソニー・マン、ユダヤ系）がおすすめだ。

オードリーの旅立ち

先の『遠すぎた橋』で、オランダのアルンヘムの町が破壊された時、オードリー・ヘップバーンは戦場となったこの町で恐怖の日々を過ごしていた。彼女はそこでバレーを習うかたわら、地下組織の連絡係として対独抵抗活動に勤しんでいた。

四五年の五月、ドイツの降伏とともにアルンヘムの町は解放されるが、この時一家はユニセフの前身組織「アンラ」の援助を受けた。晩年になって、オードリーがユニセフの大使を引き受け、飢餓のソマリアに行った理由はここにあった。

終戦後、オードリーの母エラはアムステルダムに出向いて料理人として働き、彼女に再びバレーを習わせる。その時ちょっとしたきっかけで映画に出演することになるが、これが彼女に女優になることを決意させた。

そして親子ともどもイギリスに渡り、彼女はロンドンでレビューの踊り子を始める。この後モデルにも起用され、**『若妻物語』**（51、監督ヘンリー・カス）という映画に出演する。そしてアレック・ギネスの肝煎りで、マーヴィン・ルロイ（ユダヤ系）の『**クオ・ヴァディス**』（51）のリディア役の推薦を受けるのだ。ところがこの話はお流れとなった。

続いてフランス映画『**我らモンテカルロに行く**』（52、監督ジャン・ボワイエ）というコメディに出演するが、この時モンテカルロにいた小説家のコレット女史に見いだされ、ブロードウェイに紹介される。そしてコレット女史の戯曲『ジジ』の主役に抜擢されるのだ。その後パラマウントの制作部長リチャード・ミーランドにより、『**ローマの休日**』（53、監督ウィリアム・ワイラー、ユダヤ系）の主役に抜擢された。

このオードリーのハリウッドデビューの経緯を見ると、単にラッキーなシンデレラ・ガールの出世物語だとは到底思えない。そこには初めから一つの必然が働いていたのではあるまいか。ワイラーのスクリーンテストを受けた段階で、既にオードリーの情報はハリウッドに流れ、主演が決定していたと思われるのだが、いかがなものだろうか。

彼女をスターに押し上げた力は、その美しさもさることながら、やはり彼女に流れるユダヤ系オランダ貴族としての血と、大戦中のレジスタンスのキャリアがものをいったと思われる。

彼女が最も愛した自分の出演作品が『**尼僧物語**』（59、監督フレッド・ジンネマン、ユダヤ系）だったことも極めて意味深い。この映画は、あらゆる人間的な欲求に打ち勝って神の僕となることを決意した修道女が、家族が独軍に殺されたことがきっかけに抵抗運動に身を投じていく旅立ちを描いている。フレッド・ジンネマンも、両親がアウシュビッツで死んだ人だったが、彼女がこの作品を愛した理由は、主人公の中に、自分の真実の姿があると考えたからだろう。オードリーの人生を、そのままスクリーンに投影したような映画だったのだ。

永久に生きるアンネ

オードリーがアムステルダムを訪れた時、その街の倉庫の屋根裏に隠れて暮らしていたアンネ・フランクは、既に死んだ後だった。彼女はフランクフルト生まれのオードリーと同い年の少女だったが、パリが解放された四四年八月に逮捕され、その半年後にベンゼン収容所で十五歳の命を落とすことになる。彼女が書いた日記が『**アンネの日記**』で、これはその後出版されてベストセラーとなり、五九年にアメリカで映画化さ

『尼僧物語』監督フレッド・ジンネマン、出演オードリー・ヘップバーン、ピーター・フィンチ、エディス・エヴァンス、1959年

れた(59、監督ジョージ・スティーヴンス)。

これは屋根裏で隠れて暮らす二家族と一人の中年男性の共同生活を描いたもので、三年近くも息を潜めて暮らす異常な状況下、少女アンネ(ミリー・パーキンス)の生の息吹をさわやかに描いた佳作だった。印象的なのは、終戦間近になってアンネが恋人と屋根裏から空を見上げるシーンで、見上げる空には鳥が自由に飛び回り、逆にアンネの悲劇が強調される。

日本でも九五年にアニメがつくられたが、絶滅収容所の存在を世界中に広く伝えたという点で、この映画の果たした役割は大きい。映画で父を演じたのがジョセフ・シルドクラウトで、彼は幼い頃にドイツからアメリカに渡った名門のユダヤ系俳優だった。また、もう一家族の主婦を演じたシェリー・ウィンタースもユダヤ系で、彼女の俗っぽい演技が映画にリアリティを感じさせていた。

彼女はジョージ・スティーヴンスの**『陽のあたる場所』**(51)でヒロインのエリザベス・テイラーに恋人を奪われて殺される女の役を演じている。いわばリズを引き立たせる日陰の役なのだが、アカデミーではリズをさしおいて助演女優賞に選ばれる。この後リズは、ユダヤ人富豪(マイケル・トッド)と結婚してユダヤ教に改宗し、その後汚れ役で二度アカデミー賞を受賞した。

話を『アンネの日記』に戻す。映画は舞台劇の体裁をとっており、アンネが遭遇した出来事の全体像を把握するには難しい構成となっていた。これに対し、詳細な調査に基づいてアンネ・フランクの全生涯を映像化したテレビドラマが二〇〇一年にアメリカＡＢＣで放送された。エミー賞を受賞した『**アンネ・フランク**』（監督ロバート・ドーンヘルム）がそれで、この作品では、隠れる前の生活と収容所での生活が丹念に描出されていた。アンネ（ハンナ・テイラー・ゴードン）が死ぬのは収容所解放の数週間前であり、彼の恋人が死ぬのは三日前だった事実には心うたれるが、彼女はナチに殺された二〇〇万人の子どもの一人に過ぎなかったのだ。

それにしても、彼女の名前が永遠に残ったのは、彼女が日記を書き残したからだった。彼女に日記を手渡し、逮捕後その日記を保存していたのがミープ・ヒースという女性で、八八年にはこの女性を主人公とした『**もうひとつのアンネの日記**』（監督ジョン・アーマン）というテレビドラマがつくられる。ここでミープを演じたのはアカデミー賞女優のメアリー・スティンバージェンだった。

アムステルダムのユダヤ人

アンネ・フランクの一家が隠れ住んだアムステルダムは、一七世紀の頃よりヨーロッパ有数のユダヤ人街が存在した都市だった。このアムステルダム出身のユダヤ人としては哲学者スピノザがおり、彼はユダヤ人街でレンズ磨きの仕事をしていた。また有名な画家レンブラントは、ユダヤ人街で肖像画を描き食いつないだ画家だった。さらに最初の株式会社である東インド会社も、一七世紀後半にはその株式の多くをここのユダヤ人が保有し、オランダの重要産業となるダイヤモンド研磨業を興したのもユダヤ人だった。

ナチがオランダに侵攻した時にも、当然たくさんのユダヤ人が住んでおり、その多くは裕福だった。こうした裕福なアムステルダムユダヤ人のホロコースト体験を描いた映画が『**鯨の中のジョナ**』（93、監督ロベルト・ファエンツァ）だ。

この映画は、ジョナという実在した少年が収容所から生還する物語だが、我々にさまざまなことを教えてくれる。たとえばアムステルダムのユダヤ人は、ほかの欧州のユダヤ人に比べて危機意識が希薄だったという点だ。ジョナの両親は最初に連行された時、パレスチナ行きのビザを持っていたために一度は解放された。この時すぐにパレスチナに向かっていれば助かったのだが、両親は独軍がいつでも亡命船に乗せてくれると信じていた。

彼らが段階を踏んでアウシュビッツに連行されていった点も興味深い。

『鯨の中のジョナ』監督ロベルト・ファアンツァ、出演ルーク・ペターソン、ジャン＝ユーグ・アングラード、ジュリエット・オーブリー、ジェネー・デル・ヴェッチオ、1992年

最初に連れて行かれた収容所には学校もあり、続いて労働キャンプに連行される。そこは隠れて子どもに飯を食わせるコック長や、葉巻と交換で夫婦を密会させる医者などがいて、それなりに生きていける場所だった。この収容所で一番最初に死んでゆくのは肉体労働に耐えられないインテリの成年男子で、主人公ジョナの父もここで死ぬ。

結局戦争末期になって、ジョナと母はアウシュビッツに送られるが、ジョナだけが生還を果たす。しかしアムステルダムに戻ってきたジョナは、トラウマのために拒食症となってしまう。その彼が生きることを決意するのが、収容所に持っていけなかった自転車（父からの贈り物）を発見した時だった。長じて彼は科学者となる。

八六年のアカデミー外国映画賞を受賞した『**追想のかなた**』（監督フォンス・ラデメーカーズ）は、秘密警察が家の前の路上で抵抗派に殺されたために、家族がすべて殺害されてしまう少年の悲劇を描いている。映画では、隣家の家族が、死体を少年の家の前に移動することで悲劇が発生するのだが、戦後になって、成人した少年が事件に関わりのあった人々に会って真相を検証する謎解きの手法が取られている。

最後に問題となるのは、死体を移動した隣家の住人が、なぜ左側でなく、右側にある少年の家の前に移動したかということだった。その理由は、左側の家ではユダヤ人を匿っていたことを、隣家の主が知っていたからなのだった。

戦後、アムステルダム市民は、ユダヤ人を守った数少ない欧州市民として讃えられることになる。

第15章

東欧諸国の抵抗

9章では独ソ戦をみたが、東欧諸国でもナチス・ドイツは総崩れとなっていった。ポーランドのアンジェイ・ワイダをはじめてとして、ユーゴ、ハンガリー、チェコスロヴァキアといった国々の、それぞれの映画人が自国での戦争を描いている。そしてソ連は70年代初頭、大プロパガンダ映画を製作。

長らく西部戦線における独軍の敗走をみてきたが、忘れてはならないのは、ベルリンを陥落させたのはソ連だったという事実だ。実際にナチス・ドイツを敗北させたのはソ連だったと、ひとまずいうことができる。

パルチザン蜂起とユーゴの解放

東部戦線においては、ドイツは怒りに身を震わせた人の海に呑み込まれていった。というのも、独軍は退避行の過程で暴虐の限りを尽くしていったからである。たとえば白ロシアでは、六百二十八の村を焼き払ったが、八五年の『**炎628**』（監督エレム・クリモフ）は、この虐殺の凄まじさを一人の少年の燃えるような目を通して描いている。

その帰結として、ついには女、子どもまで銃を持つことになるが、そのせいか、戦中のソ連では女性を主人公としたパルチザン映画が何本かつくられた。

子ども兵士を描いた名作としては、戦後のアンドレイ・タルコフスキーによる『**僕の村は戦場だった**』（62）が忘れられない一作だ。

スターリングラードでは、ヴォルガ川を挟んで独ソが対峙したが、この映画も川が舞台となる。どのような戦いでも敵陣の配置を探る斥候が重要な役割を演ずるが、主人公の少年も何度か川を泳いで敵陣の中に入り込み、最後は捕まって帰らぬ人となるのだ。しかもこれは戦闘シーンがまったくない稀有な戦争映画だった。遠景と近景を往来する静かな移動撮影は惨劇さえ詩情で包み込み、繰り返される過去と現在のフラッシュバックは、時間の重さを我々に感じさせた。ラストで、収容所の書類から少年が拷問を受けて死んだことが明らかとなるが、逆に観客は、想像力をかきたてられて拷問の残虐さを思い描くのだ。

子どもの抵抗といえば、ユーゴの**『抵抗の詩』**（69、監督トーリ・ヤンコヴィチ）も記憶に残る作品だ。独軍の靴を磨くことを拒否して虐殺される子どもたちを描いた映画で、七四年にも、同じ監督で少年パルチザンの蜂起を描いた**『抵抗の詩PARTⅡ』**という映画がつくられている。

『僕の村は戦場だった』監督アンドレイ・タルコフスキー、1962年

ユーゴはティトー率いるパルチザンによって自力解放されることになるが、戦後パルチザンを主人公にした映画が何本かつくられている。このうちティトーが引退する前につくられたのが、**『ネレトバの戦い』**（69、監督ヴェリコ・ブライーチ）で、これにはオーソン・ウェルズをはじめとする各国スターが総出演した。

この映画で印象深いのは、独軍とファシスト軍に包囲されてネレトバの橋に追い込まれたパルチザンの戦術だ。橋まで逃げたパルチザンは、橋の向こうにファシスト軍が待ち構えているのをキャッチし、そこでいったん橋を爆破し、攻め返して相手の陣営を崩し、また橋をかけ直してそこを渡るという戦略を取るのだ。この戦略は見事当たって包囲は解かれる。

ティトーがソ連を訪問してレーニン賞を受賞した翌年には、**『風雪の太陽』**（73、監督スティペ・デリッチ）というティトーの映画が公開された。この映画でティトーを演じたのはリチャード・バートンである。

その後ソ連の崩壊とともに、ユーゴがバラバラとなり、愚かな指導者によって内戦が起こることを、この時点では誰も予想できなかった。この不条理な内戦を描いた映画としては、ブラックジョーク満載の『**ボスニア**』（96、監督スルジャン・ドラゴエヴィッチ）というセルビア映画がある。

ハンガリーでの抵抗

ドイツへの抵抗は同盟関係にあったハンガリーでも数知れず起こった。ブダペストに生まれ、イスラエルに亡命し、その後英国空軍に入隊して諜報員となったハンナ・セレシュは、ユーゴからハンガリーに入国し、地下活動に入ろうとしたところで公安警察に逮捕される。映画『**ハンナ・セレシュ**』（88、監督メナヘム・ゴーラン、ユダヤ系）は、このハンナが口を割らずに牢獄生活を生き抜き、最後はソ連の侵攻直前に銃殺されるまでを描いた作品だ。

これは彼女とともにブダペストに潜行し、戦後イスラエルの空挺部隊学校長になった人物の手記をもとにつくられている。映画では公安警察の迷いも描かれ、それがなかなかの現実感を醸し出していた。激しい拷問を加えた警察も、ソ連の侵攻が近づくと拷問の手を緩めるのだが、結局口封じのためにハンナは銃殺されることになる。そして戦後、彼女はイスラエルの英雄として顕彰された。

監督のメナヘム・ゴーランは、二九年のイスラエル生まれで、アメリカに渡って成功を収めた映画人だ。

この映画を観ると、ブダペストのユダヤ人がいかに大きな勢力を持っていたがわかり、驚かされる。実は第一次大戦後にハンガリーに一時共産主義政権を樹立したクン・ベラはユダヤ人で、この政権誕生とともにドイツに亡命したのが、なんと後に『**カサブランカ**』（42）を監督することになるマイケル・カーティズ（ユダヤ系）だったのだ。ほかにロンドンフィルムを立ち上げた英国の大製作者アレグザンダー・コルダも、この時ハンガリーから離れたユダヤ系映画人だった。しかも驚くことは、この政権が倒壊した後に独裁政権を樹立したホルティもユダヤ系で、彼は後にナチスに協力することになる政治家だった。

こうしたハンガリーの複雑なユダヤ人事情を知るためには、イシュトヴァーン・サボー（ユダヤ系）が九九年に発表した『**太陽の雫**』という映画を観なければならない。これは一九世紀から二〇世紀にわたるハンガリーのユダヤ人一家四代の成功と没落を描いた大河ドラマだが、三代の男をレイフ・ファンズが演じた。この映画については、あまりのスケールの大きさに、とてもここでその全体像に触れる余裕はない。ただしこの映画を観れば、東欧ユダヤ人の真の姿を垣間見ることができること請け合いだ。

イシュトヴァーン・サボーについては、この本の第2章でも『**ハヌッセン**』(88、40頁参照)という映画で紹介済みだが、彼は七九年に『**コンフィデンス 信頼**』という映画でベルリン映画祭銀熊賞を受賞し、国際デビューを飾っている。

こちらのほうは、ドイツ占領下のブダペストで、レジスタンスの夫を持つ妻が、地下に潜伏した夫の指示により、見ず知らずの男と偽装結婚する話。結局は見ず知らずの男と愛し合うようになり、レジスタンスの夫との愛は冷めてゆく。戦争に翻弄される男女の愛の不確かさを描いたこの映画は、そのままハンガリーという国家の危うさを感じさせる傑作となった。

チェコスロヴァキアにおける抵抗

ハンガリーの隣のチェコスロヴァキアでも抵抗運動が激化し、それにまつわる映画がたくさんつくられた。フリッツ・ラングの『**死刑執行人もまた死す**』(43)は、その決定版といえる映画で、ナチのボヘミア総督ハイドリリヒ暗殺後に実行された、ナチの報復に対する市民の抵抗を描いている。脚本は、アメリカ亡命中のブレヒトで、ラングとブレヒトの個性が見事にぶつかりあった傑作だった。ハイドリリヒ暗殺に関する映画としては、ほかにも『**抵抗のプラハ**』(71、監督ウラジミール・スェフ)、『**暁の7人**』(75、監督ルイス・ギルバート)という映画がつくられている。

前者は捕えられた抵抗運動家が持っていた鍵から、秘密警察が組織のアジトを捜す話で、後者は、暗殺に関わった六人の活動家が計画を実行に移して殺されるまでを描いている。

また実在した女性地下活動家を描いた映画が『**マルシカの金曜日**』(72、監督ヤロミール・イレシュ)で、これは処刑された女活動家の日記を映画にした作品だ。

チェコスロヴァキアにも大戦前にはたくさんのユダヤ人が住んでいて、大戦下のユダヤ人の悲劇を扱った映画が何本かつくられている。

チェコスロヴァキアで初めてアカデミー外国映画賞を受賞した『**大通**

りの店』（65、監督ヤン・カダール、ユダヤ系）は、表通りにあるユダヤ人老婆の店を接収することを命じられた大工が、ユダヤ人の強制連行の日に婆さんを匿おうとし、誤って死に至らしめる話だ。

大工も自らの罪におののき、首をくくって死ぬが、ラストは町の広場で二人が手を取って踊る幻影のスローモーションで終わる。この映画で老婆を演じたイダ・カミンスカ（ユダヤ系）は、かつて存在し、現在は消滅してしまったイディッシュ語映画の名女優だった。

八五年の『**奪われた花嫁　ナチ収容所に散った花**』（監督ナダブ・レヴィタン）は、未婚女性に対する徴用から逃れるために結婚した十七組のユダヤ人花嫁が、偽装結婚と断定され収容所に送られる映画だ。

二〇〇〇年のアカデミー外国映画賞候補となった『**この素晴らしき世界**』（監督ヤン・フジェベイク）は、収容所から脱走したユダヤ人青年を匿う夫婦の、手に汗握るヒューマンドラマだが、何が素晴らしいかについては、ビデオを観てのお楽しみとしておこう。

最後はチェコスロヴァキア出身のユダヤ系監督を何人か紹介しておく。英国フリーシネマの雄カレル・ライス（代表作『**土曜の夜と日曜の朝**』［60］）は、ナチの迫害で英国に亡命後、戦中は英国内チェコ空軍に参加した人だった。また戦後亡命した人物では、『**ゴースト・バスターズ**』（84）のアイヴァン・ライトマンと『**カッコーの巣の上で**』（75）でのミロス・フォアマンがいる。このうちミロス・フォアマンは、父が収容所で死んでおり、「プラハの春」の挫折でアメリカに亡命した人だ。ちなみに「プラハの春」について描いた『**存在の耐えられない軽さ**』（87）の監督フィリップ・カウフマンもユダヤ系だ。

ワルシャワ蜂起とポーランドの圧殺

ユーゴ、ハンガリー、チェコとみてきたが、忘れられないのがポーランドだ。

大戦末期の四四年六月、ソ連軍はポーランドに侵入、結果、全土でパルチザン蜂起が始まる。ソ連軍が間もなくやってくるという嘘の情報を流してゲットーの住人に希望を与える男（ロビン・ウィリアムス）を描いたのが『**聖なる嘘つきその名はジェイコブ**』（99、監督ピーター・カソヴィッツ）で、この映画の主人公も最後は収容所送りとなる。

七月末になって、やっとソ連軍は

ワルシャワ近郊に迫り、それを受けて首都でも市民が銃を持って立ち上がる。これが有名な「ワルシャワ蜂起」だ。しかし市の周辺部に部隊を待機させていたソ連軍は、英米の要請にもかかわらず兵を動かさず、蜂起は完全な失敗に終わる。スターリンは解放軍がポーランドの主勢力になることを恐れ、蜂起軍を見殺しにするのだ。

この「ワルシャワ蜂起」の失敗とその後の内戦を描いた名作が、アンジェイ・ワイダの**『地下水道』**（56）と**『灰とダイヤモンド』**（58）だった。

『地下水道』は巨匠ワイダの出世作だが、蜂起軍が壊滅する中、独軍に追われて地下の下水道を彷徨う若者たちの姿を、非情なまでに突き放した映像で描いている。最初と最後を除きすべてのシーンが下水道の中で撮影され、その出口なき若者の悲劇が世界の人々に衝撃を与えた。ワイダはこの映画で、カンヌ映画祭審査員特別賞を受賞する。

『灰とダイヤモンド』は、ソ連軍に制圧された後のワルシャワで、新政府に抵抗するテロリストの若者を描いた映画で、これもヴェネツィア映画祭で国際批評家賞を受賞した。

自由派パルチザンの生き残りであるマチェックは、モスクワから派遣された政府の要人を暗殺するが、町はずれのゴミ捨て場で衛兵に発見され、射殺される。この孤立したテロリストが、ゴミ捨て場でのたうち回るシーンの長回しは、全共闘華やかなりし六〇年代の若者の心を捉え、主演のズビグニエフ・チブルスキーをスターに祭り上げた。ところが彼は六七年、列車に飛び乗り損ねてあっけなく死に、チブルスキーはポー

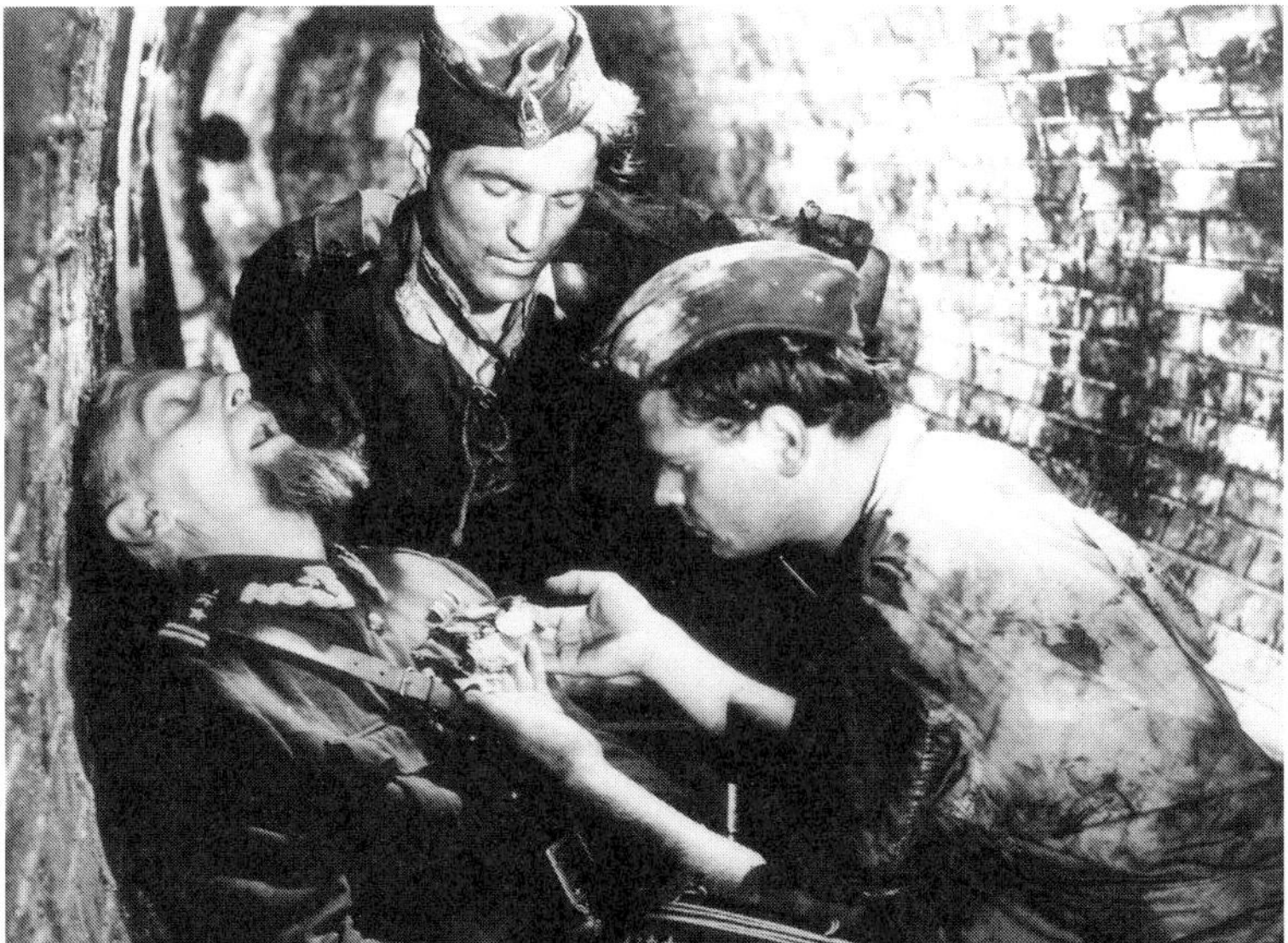

『地下水道』監督アンジェイ・ワイダ、出演タデウシュ・ヤンチャル、テレサ・イゼウスカ、1956年

ランドのジェームス・ディーンとして語り継がれることになる。ワイダは彼の死の翌年に『**すべて売り物**』(68)というチブルスキーを追悼する映画を撮っている。

　ワイダは、ソ連が崩壊した直後の九二年にも、『**鷲の指輪**』というワルシャワ蜂起を題材にした映画をつくっているが、この映画は自主連帯労組出身のワレサが大統領の時のもので、いわば東欧社会主義の消滅を記念するために製作された映画だった。

　時間の経過もあり、東欧革命に成功した後ということで、少しはワイダの心境に変化があるかと思って観たが、これも全編が絶望に彩られた暗い映画で、自由派パルチザンの敗北と死を完膚無きまでに描いた作品となっていた。ワイダにとっては、ワルシャワ蜂起はどこまでも痛む古傷なのだろう。

　ポーランドといえば、東欧最大のユダヤ人人口を擁し、大戦でそのユダヤ人がほぼ絶滅した国だが、ワイダが晩年近くになって撮った『**聖週間**』(95)は、ユダヤ人女性を匿うポーランド人一家の悲劇を描いたドラマだった。

　また二〇〇二年の『**僕の神様**』(監督ユレク・ボガエヴィッチ)は、ユダヤ人少年を匿った農家の息子が、身代わりに収容所へ連行されるドラマだ。

　けだしアウシュビッツが存在するポーランドにとって、この悪夢の時代は永遠に語り継がれることになるのだろう。

ソ連の力を誇示する巨編

　かくて東部戦線でのドイツの敗北は決定的となる。このドイツの敗走を八時間もかけて描いた戦争巨編が、七〇年から七二年にかけてソ連でつくられた。『**ヨーロッパの解放**(四部作)』(監督ユーリー・オーゼロフ)である。これはドイツを敗北に導いたのはソ連であることを世界にアピールするために制作された、ブレジネフ時代の大国策映画だった。

　第一部はロシアのクルスクでの独軍の猛攻と、対するソ連軍の防衛戦を描いている。これは機甲部隊の戦闘としては大戦中最大規模のもので、ソ連はわずかの前進を許しただけで、独軍に多大な損失を与えてクルスクを守った。

　第二部は、逆にソ連が独軍の防衛線を突破し、ドニエルプル河を渡河し、キエフを奪回するまで。

　第三部は、ドイツの裏をかくベラルーシの湿地帯への侵攻と、ポーランド国境の到達までを描いている。

最近『１９４４東部戦線』（２００２、監督ニコライ・リェビデフ）という映画がビデオ化されたが、これもこの戦いにおける偵察部隊の玉砕戦を描いている。

最後に第四部だが、これはドイツとポーランドの国境を流れるオーデル川での戦いとベルリン占領を描いている。だが、意図的にワルシャワ占領はカットとなっていた。

事実を淡々と辿る記録映画的な構成は叙事的戦争映画と称されたが、実際この映画には人間ドラマはまったく存在せず、映画は主に三つのシーンによって構成されている。

一つは独ソの参謀本部の会議シーン、二つ目はニュース映画風のドキュメンタリーシーン（たとえばテヘラン会談など）、三つ目は戦場シーンだ。

とりわけ戦場シーンは、そのエキストラの数と爆薬の量が世界の人々の度肝を抜いた。数十キロも延々と続く戦車戦の空撮は国策映画ならではスケールだったが、制作費も桁違いで、撮影にはソ連軍が大量に動員されたという話だ。

映画としてはあまり鑑賞をおすすめできないが、あえて見所を挙げるとすれば、それはそっくりさん俳優の演技だ。この映画に登場するスターリン、ルーズベルト、ヒトラー、ゲッベルスは本物と瓜二つだ。顔はもちろん仕草や声までが似ているから笑ってしまう。

映画で強調されるのは、ヒトラーとスターリンの指導者としての格の違いだ。ヒトラーはがなり声で攻撃命令を下すだけの男だが、スターリンは戦況報告に耳を傾け、冷静に戦況を判断し、その上で部下に作戦を立案させる指導者として描かれている。事実はさておき、少なくともあの大戦の最中は、スターリンは大祖国戦争を率いる英雄だったのだ。

この映画がつくられた七〇年初頭は、ソ連が冷戦最後の存在感を誇示していた時代だった。どうもこの頃ソ連は、映画で国威発揚を図っていたふしがあるが、これは必ずしも成功したとはいえないようだ。

第16章 さまざまなる戦い

戦争映画は、歴史的な事件をどのように描くかというセミ・ドキュメント的な課題のほかに、兵器やさまざまなシチュエーションをどれだけリアルに描けるかという、まさに映画らしい課題ももっている。戦闘は水中や空中でも、特殊部隊や収容所のなかでも起こっていたのだ。

今まで第二次大戦の流れを時間を追ってみてきたが、その多くは地上戦だった。しかし地上戦以外にも、さまざまな戦いがあったことはいうまでもない。

海中での戦い――Uボート

ドイツの敗北を語る前に、ここでそうした戦いのいくつかを回顧してみることにしよう。まずは海中の戦いの主役であるUボートから。

これはドイツが誇る小型潜水艦で、昔からこれを題材とした映画が数多くつくられてきた。古くはグスタフ・ウチツキのナチ映画『**朝やけ**』(32)があり、戦中は英国のマイケル・パウエルによる『**潜水艦轟沈す**』(40)があった。戦後も西独で『**U47出撃せよ**』(58、監督ハラルト・ラインル)、英国で『**潜水艦U153**』(61、監督ペニントン・リチャーズ)がつくられ、近年はハリウッドで『**U571**』(2000、監督ジョナサン・モストウ)がつくられている。

忘れられないのがクレマンの『**海の牙**』(46)だ。これは『**鉄路の斗い**』(45)に続く、彼の第二作目で、その名を世界に轟かせた作品だった。

映画はオスローから密命を受けて出発したUボートが途中攻撃にあって負傷者を出し、北フランスに上陸し、医師を拉致するところから始まる。ここでUボートがオスローから船出するのは、ドイツが一九四〇年四月にノルウェーに侵攻、そこに親独政権を樹立していたからだ。

医師を誘拐した後にドイツ敗北の報が伝えられ、艦内は次第にバラバラになって緊迫の度合いを高めていく。敗北を認めない者、戦線を離脱する者、自殺する者などが現われ、ついには殺し合いが始まる。この密

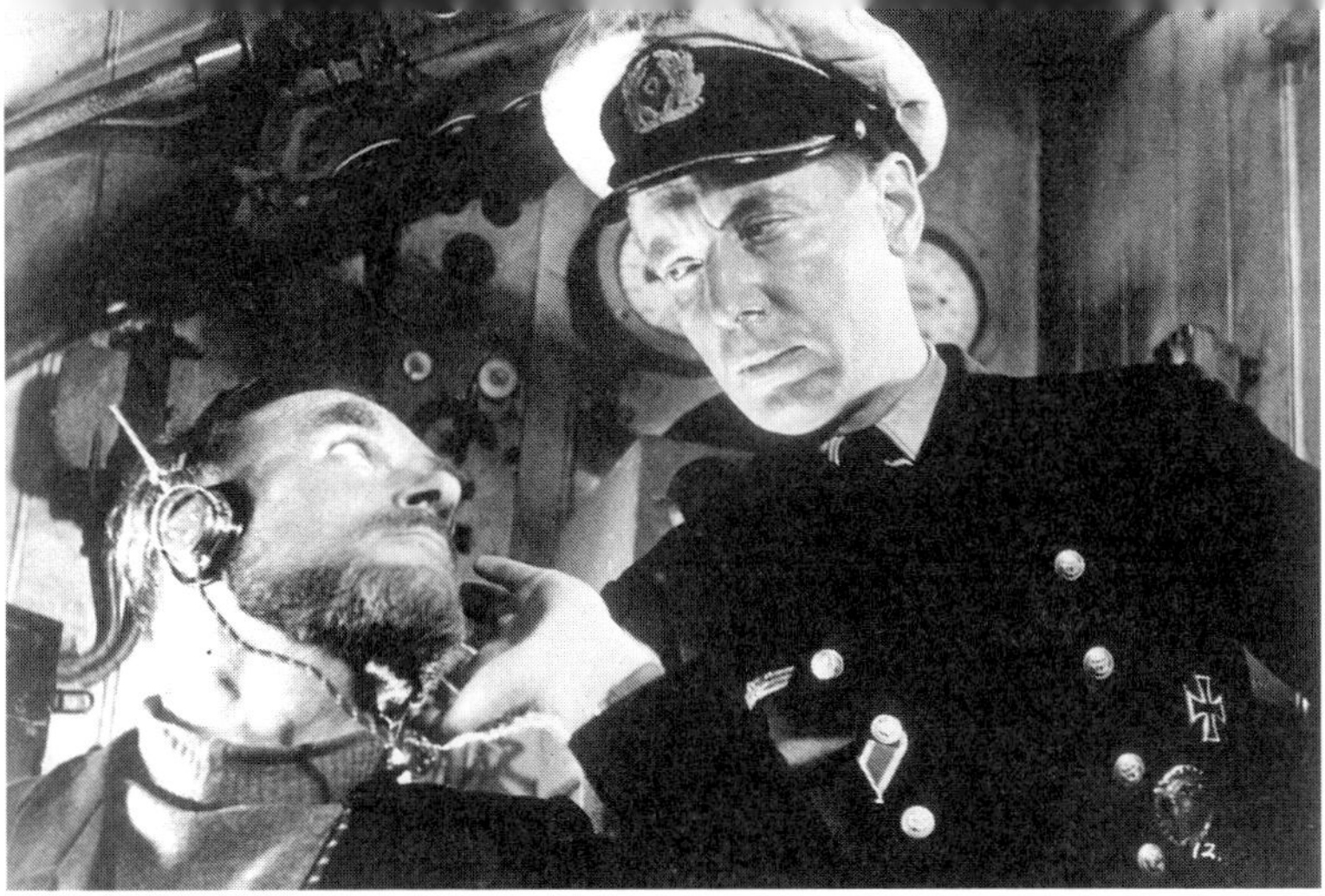

『海の牙』監督ルネ・クレマン、出演マルセル・ダリオ、ポール・ベルナール、1946年

閉された空間における狂気の人間模様が見事に描かれるが、艦内はあくまで闘おうとするナチ信奉者に実権が握られ、そこから医師の生存に向けた戦いが始まっていく。

　クレマンは、もともと記録映画出身で『鉄路の斗い』では素人を使ったことは以前触れた。しかし『海の牙』の役を素人が演ずることは難しく、この時はすべてプロの俳優が演じた。追い詰められた人々の心理描写が見事引き出されて、映画は成功する。

　ヴォルフガング・ペーターゼン監督のドイツ映画**『Uボート』**（81）は、極限状況下の艦員の表情を生々しい映像で描出し、Uボートものの決定版と謳われている映画だ。登場人物は、何度も何度も死線を潜り抜け、やっと生きて港に辿り着くが、陸に上陸したところで……。

　実際には四一年秋に約四万の潜水艦部隊が大西洋に送り出された。「狼の群」と称されたこの部隊は、空軍の協力で追い詰められた敵の船団に一斉攻撃を仕掛け、二一七万トン以上の船を撃沈する。しかし英国はこれに対抗するため高性能の駆逐艦を派遣し、やがてドイツのUボートは壊滅していく。

　Uボート部隊四万のうち、生き残ったのはわずか一万足らずということで、後は海の藻屑と消えていった。

海上での戦い

　Uボートは、米英の駆逐艦によって壊滅させられるが、このUボートと米軍駆逐艦の一騎打ちを描いた戦争映画が五七年にアメリカでつくられている（**『眼下の敵』**［監督ディック・パウエル］）。もともとアメリカには、『白鯨』や『老人と海』などのように、海を舞台とする男の一騎打ちを描く文学の伝統があるが、この映画でも、好敵手として互いを認める艦長同士（独クルト・ユルゲンス、米ロバート・ミッチャム）が熾烈な男の戦いを繰り広げる。いわば艦長同士の知能戦なのだが、戦いは引き分けとなり、最後は互いに敬意を表してエンドマークがつく。

　この映画のように、ドイツの指揮官を騎士道的に描くようになるのは五〇年代後半のことで、これは五七年にＥＥＣ（ヨーロッパ経済共同体）が成立したことに影響された事態と考えることができる。連合軍に敬意を表されたドイツの指揮官といえば、既に10章で紹介済みの「砂漠の狐」ロンメル将軍がいるが、実は伝説の人物がもう一人いる。それは「海の虎」と称された小型戦艦シュペー号の艦長ラングスドルフだ。

　この小型戦艦というのは、戦闘能力に優れた高速船で、主に南米から英国に向かう商船を襲う戦艦だった。いわば第二次大戦の海賊船ともいうべき船だが、英仏との開戦直後に活躍した。機動力に富むため駆逐艦が発見することができず、その神出鬼没な動きに英国は多大な被害を被った。この小型戦艦シュペー号が、英国巡洋艦三隻に追い詰められて自爆するまでを描いたのが、五六年につくられた英国映画『**戦艦シュペー号の最後**』だ。

　これをつくったのは戦後の英国の名プロデューサー、アーサー・ランクで、監督したのはバレエ映画『**赤い靴**』（48）で有名なマイケル・パウエルとエメリック・プレスバーガー（ユダヤ系）のコンビだった。そして騎士道的艦長を演じたのが英国の名優ピーター・フィンチだ。

　この映画は、戦争映画としては珍しく、目を見張るような美しい海のシーンばかりで構成されている。映画の中では、捕虜の人命を最優先にするラングスドルフの騎士道的な姿が強調されるが、一瞬これが本当にナチス・ドイツかと疑ってしまう描き方だった。

　シュペー号は小型艦船だが、ドイツが誇る大型戦艦といえばビスマルク号だ。この船は排水量五万トン、八門の巨砲を備える高性能軍艦で、二十二隻の英国船を撃沈した後、四一年五月にアメリカの輸送船団を狙って大西洋に出向き、これを迎え撃つ英国巡洋艦フッドを撃破後、総動員体制の英国艦隊に包囲されて撃沈された。

　この経緯を描いた映画が『**ビスマルク号を撃沈せよ！**』（60、監督ルイス・ギルバート）。この映画で描かれる艦長は、シュペー号とは逆にゴリゴリのヒトラー崇拝者で、その艦長の無謀さのために船が沈み、多くの有能な人材が死んでゆく様が描かれている。

空の戦い

海の戦いとくれば次は空の戦いだ。

『頭上の敵機』監督ヘンリー・キング
出演グレゴリー・ペック、ディーン・ジャガー、
ヒュー・マーロウ、ゲイリー・メリル
1950年

これについては、既に『**空軍大戦略**』（六九、監督ガイ・ハミルトン、50頁参照）の話をしたが、この時の戦いはまさに戦闘機同士の空中戦だった。やがて戦いの中心は爆撃機と迎撃砲、あるいは爆撃機と戦闘機の戦いに移行していく。

五〇年の『**頭上の敵機**』（監督ヘンリー・キング）は、白昼に編隊を組んで目標に集中攻撃をかける米918爆撃隊の活躍を描いた実録ものだ。この部隊は対空砲火や迎撃による損傷が甚だしく、志気が低下し、これが原因で一層の被害に遭うという悪循環に陥っていた。

ここで登場するのが冷徹かつスパルタ肌の准将グレコリー・ペックで、彼は突き放した態度で隊員を再訓練し、その結果、部隊は無傷で生還を果たすようになる。ところがそうした彼の指揮は隊員に歓迎されず、加えて彼自身がある時恐怖のために動けなくなるという失態を演じてしまう。指揮官の苦悩を描きながら、業務を遂行することの意味を問いかけたのがこの映画だった。こうした一味違う戦争映画を製作したのが、あの鬼の製作者ダリル・F・ザナックだったのは偶然ではあるまい。

　ドイツ本土の空爆を描いた映画としては、九〇年につくられた『**メンフィス・ベル**』（監督マイケル・ケイトン・ジョーンズ）がある。これは従軍したハリウッドの巨匠ウィリアム・ワイラーのドキュメンタリーを劇映画に翻案した作品で、四三年四月から五月にかけて二十五回の爆撃を敢行したB17の名機メンフィス・ベルの最後の爆撃を描いている。映画では、友軍機が墜落する中、メンフィス・ベルがブレーメン上空に到達し、高射砲と霧を切り抜け見事に任務を遂行する様を英雄的に活写している。

　現実に第二次大戦でドイツを敗北させたのは、ソ連による戦車隊と米英空軍の爆撃だった。特に末期になると、アメリカ空軍による絨毯爆撃でドイツ国内は地獄の様相を呈してくる。有名なのはハンブルクの空襲で、この時はハンブルクは瓦礫の山と化した。

　空爆は最終的に首都ベルリンにも行なわれるが、これに対して独軍は最後の戦闘機で迎え撃ってくる。そのため爆撃機を援護する戦闘機部隊が必要となるが、この時出動したのが、黒人だけで編成されるムスタング部隊だった。そしてこの部隊に援護された爆撃機はすべて帰還することができた。

　この実話を映画化したのが、九五年につくられた『**ブラインド・ヒル**』（監督ロバート・マルコヴィッチ）だ。このテレビドラマは、ルーズベルトの肝煎りで編成されたアメリカ初のエリート黒人戦闘機部隊が、白人兵士による人種差別やさまざまな妨害と闘いながら、最後は白人爆撃部隊の信頼を勝ち取る過程を描いている。

　アメリカは、ドイツで実施した絨毯爆撃を後に日本の上空で応用することになり、その結果、日本中の都市が火の海と化すのだ。

特殊部隊の戦い

　戦争での戦いといえば、実際の正規軍の戦闘のほかに、いわゆる特殊部隊の戦いがあった。特殊部隊というのは、今でいうならば人質救出などの特命を帯びたレンジャー部隊をさすが、こうした部隊を描いた映画の走りとしては、南部戦線で活躍した特殊部隊を描いた**『特攻決死隊』**（58、監督ウィリアム・A・ウェルマン）がある。

その後六一年には**『ナバロンの要塞』**（監督J・リー・トンプソン）がつくられるが、これは地中海に面した独軍要塞を爆破する小部隊を描いた映画で、見所は小型船による荒海の航海と、嵐の中でのロッククライミングだった。この隊の隊長を演じたのがグレゴリー・ペックで、この映画はアクションシーンが受けてヒットし、その後この手の戦争映画がたくさんつくられることになる。

六五年には、カーク・ダグラスが原爆の原料工場の爆破に挑む**『テレマークの要塞』**（監督アンソニー・マン）が、六七年には、リー・マーヴィン率いる服役囚部隊が独軍作戦本部を爆破する**『特攻大作戦』**（監督ロバート・アルドリッチ）が、また六八年には、リチャード・バートンと若きクリント・イーストウッドが超人的な活躍をする**『荒鷲の要塞』**（監督ブライアン・G・ハットン）がつくられた。以上はすべてフィクションだが、同じ六七年の**『コマンド戦略』**（監督アンドリュー・V・マクラグレン）は実話に基づいた映画だ。これはウィリアム・ホールデン率いるカナダエリート部隊と米服役囚混成部隊（悪魔旅団）によるイタリア戦線での奮闘を描いた映画で、この部隊を基にレンジャー部隊が設立された。

これらの映画が狙いとするところは戦争をネタにした痛快無比なアクションであり、いずれもSFXではないアクロバットシーンが売り物となっていた。ロッククライミング、アクロバットスキー、サーカスもどきの格闘やカーチェイスなどである。

六〇年代後半といえば、ちょうど**『007』**シリーズが大ヒットしており、戦争映画もその影響を受けていた時代だった。実際これらの映画のつくり手は西部劇やB級映画出身の監督が多く、このジャンルは、西部劇が流行らなくなって二本立て興業が終了した時代に、そのつくり手が確立したものだった。やがてこれらの映画は、ハリウッドにパニック、アクションといった今に至るドル箱路線を確立させていくことになる。

なお、独軍特殊部隊がチャーチル誘拐計画を実行して失敗する**『鷲は舞いおりた』**（76、監督ジョン・スタージェス）は、このジャンルの中では一味変わった映画だった。この映画の特殊部隊は超人的に訓練されているが、完全と思われていた計画が実に些細なことから崩れていくの

『大脱走』監督ジョン・スタージェス、
出演スティーブ・マックウィーン、ジェームズ・ガーナー、リチャード・アッテンボロー、1963年

だ。映画では、隊員の一人が溺れる子どもを助けようとして失敗し、そこから計画全体が崩れてゆく。この人間味が、いかにもジョン・スタージェスらしい味なのだ。

捕虜の戦い

この章の最後は捕虜の戦いで締め括ろう。捕虜の戦いといえば脱走だが、これも繰り返し映画で描かれたテーマだった。古くはビリー・ワイルダーの『**第十七捕虜収容所**』(53)が思い浮かぶ。この映画は、内部情報がドイツ側に筒抜けとなっていることが明らかとなった捕虜収容所で、捕虜の慰問品を独兵に売って商売を営む軍曹(ウィリアム・ホールデン)が嫌疑をかけられ、結局一人でスパイを突き止め、犯人を営庭に晒して自らの脱走に成功するという話だ。

映画では、最も犯人らしくない男が実は内通者という設定になっている。彼は独兵に対抗するため組織をまとめている男なのだが、これは大戦を描いたというよりは、マッカーシズムの時代におけるハリウッドの混乱を風刺した映画と理解することができる。なぜならマッカーシズムの時代には、組織のまとめ役が最初に仲間を売ったからだ。

ほかに娯楽大作として、ジョン・スタージェスを一躍メジャーにした『**大脱走**』（63）があり、これは大ヒットしてスティーヴ・マックウィーンをスターにのし上げた。

映画は脱走の常習者ばかり集めた捕虜収容所での大量脱走を扱っている。見所は脱走に至る過程よりも、むしろ逃げた脱走兵とそれを追う独兵の追跡合戦だ。徒歩、自転車、列車、バイク、飛行機と、さまざまな手段で国境を越えようとする壮絶な逃避行は、手に汗握る興奮を呼び起こした。結局成功するのは数人だが、果たして何を利用した者が生き残るかは映画を観て確かめてもらいたい。

続く六四年には、ソ連で独軍の実験用の戦車を使って脱走を図った捕虜が、戦車で暴れ回って玉砕する『**鬼戦車Ｔ３４**』（監督ニキータ・クリーヒン）がつくられる。さらに六五年には、捕虜を乗せた移送列車をそのまま乗っ取り、独軍の追跡をかわしながらスイスまで走らせる『**脱走特急**』（監督マーク・ロブソン）がつくられるが、ここで自分の命と引き替えに捕虜を救うのは中年にさしかかったフランク・シナトラだ。

これらの脱走ものから、やがて『**ブリット**』（68、監督ピーター・イエーツ）などのカーチェイス映画や『**アルカトラズからの脱出**』（79、監督ドナルド・シーゲル）などの刑務所脱走映画が誕生していくのだ。

また、八一年には、名匠ジョン・ヒューストンが『**勝利への脱出**』というユニークな脱走映画を撮っている。これはドイツの宣伝のために企画された独軍と捕虜のサッカー親善試合で、捕虜の選手が四点差を同点に持ち込み、なだれ込んできた観客とともにそのまま脱走を成功させる痛快なドラマだ。往年の名選手ペレが出演している映画でもある。

最後はブルース・ウィリスが渋い大佐を演じて部下の脱走を図る『**ジャスティス**』（２００１、監督グレゴリー・ホブリット）で締め括ろう。こちらは脱走のために犠牲となるのが黒人兵という設定で、正義とは何かが問われる深刻な脱走映画だった。

第17章

ドイツの敗北

一九四五年に入ると、ヨーロッパ各戦線での勝敗の帰趨はすでに決していた。後はいつベルリンを落とし、どのように大戦を終結させるかが問題となる。そして、なぜ核兵器は開発されなければならなかったのか？ドイツ国内を舞台とする作品を中心に、各国の思惑・動向もみていこう。

かくてドイツの敗北は決定的になるが、ここまで、戦時下のドイツについてはまったく触れてこなかった。果たして戦時中、ドイツ国内はどのような状況にあったのだろうか。

ドイツ国内での抵抗

ナチ時代、共産党を中心に反対勢力が早くから収容所に連行されていたため、国内ではナチに対する組織的な抵抗はほとんど起こらなかった。しかも秘密警察による反対派の厳しい監視で、反ナチ運動は発生の段階からその芽をつみ取られていた。ドイツが破滅に至った最大の原因は、野党がまったく存在しなかった翼賛体制にあったといえる。

しかしそうした状況下、国内で困難な反ナチ活動を展開した少数の人々が存在した。有名なのはミュンヘン大学の学生ショル兄妹を中心とした活動で、彼らは「白バラ通信」という反戦ビラをつくり、大学の校内や都市にそれをばらまいて歩いた。メンバーは五人に過ぎなかったが、ゲシュタポは背後に大きな組織があると信じて徹底的な捜査に乗り出し、結局一九四三年二月にメンバーは逮捕され、その後死刑に処せられた。

この実話を基にしてつくられた映画が、八二年西独の『**白バラは死なず**』（監督ミヒャエル・フェアホーフェン）と、二〇〇五年の『**白バラの祈り　ゾフィー・ショル最後の日々**』（監督マルク・ローテムント）だ。映画を観ると、ゾフィーがごく普通の女の子であったことがわかり、胸が痛む。

いわゆる政治的な抵抗ではないが、国内に残された女たちの命をかけた〝抵抗〟も存在した。それは何かといえば、実は〝不倫〟だった。日本でいえば近松の心中もののような、道ならぬ恋に燃えた少数の女たちが存在したのだ。一体どのような恋なのか……。

それは、ドイツの一般家庭に労働力として徴用された戦争捕虜との恋だった。発覚すると捕虜は死刑、女は収容所送りとなることが法律で定められていたが、これが無視できない数で発生したのだ。中には将校の妻や良家の子女にもそうした者が出て、警察は対応に苦慮した。そこで捕虜がレイプしたと調書を改竄したり、捕虜を無理矢理ドイツ人に帰化させるなどの対応を取った。

戦争は、想像できないようなさまざまな問題を引き起こすわけだが、映画は、こうした教科書には記述されない問題もしっかりと記録している。この問題を取り上げたのは巨匠アンジェイ・ワイダで、『**ドイツの恋**』（83）は、若いポーランド兵捕虜と、独軍高官の妻（ハンナ・シグラ）との恋の顛末を描いている。

映画では、捕虜は絞首刑となり、女は収容所に入れられるが、戦後四十年経過してから、女の息子がことの真相を知るため生存者に話を聞いて回るという筋立てとなっている。ここでも誰が密告したのかが問われるが、真相ははっきりしないまま映画は終わる。

もともとワイダは、恋愛やサスペンスを描くのが得意な作家ではなく、その観点で見ると出来はイマイチなのだが、それにしてもあの時代、恋をするのも命がけで、一つの抵抗であったことを知らしめる映画であった。

核兵器の誕生と首脳会談

ドイツのロケット爆弾が不発に終わった後も、ドイツは核兵器の開発に最後の望みを託していた。しかしその頃アメリカでは、既に原爆の開発が最終段階に達していた。いわゆる「マンハッタン計画」だが、このプロジェクトは、ドイツからアメリカに亡命した二人のユダヤ人物理学者のアインシュタインへの直訴から始まった。この後アインシュタインがルーズベルトに開発を進言、国家プロジェクトに昇格する。それはヒトラーがポーランドに侵攻する二カ月前のことで、進言した学者を動かしたのは、ヒトラーが原爆を保有する前にアメリカがそれを持たねばならぬという信念だった。

この原爆開発秘話については、八七年にフランスで『**黙示録１９４５ ここに核の全てがある**』（監督アラン・イーストマン他共同）、八九年に米国で『**デイワン 最終兵器の覚醒**』（監督ジョーゼフ・サージェント、エミー賞受賞）、『**シャドー・メーカーズ**』（監督ローランド・ジャッフェ）というテレビドラマと映画がつくられている。いずれも原爆開発に関わった科学者テラー、ジラート、オッペンハイマー（ほぼすべてがユダヤ人）らの動きを追うと同時に、数々の実験の失敗や良心との葛藤に苦しむ学者たちの姿が生々しく描かれている。

映画からわかる第一のことは、原爆誕生はやはりユダヤ人迫害が契機となっていたということである。開発に携わった科学者はほとんどベルリンからの亡命者で、ナチはユダヤ人学者を迫害して逆に大量の頭脳流出を招くことになるのだ。

学者という存在は、たしかに一人一人は無力かもしれないが、彼らの小さな頭の中から地球を破壊してしまう〝火の玉〟が発明される事実を、肝に銘じるべきだ。原爆完成前にドイツは降伏し、その時点で投下の目的はなくなったはずだが、なぜ原爆が広島に投下されたか？　この疑問にも映画は答えている。

この時オッペンハイマーとテラーを除くほとんどの学者が投下に反対するが、責任者のグローブス将軍がそれを強力に推し進めるのだ。では何のために？　対日戦を早く終わらせ、米軍の犠牲を減らすというのが表向きの理由だが、実は莫大な金と時間をかけたので使わないではいられないというのが本音だった。〝お役所仕事〟極まれりとは、このことをいうのだろう。

また、スターリンに原爆を見せて威嚇するというのが軍部のいま一つの狙いだ。当時軍部は、ヤルタでスターリンに譲歩したルーズベルトに憤激していた。実際ポーランド問題におけるスターリンの強引さは米軍にとって許し難いものがあり、ヤルタの譲歩からポツダムでの攻勢に出るため、原爆という切り札を見せる必要があったのだ（これについてはＮＨＫ『**映像の世紀　第７集**』［95］に詳しい）。

なお、ヤルタ会談の後にルーズベルトは急死するが、このタイミングはいまだに首を傾げたくなる。

かくて四五年八月六日、原爆リトルボーイを積んだＢ29（エノラ・ゲイ）は広島上空に向かうが、この爆撃機にまつわる理不尽な物語については『**エノラ・ゲイ**』（80、監督デイヴィッド・ローウェル・リッチ）に描かれている。

連合軍のドイツ突入

ソ連軍に遅れを取っていた米軍も、

『レマゲン鉄橋』監督ジョン・ギラーミン、出演ジョージ・シーガル、ロバート・ヴォーン、ベン・ギャザラ、1968年

四五年三月にはライン川にかかるレマゲン鉄橋に辿り着く。これに対して独軍は橋の爆破を決断するが、米軍は機先を制してこの橋を確保した。この終盤の攻防を描いた戦争映画が、ジョン・ギラーミンの**『レマゲン鉄橋』**（68）だ。

この時までに、ドイツに入るすべての橋が爆破されており、この橋が残ったことは奇跡的だった。なぜこの橋は残ったのか。それはライン川の西方に五万以上の独軍が残留しており、彼らを逃がすために、司令官が橋の爆破を延期していたからだった。しかし米軍が橋に到達するに及んで、ついに爆破は決行されることになる。これを阻止しようと突き進むのが米の最前線部隊で、映画では橋の上で米独双方の部隊が死闘を演ずることになる。橋は結局爆破されるのだが、米軍が直前に爆薬の一部を撤去したため、橋は崩壊せずに済む。こうして連合軍は、ドイツ国内に悠々とトラックで進駐していくのだ。

この映画でも、虫けらのように死んでゆく最前線兵士と、決して死ぬことのない非情な司令官が描かれ、戦争でバカを見るのは前線の兵士であることが強調されていた。映画がつくられたのはヴェトナム戦争の時期で、この映画がヴェトナム戦争をかなり意識していたのは明らかだ。

パットン第三軍もマインツ占領後にライン川を渡り、ほぼ同時に英モントゴメリー軍がラインを渡河、続いてウェーゼル川も渡ってハンブルク方面へ進撃する。そして四月二十五日にホッジス中将率いる米第一軍がエルベ川に到達、そこでソ連軍と遭遇するのだ。有名な「エルベの邂逅」だ。この間パットン軍はフランクフルトに達してチェコへ進撃、プラハの西方でソ連との協定により進撃を停止する。南部では米第七軍がミュンヘンを制圧、この間ソ連軍はブダペスト、ウィーンを制圧してベルリン総攻撃を準備していた。

この連合軍のドイツ進撃を描いた映画は意外に少なく、**『バンド・オブ・ブラザース』**（2001）の第八話（監督トニー・トー）と第九話（デイヴィッド・フランケル）が思い浮かぶ程度だ。特に第九話では、連合軍兵士が普通のドイツ国民に出会って、一体何のために戦争してきたのか自問するシーンが登場する。廃墟の中で、ベートーヴェンのヴァイオリン協奏曲を演奏する市民の姿は、彼らが思い描いていたナチの姿とあまりにかけ離れていたからだ。

ほかにも連合軍兵士による略奪なども描かれ、何のための戦争であったのか、兵士たちが戸惑いを見せ始めた時に、偶然にもダッハウの収容所が発見されるのだ。兵士たちはその収容所の現実を見て、初めて自分たちが命をかけて戦ってきたことの意味を見いだすのだ。

映画で印象的なのは、死体処理を命じられたドイツの一般市民が、悔いの涙を流しながら死体を片づけるシーンだった。彼らは何も知らなかったのだ。

駆り出される少年兵

ドイツが敗色濃厚になると、ヒトラーはついに犯罪者や少年兵を戦争に駆り出すようになる。たとえば**『第27囚人戦車隊』**（86、監督ゴードン・ヘスラー）は犯罪者部隊のロシア戦線での活躍を描いたデンマーク映画だ。

少年部隊である「ヒトラー・ユーゲント」には、十代前半の少年が多数含まれていた。ちなみにヒトラーが写っている最後の映像は、この少年兵に閲兵した時のもので、映像からはヒトラーが病魔に冒されていたことが知れる。

このユーゲントを題材とした映画といえば、フォルカー・シュレンドルフの**『魔王』**（96）という映画が思い起こされる。「魔王」というのは、農村からユーゲント養成のために子どもをさらう男のあだ名だが、この男（ジョン・マルコヴィッチ）はフランス兵捕虜だった。

映画はユーゲントの養成学校（美しいドイツ貴族の城）の用務員となった魔王の数奇な運命と、攻撃を受けて炎上する城からの決死の脱出行を描いている。この脱出に際して魔王に命を助けられるのが、ユーゲントになりすましたユダヤ人の少年だ。

映画で語られているのは、純真な子どもを戦争の道具にしたため、ナチは神に罰せられたとする見解だ。もちろんここに登場する子どもが皆天使というわけではなく、中には小憎らしい子どもも登場するが、救いは、どんな子どもも大人にとっては愛すべき存在だ、というシュレンドルフの信念だろう。

戦中、ハリウッドでつくられた**『ヒトラーの子供たち』**（43、監督エドワード・ドミトリク）では、ユーゲントが改造ロボットとして登場する。映画はナチ将校の良心の葛藤を描いているが、ドラマの中でナチの優性思想に基づく不妊手術や人間改造教育が登場し、これがなんともカルト風の不気味な雰囲気を醸し出していた。もともとこの映画は、二本立て興業のB級低予算映画としてつくられたが、ハリウッドがリアルタイムでナチの情報を入手していたことがわかる映画だった。

ともあれ、連合軍は雪崩をうってドイツ国内に侵入していく。この進撃を阻止するために、故郷の橋を守ることを命じられた少年兵の悲劇を描いた傑作が、ベルンハルト・ヴィッキの**『橋』**（59）だった。この指令は、少年を前線に向けないために出された偽の指令なのだが、少年兵はその指令を真に受けて、橋を爆破しようとする味方のドイツ軍と戦い全滅するのだ。

この映画は、戦後公開された数少ないドイツ映画として、かつ戦争の不条理を描いた名作として日本でも高い評価を受け、何度かテレビで放映された。ちなみに筆者は小学生の時に偶然テレビで観たが、その時涙が止まらなかったのを覚えている。演じているのが少年なだけに、つい感情移入して観てしまったのだろう。そうしたことが巡り巡って、今このような文章を書いているのかもしれない。

ベルリン陥落、冷戦へ

一九四五年四月十六日、ルーズベルトが急死した八日後、ソ連軍はベルリンに総攻撃を仕掛け、五月二日ベルリンを陥落させる。

このベルリン陥落を描いた映画としては、たびたび触れたミハイル・チアウレリの**『ベルリン陥落』**（96、118頁参照）がある。これはソ連が三年がかりでつくった国家プロジェクト映画で、四九年にスターリン賞を受賞後、五六年のスターリン批判でお蔵入りとなった幻の映画だ。近年日本でDVD化された。

前半の教条的スターリン讃歌には辟易するが、後半の戦闘シーンはその後多くの戦争映画の手本とされた。ユーリー・オーゼロフの『**ヨーロッパの解放　第四部（ベルリン大攻防戦）**』（72）もこれを踏襲しているが、第四部での圧巻は市街戦の後にソ連兵が議事堂に赤旗を立てる瞬間だ。

ヒトラーの地下鉄水没指令により市民が溺れるシーンで、それをソ連兵が命がけで救出する様もヒロイックに描かれていた。しかし、実際にはソ連兵による略奪も横行し、議事堂に赤旗を立てたソ連兵の写真でも、兵士が二個の腕時計を身につけているのが確認されている。

ヒトラーは四月三十日、愛人エヴァ・ブラウンと自殺するが、彼の最後を描いた映画については第1章で何本か紹介した。

五月七日、デーニッツ敗戦処理内閣が無条件降伏する。ところが終戦後もそれを認めず、どこまでも戦い続ける兵士があちこちに出没した。

一人生き残った英国の潜水鑑員（ピーター・オトゥール）が、戦争終結後に小さなクレーン船でドイツの潜水艦を襲い、ともに沈没してしまう狂気を描いた『**マーフィの戦い**』（71、監督ピーター・イェーツ）は、そうした人間の業を描いた映画だ。

同様に、終戦とともにアメリカとソ連との〝喧嘩〟が始まってしまうのも、やはり人間の業というべきものだろうか。

そもそも米英とソ連との鍔迫《つばぜ》り合いは、半年前にチャーチルがモスクワを訪問した時から始まっていた。ソ連はロンドンに亡命したポーランド政府を認めようとせず、しかもソ連兵によるポーランド兵の虐殺事件（カチンの森事件）が表面化、チャーチルを激高させるのだ。

その後、四四年二月のヤルタ会談におけるスターリンの高飛車な態度は、対立に拍車をかけた。ルーズベルト亡き後、トルーマンとアメリカの軍部は、ヒトラー後の照準を早速スターリンに定めることになる。

やがて「冷戦」と呼ばれる新たな戦いが始まることを予言した映画は、カール・フォアマンの『**勝利者**』（63）だ。この映画は、陥落後のベルリンで、酔った米兵とソ連兵が些細なことで喧嘩を始め、ナイフで差し違えて息絶える様を描いている。これなどは、まさに人間の愚かさをとことん突きつめた映画だといえるだろう。

悲しいかな人間は、決して戦争をやめることはないのである。

IV

ホロコーストと戦後

第18章 ホロコースト

「ユダヤ人の大量虐殺」をさす「ホロコースト」。それはどのように用意され、実行されたのか。「アウシュビッツ」の名を世界に知らしめたアラン・レネの記録映画『夜と霧』、「ホロコースト」という言葉を定着させた同名のテレビドラマほか、最近にいたるまでさまざまな映像が、この問題にアプローチしている。

ドイツは敗北し、ナチは滅んだ。その後連合軍は、ドイツを含めたナチの占領地帯を支配下に置き、各地の収容所を解放する。そしてそこで、この世の地獄ともいうべき光景を目の当たりにする。それは大量殺戮によって積み上げられた死体の山だった……。

というわけで、この章では映画に描かれたホロコーストについてみていくことにする。これについては書くのも気が重いのだが、しかしまた、これを素通りするわけにもいかないだろう。

「最終解決」を決定した会議

ナチの言葉によるところの「ユダヤ人問題の最終解決」は、第二次大戦が始まった一九三九年に、既にヒトラーによって宣言されていた。その後各地でユダヤ人虐殺が横行するが、大量虐殺に関する具体的な方策が決定したのは、四二年一月二十日に開催されたヴァンゼー会議においてである。ヴァンゼーはベルリン近郊にある美しい湖畔の町だ。

このヴァンゼー会議の模様を映像化したものが西独のテレビ局でつくられ、日本で放映されたことがあった（八四年『ヴァンゼー会議』）。これはドラマ仕立てのドキュメンタリーなのだが、ナチの実務官僚と博士号を持つ学者たちが高級車で会議場に乗り入れるところから始まる。一同がテーブルにつくと、早速高級ディナーが運ばれて何気ない会話が交わされるが、それは主にワインや食材などホロコーストとは関係のない話題ばかりだ。

あらかじめつくられていた絶滅計画書に対する反対意見もなく、極めて簡単に「最終解決」が決定され、参列者は何事もなかったように去ってゆく。そこには少しの良心の呵責もなく、ただ食事という日常の時間が流れただけだ。しかしこの映画は、ある意味で生血が流れるホラー映画よりも不気味だった。そこで明らかにされることは、「最終解決」の決定は食事の味覚よりも軽かった、という事実なのだ。おそらく戦争プランの多くは、こうした環境の中で発案されるのだろう。

スタンリー・キューブリックが、カーク・ダグラス主演で撮った『**突撃**』（57）にも、これと似たシーンが登場する。舞台は第一次大戦だが、軍の高官は談笑しながら食事をし、そこで無謀な突撃計画を立案するのだ。そのためにたくさんの命が消えるが、最後に責任は小隊長に課せられ、連隊長であるカーク・ダグラスの弁護も空しく、小隊長は銃殺刑に処せられる。

今世紀に入って、このヴァンゼー会議の模様を現存する議事録（ただし偽書説あり）に基づいて再現したTVドラマも公開された。『**謀議**』（2001、監督フランク・ピアソン）がそれで、会議が、議長を務めた親衛隊のハイドリヒによって主導され、反対意見が完全に黙殺された経過が描かれている。

そしてこの会議を見事にスタンバイしたのが、後にアルゼンチンに逃れて捕まり、イスラエルで裁かれることになるアイヒマンだったのだ。

人類の汚点、ナチ収容所

ナチによってつくられた強制収容所は、ヨーロッパに二五〇〇くらいあったようだ。初めは強制労働と処刑を行なう施設で、障害者、犯罪者や共産党員が収容されていた。やがて捕虜やパルチザン、そしてユダヤ人を収容するようになり、虐殺工場と化していく。同性愛者も収容されたが、これについては『**ベント 堕ちた饗宴**』（97、監督ショーン・マサイアス）にその悲劇が描かれている。

スピルバーグの『**シンドラーのリスト**』（93）は労働収容所の物語だ。舞台はポーランドのクラクフにあるプワシュフ収容所で、ここに収容された一二〇〇人のユダヤ人は、手に技術を持っていたため生き延びることができた。ほかに赤十字に見せるためのテレジン収容所（チェコ）があり、これについては『**ナチ収容所の素敵な生活**』（64、監督ミハエル・ボーンカンプ）という記録映画がつくられている。

絶滅のための殺戮工場としては、ポーランドのトレブリンカ、マイダネクなどがあったが、最も有名なのはアウシュビッツとその隣にあるビルケナウで、ここにはヨーロッパ全土からユダヤ人が殺されるために集められた。

収容所長ルドルフ・ヘスによれば、ここで虐殺されたユダヤ人の数は二五〇万人で、ニュルンベルク裁判では四〇〇万と算定された。現在は一五〇万と算定されている。ここで生き残ったのは約七〇〇〇人だが、それは主に強制労働に耐えられる体力頑強な男と下働きを担当するカポーたちだった。カポーの中には、メイド、死体処理人などがいたが、中にはクラシックを演奏する音楽家が含まれていた。子どもはほとんど死んだが、皮肉なことに、メンゲレ博士によって人体実験を施された双子は生き延びることができた。

二〇〇一年、ハーヴェイ・カイテル（ユダヤ系）が製作出演した『**灰の記憶**』（監督ティム・ブレイク・ネルソン）は、ここでの死体処理人たち（ゾンダーコマンド）の絶望的な反逆を描いた映画だ。実際に人体実験を手伝わされたハンガリーのユダヤ人医師の回想によって構成されており、その死体処理工場の即物的な映像は、正視に耐えがたいものであった。登場人物は死体処理により四カ月の延命を図るより、反逆（焼却炉破壊）による死を選択するのだ。

なおアウシュビッツの名前は今でこそ誰でも知っているが、世界的に知られるようになるのはかなり後のことだった。残虐行為を写した写真などはあらかた処分され、全貌が明らかとなるのに時間を要したからだ。かろうじて残った写真の中には、パルチザンとの連絡によって写されたものもあった。

アウシュビッツを描いた劇映画で最も古いのは、お膝元のポーランドでつくられた『**アウシュウィッツの女囚**』（48）という映画で、ここでは収容所内で抵抗組織が形成される様が描かれている。これを撮ったワンダ・ヤクボフスカは、戦中はアウシュビッツに収容され、移送によって生き延びた経歴を持つ人だった。

衝撃を伝えた『夜と霧』

アウシュビッツの衝撃を世界中に知らしめることになった最も重要な映画とは何か。そう問われれば、アラン・レネの記録映画『**夜と霧**』（55）と答えるのが普通だろう。

そもそもアウシュビッツの夜は霧に包まれている。そしてこの映画も霧から始まる。しかし題名の「夜と霧」は、四一年十二月にフランスで

『夜と霧』監督アラン・レネ、1955年

出された政令の名前だった。この政令によりフランス国内のユダヤ人が収容所に送られたのだが、レネはそれを借用したのである。その後アウシュビッツに収容された精神医学者フランクルの収容所体験記の邦題が『夜と霧』という名で出版され、日本でもこの言葉は広く知られるようになる。

この記録映画には声高なメッセージはない。脚本は詩的でナレーションは静かだ。映像も影絵のようで、霧に包まれたアウシュビッツの塀のパンニングから始まり、記録写真に残ったアウシュビッツの出来事が淡々とモノクロで映し出されていく。

骨と皮となった死体の山、シャワー室の爪の後、髪の毛で作られた絨毯、脂肪で製造された石鹸……エトセトラ。まるで脳の奥底に沈殿した記憶を掘り起こすがごとく、かさぶたを剥がして古傷を晒してゆくのがレネの手法だった。

この作品は、フルシチョフのスターリン批判が行なわれた五六年に公開されている。当時フランスはインドシナから撤退を余儀なくされながらも、アフリカでは相変わらず帝国主義的政策を押しつけている最中だった。このような情勢下、〝政治映画〟はド・ゴールの文化統制によって厳しく規制され、五〇年代後半にはヌーヴェル・ヴァーグの若手による感覚映画がスクリーンを占拠するようになる。

これに対しレネは、その後も意欲的に政治映画を発表し続けた。広島を扱った**『二十四時間の情事』**(59)、アルジェリアを扱った**『ミュリエル』**(63)、職業革命家を題材とした**『戦争は終った』**(65)などだ。これらの映画で彼が狙ったことは、いかに流れる意識を静止させて日常性を超克し、観ることを主体化していくかという実験だった。

もともとレネは記録映画作家として登場したが、彼を映画の世界に導いたのは、大戦中やはりドランシーで収容所生活を送っていた製作者ピエール・ブロンベルジュだった。彼の下でゴッホやゴーギャンなどの美術短編を製作していたところ、ワルシャワ生まれの製作者アナトール・ドーマンに目をつけられ、これらの政治映画をつくることになる。その後彼は、ヌーヴェル・ヴァーグの映画作家が依拠した「カイエ派」(映画雑誌の名前)とは一線を画し、「セーヌ左岸派」(交流場所)の頭目として一時代を築くことになる。

『夜と霧』の衝撃は、その後多くのドキュメンタリーの亜流作品を生むに至る。西独でつくられた**『ニュルンベルクの戦犯　13階段への道』**(57、監督フェリックス・フォン・ポドマニツキー)や、**『我が闘争』**(60、監督エルヴィン・ライザー)などがそれだ。

「ホロコースト」という言葉

今でこそナチの大量虐殺をさす言葉として「ホロコースト」という言葉を使うが、この言葉が一般化したのは八〇年以降のことだった。七八年にNBCが放映したTVドラマ**『ホロコースト　戦争と家族』**がそのきっかけで、それまでは「ジェノサイド」という言葉が多く使用されていた。

たとえば、八一年のアカデミー長編ドキュメンタリー賞を受賞したアーノルド・シュワルツマンの記録映画も**『ジェノサイド』**という言葉を使っている。これはニュルンベルク裁判を企画したラファエル・レムキンが四四年に使用した造語で、ギリシャ語の〈民族〉とラテン語の〈殺害〉を繋げた言葉だった。しかし、この言葉をユダヤ人虐殺に特定して使用するのはふさわしくないということで、ユダヤ教の祭儀における獣の丸焼きを意味する「ホロコースト」という言葉が当てられたのだ。

ところで七〇年代後半といえば、ドイツで「ネオナチ」と呼称される諸団体が、活動を始めた時期だった。石油ショック後の不況で若者の失業が増大し、彼らが出稼ぎのトルコ系移民を襲撃するという事件が多発した。また、第四次中東戦争の影響下、アメリカではシオニストが積極的な広報活動を展開した時代でもあった。

おそらくそうしたことが、このドラマをつくらせる契機となったのだろう。予期に反してこのドラマは、平均三〇パーセントという高視聴率を獲得する。その後西独でも公開され、これがまたたいへんな反響を呼んだ。それまであまり知られていなかった障害者の虐殺実験やテレジン収容所の実態などが紹介されていたからだ。

監督はマーヴィン・J・チョムスキーというディレクターで、七六年に『**エンテベの勝利**』というシオニズム映画をつくり、七七年にはアレックス・ヘイリーの黒人大河小説『**ルーツ**』のテレビドラマ化でエミー賞を受賞した人だった。

このドラマは、ヴァイスというベルリンに住むユダヤ人医師家族が遭遇する悲劇を描いているが、さまざまなことを考えさせる構成となっていた。たとえば逃げる金もあったヴァイス家が、なぜ逃げなかったかという問題だ。答えは、誰もその時が来るまで、ナチによる絶滅のシナリオを信じていなかったからである。特に祖父は、第一次大戦で勲章を貰った戦歴があり、自分の運命が死ぬ時まで信じられなかった。一方その時が来た時、ユダヤ人はまったく抵抗せずに死んでいった。叫びもせず、まるで屠殺される羊（ホロコースト）のように。それはなぜなのか……。

ドラマでは一人逃亡してパルチザンに加盟した次男が生き残り、戦後イスラエルに向かう。イスラエルの独立を勝ち取ったのは、こうした生き残ったわずかの人たちの集団だったのだ。またハイドリヒの右腕として活躍した法律家（モデルはオットー・オーレンドルフ）の家族のエピソードも興味深い。ドイツの極めて普通の役人が、どうしてあのような虐殺に加担できたのか。

その答えは、ぜひビデオを観て考えていただきたい、としかいいようがない。

さまざまな収容所映画

それにしても、ナチの収容所を舞台とした映画は、過去にどれだけつくられてきたのだろうか。この本でも既に数多く紹介してきたが、それが相当な数に上ることだけは間違いない。

これから紹介する作品の多くは、現在観ることが不可能な作品ばかりである。観ることのできない作品を取り上げても意味がないという向きもあろうが、それはＤＶＤ化を期待してのことだ。

まず資料をひもとくと、いわゆるホロコースト映画の制作には、過去二度ほど山があったことがわかる。

一つは五〇年代後半から六〇年代にかけて、雪解け後、再度冷戦が激化し、東西ドイツ間の緊張が高まった時期だ。西独で反ユダヤ暴動（六〇年）が起こり、ベルリンの壁（六一年）がつくられたのがこの時期だった。二度目の山は八〇年代後半から九〇年代にかけて起こるが、この時はドイツでネオ・ナチが、アメリカでも反ユダヤ主義団体の活動が活性化した。

まず六〇年代前後だが、この時には主に東欧諸国で収容所映画がたくさんつくられている。たとえばユーゴスラビアでは『**第９女収容所**』（60、監督フランツェ・シュティグリッチ）という映画がつくられるが、これは収容所に入れられたユダヤ人妻を助けようとして死んでゆく男の話のようだ。また六二年には、東独で『**裸で狼の群のなかに**』（監督フランク・バイヤー）という映画がつくられているが、こちらのほうは、収容所に連れ込まれた赤ん坊を囚人たちが命がけで守る話らしい。また、ポーランドのワンダ・ヤクボフスカも、六四年に再度収容所内の反乱を描いた『**ショック地帯**』を発表、アウシュビッツの生き残りとしての存在価値を示した。このほかポーランドでは、五七年に『**戦争の真の終り**』（監督イエジー・カワレロウィッチ）、六一年に『**パサジェルカ**』（監督アンジェイ・ムンク）という名作がつくられるが、この二つの作品については後でまた触れよう（190頁〜参照）。

一方、八〇年代のホロコースト映画は、主に西側諸国で数多くつくられている。アラン・Ｊ・パクラの『**ソフィーの選択**』（82）、クロード・ランズマンの『**ショアー**』（85）などだが、この両作品はＤＶＤ化さ

『パサジェルカ』監督アンジェイ・ムンク、出演アレクサンドラ・シュロンスカ、アンナ・チェピェレフスカ、ヤン・クレチマル、1961年、191頁参照

れており、やはり後でまた触れる。

二一世紀に入っても、ホロコースト映画は毎年のようにつくられている。二〇〇二年の六月、第十回「フランス映画祭横浜二〇〇二」で最も注目されたのは、アメリカからフランスに戻ったコスタ・ガブラスの『**アーメン**』だった。

この映画は、収容所内でのユダヤ人虐殺を目撃した親衛隊員の良心の葛藤を描いた作品で、ついにホロコースト映画は、親衛隊員の内面の苦しみを描くに至る。しかも主人公の顔の表情だけで残虐なシーンを表現するという手法は、観客を二度驚かせた。同時に、映画では戦中は沈黙し、戦後はナチ戦犯を南米に逃がしたカトリック教会の責任が、容赦なく追及されていた。

第19章

二つの民族の戦後

「二つの民族」とは、ナチによって大量虐殺されたユダヤ民族と敗戦国であるドイツ民族のこと。生き残ったものの、かつての居住地では生きていけなくなった多くのユダヤ人が、パレスチナに向かい、イスラエル建国を目指す。一方、瓦礫と化したドイツの都市では、多くの未亡人や戦災孤児が残されていた。

・迫り来るソ連兵によって、独軍がアウシュビッツを放棄したのは一九四五年一月二十六日のことだった。翌日アウシュビッツは解放されるが、生き残った人々がすぐに故郷に帰れたわけではなかった。戦争はまだ続いていたし、ソ連も生還者を帰国させるだけの態勢が整っていなかったからだ。

そのため解放された人々は各地を転々とし、その間に飢えて死ぬ者が何人も出た。何カ月もかかって、ようやく身を落ち着かせることができる場所に辿り着くのである。

命がけで故郷を目指す旅

イタリアのトリノ出身のユダヤ系化学者プリーモ・レヴィも、アウシュビッツからポーランドのクラクフへ移動し、その後各地を転々とし、ベラルーシのミンスクにある難民収容施設に辿り着く。この収容所は主にユダヤ難民を収容する施設で、集まった難民の多くはオデッサに向かい、船でパレスチナを目指した（なおこのミンスクというのは、オデッサと並ぶロシア帝国のユダヤ人センターの一つで、MGM創業者ルイス・B・メイヤーもミンスク出身だった）。

しかしプリーモ・レヴィのようなイタリア系ユダヤ人には、帰還する場所は故郷以外に考えられなかった。彼はそこで数カ月暮らし、やっと汽車に乗って自宅があるミラノに辿り着く。

後にレヴィは作家となって、自らのアウシュビッツ体験を綴った『これが人間ですか』（邦題『アウシュビッツは終わらない』）を上梓する。この作品は世界的に有名となり、日本でも多くの読者を獲得した。続いて彼は、アウシュビッツからミラノに至る行程を本にまとめ『休戦』という題名で出版した。それを映画化したのが、フランチェスコ・ロージの『**遙かなる帰郷**』（96）という映画だった。

これは一種の「ロードムービー」で、人間に宿る帰巣本能を見事映像化した作品だった。アウシュビッツから解放された主人公が、各地を転々としながら故郷に辿り着くだけの話なのだが、観ている誰もが、知らぬ間に、一緒になってミラノを目指している自分に気づくのだ。しかも現実は命がけの旅なのだが、それがなんとも牧歌的に感じられるのは、旅が希望の行程だったからだろう。

映画でプリーモ・レヴィを演じたのは、『**バートン・フィンク**』（91、監督ジョエル・コーエン、ユダヤ系）でカンヌ映画祭主演男優賞を受賞したジョン・タトゥーロで、彼はなぜか映画で何度もユダヤ人の役を演じたので、ユダヤ人と誤解されたイタリア系の俳優だった。

ところで、プリーモ・レヴィについては後日談がある。アウシュビッツ生還者としてその体験を綴り、作家として成功を遂げたプリーモ・レヴィが、生還から四十年以上経過した一九八七年に、自宅エレベーターホールから投身自殺を図り死亡したのだ。

二〇〇三年のNHK・ETV特集『**アウシュビッツの証言者はなぜ自殺したか**』は、作家のソ・キョン・シクの案内で、この謎を追ったドキュメンタリーだった。しかし残念ながら、真相を解明できないままに特集は終わっている。

解放後も自由は遠く

プリーモ・レヴィはイタリアに帰ったが、一度地獄を見てしまったドイツ東欧のユダヤ人にとって、もはや故郷は生きてゆく地とはなり得なかった。かくて解放されたユダヤ人は、特別な許可でアメリカへ移住できる場合を除いて、「約束の地」パレスチナを目指すこととなる。

ヨーロッパのユダヤ人がパレスチナへ移住する運動（シオニズム）が始まったのは、一九世紀末のことで、一般にはドレフュス事件をきっかけに、ウィーンのジャーナリストのテオドール・ヘルツルが始めたとされている。

しかしそれより前に、実はロシアのユダヤ人がパレスチナ移住を開始していた。これを「アリアー運動」

というが、そのきっかけはロシアにおけるユダヤ人迫害（ポグロム）であった。一九世紀末のポグロムは、ロシア系ユダヤ人の大規模なアメリカ移住（これについてはノーマン・ジェイソンの『**屋根の上のバイオリン弾き**』［71］をみよ）をひき起こしたが、同時に黒海経由でパレスチナに向かう動きを誘発した。しかしこの時の移住は数が少なかったため、アラブ人と摩擦を引き起こすことはなかった。

ところが第二次大戦におけるユダヤ人の移住は、それこそ莫大な数だったため、アラブ人との間に激しい衝突を惹起するのだ。

当時パレスチナを委任統治していた英国政府は、最初は静観の構えだったが、終戦後はユダヤ人の移住を制限する。

こうした状況下、イスラエルに向かうユダヤ人の旅が始まるが、この物語を映像化したドキュメンタリーが九七年にアメリカで制作された。独立プロ、モライア・フィルムズの『**ロング・ウェイ・ホーム　遙かなる故郷　イスラエル建国の道**』（97、監督マーク・ジョナサン・ハリス）がそれで、その年のアカデミー最優秀長編ドキュメンタリー賞を受賞した。

映画は解放直後のダッハウ収容所を写した貴重なフィルムから始まるが、ユダヤ人にとって解放は必ずしも自由の獲得には繋がらなかったのだ。たとえば解放後の一週間で、一〇〇〇人近い人間が病気と急激な食べ過ぎによって死んだのである。また故郷の家は既になく、戦後も各地でユダヤ人襲撃事件が発生する。

彼らは施設を転々とするが、この間パレスチナへの移住は禁止され、彼らは狭いキャンプの中で希望のない生活を強いられることになる。やがて非合法な手段でパレスチナを目指す者が出てくるが、これら難民を乗せた船がハイファの港に着いても上陸が許可されず、再びキャンプに送還されるという悲劇が発生した。こうした経緯を経て、ついに独立闘争が展開されていくのだ。

監督のマーク・ジョナサン・ハリスは、二〇〇〇年にも『**ホロコースト：救出された子供たち**』という記録映画でアカデミー賞を再度受賞する。こちらは、ナチの迫害によって英国に里子に出された一万人の子どもたちの苦難の人生を綴った映画だった。

イスラエルの独立

大戦前の迫害期にパレスチナに向

かったユダヤ人の中には裕福な者も多く、彼らはアラブ人から土地を買って平和裏にパレスチナに移住していた。こうした人々がもし欧州に残っていたならば、ほとんど死んでいたと思われる。

しかし戦中、あるいは戦後すぐパレスチナに向かったユダヤ人は、それこそ死線を潜り抜け、やっと生き残った人たちだった。中にはパルチザンの闘士もおり、彼らには生き残るためには武力闘争も辞さない逞しさがあった。テレビドラマ『**ホロコースト　戦争と家族**』（78、監督マーヴィン・J・チョムスキー）でただ一人生き残るヴァイス家の次男は、まさにそうした人間の一人だった。

これらの人々は、アラブ人の攻撃に対しては果敢に武力で応じ、英国がユダヤ人の移住を制限すると、早速独立闘争を展開していく。こうしてイスラエルの独立というまったく新しい物語が誕生していくのだ。

イスラエルの独立を描いた映画といえば、もちろん本国イスラエルで相当数の映画がつくられていると思うが、これらの映画は日本では観ることができない。結局アメリカ映画ということになるが、ハリウッドでイスラエルの独立を描いた映画が盛んにつくられたのは、第二次から三次にかけた中東戦争の時期であった。

その決定版は、ポール・ニューマン（ユダヤ系）が主演した『**栄光への脱出**』（60、監督オットー・プレミンジャー、ユダヤ系）だ。原作のレオン・ユーリスと音楽のアーネス

『栄光への脱出』監督オットー・プレミンジャー、
出演ポール・ニューマン、エヴァ・マリー・セイント、1960年

『山河遥かなり』監督フレッド・ジンネマン、
出演モンゴメリー・クリフト、1947年

ト・ゴールドもユダヤ系だ。

この映画は二段構成となっており、前半は英軍管理下のキプロス島の収容所から、難民が老朽船エクソダス号に乗り、数々の困難に遭遇しながらパレスチナに辿り着き、晴れて大地に接吻するというもの。後半はこれらの難民が反英闘争を展開しながらイスラエルの独立を勝ち取り、続いてアラブ人との戦いに突入していく有様が描かれている。

映画の意図は明らかで、中東戦争でアメリカはイスラエルを支持しなければならない、とするメッセージとなっていた。映画では、アメリカ人看護婦（エヴァ・マリー・セイント）がユダヤ人の惨状に接して独立援助を決意するシークエンスが準備されているが、この脚本を書いたのはマッカーシズムの追放で地下に潜行していたダルトン・トランボだった。彼はこの映画では堂々と実名を名乗ることになる（ただしトランボはユダヤ系ではない）。

同じく**『巨大なる戦場』**（65、監督メルヴィル・シェイヴルソン）は、イスラエルの独立のために戦って死んだ米軍退役軍人デイヴィッド・マーカスの物語だ。彼は休戦協定発効の七時間前に死ぬが、このマーカスを演じたのは戦後のハリウッドのユダヤ系スター、カーク・ダグラス。彼は自らプロデュースした映画**『スパルタカス』**（60、監督スタンリー・キューブリック、ユダヤ系）で、偽名を使って地下に潜行していたトランボに初めて実名を名乗らせた俳優でもあった。

さらに六五年にはソフィア・ローレン主演で『**栄光の丘**』（監督ダニエル・マン、ユダヤ系）がつくられるが、これもイスラエル独立の重要性を訴えたプロパガンダ映画だった。

哀れなる戦争孤児

収容所から解放された者の中には、身寄りのない子どもがたくさんいた。彼らは大人のように故郷に帰ったり、イスラエルを目指すことはなかった。

映画理論家ベラ・バラージュ（ユダヤ系）のシナリオによる『**ヨーロッパの何処かで**』（48、監督ゲザ・フォン・ラドヴァニュイ）は、そうした戦争孤児が集まってつくった共同社会が、大人によって破壊される様を叙情的に描いた映画だ。

後に「アカデミー賞男」の異名を取ることになるフレッド・ジンネマンも、四七年に『**山河遙かなり**』という戦争孤児の映画を撮影している。これはジンネマンが最初にアカデミー賞にノミネートされた映画で、難民キャンプに連れてこられた少年が、脱走して飢えかかったところを米兵（モンゴメリー・クリフト）に助けられ、最後は母親と再会を果たすという物語だ。

この映画の舞台は、やはり瓦礫の山となったミュンヘンで、映画には実際に収容所から出てきたユダヤ人の子どもが出演した。そのため撮影には異様な緊張が走ったと伝えられている。演技の最中に記憶がフラッシュバックし、子どもたちが恐怖に戦き、撮影が止まる事態がしばしば発生したのだ。これは映画にも盛り込まれ、主人公の少年が脱走するきっかけが、赤十字のマークを見た瞬間だというシークエンスは、そこから思いついたものだった。

なおジンネマンはウィーン生まれで、戦前にアメリカに亡命、戦中にハリウッドで劇映画デビューを飾った。この映画を撮る前にも、収容所から脱走を扱った『**第七の十字架**』（44）という作品を発表している。

戦争孤児といえば、ユダヤ人だけが戦争孤児となったわけではない。それを遙かに上回るドイツ人の子どもが戦争孤児となった。

これについては、あのロッセリーニが、戦後間もなくベルリンに赴いて『**ドイツ零年**』（47）という傑作を残している。ただしこの映画の主人公は孤児ではなく、孤児と関わる平均的なドイツ人一家の次男坊だ。

母は空襲で死に、父は病気で寝たきりだった。兄は独軍兵士だったため身を隠し、姉は米兵から貰った煙草を売って小銭を稼いでいた。食糧キップは三人分しかなく、少年が墓掘りをやって小銭を稼ごうとするがうまくいかない。そしてナチの生き残りに唆《そそのか》され、ついに少年は父に毒を盛ってしまう。

かくて家にいられなくなった少年は、廃墟をあてどなく彷徨い、やがて瓦礫の中に暮らす戦争孤児の群れと出くわすことになる。彼らはあらゆる犯罪に手を染めて生きていた。少年は彼らの仲間になるが、彼らの逞しさはなく、最後は自ら命を絶つことになる。

映画は、まだ破壊の跡が生々しいベルリンにおける人心の荒廃を描いていたが、同時に撮影直前に死んだロッセリーニの長男に対するレクイエムともなっていた。

女たちの悲しい戦後

ドイツでは、戦後映画産業がしばらく連合軍の管理下に置かれた。五〇年代に自国映画が復興し、ドイツ国民の視点に立った戦争映画が制作されようになる。

この中には帰還できない戦争捕虜の苦闘を描いた『**スターリングラードからの医者**』（58、監督ゲザ・フォン・ラドヴァニュイ）などの名作があった。しかしこれらの映画のほとんどは、男の視点に立った戦争映画だった。

やがてテレビの普及で観客数が激減し、ドイツ映画は長い低迷に陥っていく。七〇年代に入り、ようやく「ニュージャーマンシネマ」と称される若者の台頭が見られるようになるが、この時初めて女の視点に立った戦争映画がつくられるようになる。

こうした映画の中でいち早く国際市場に躍り出たのが、七八年の『**マリア・ブラウンの結婚**』（監督ライナー・ヴェルナー・ファスビンダー）で、これは敗戦で傷ついたドイツの戦後を、一人の女の生き様を通して描いた映画だった。

結婚式の後、わずか一夜で夫を東部戦線に送り出したマリア（ハンナ・シグラ）は、戦後はＧＩバーに勤め、黒人兵の愛人となって暮らす。そこへ夫が帰還し、マリアはその場で黒人兵を殺してしまう。彼女の罪をかぶって夫は入獄、その後マリアは実業家の愛人となって夫の出獄を待つが、実業家は出獄を条件にマリアの前に現われないよう夫と取引をする。そして実業家の死後、マリアと夫は再会を果たすが、直後マリアは自殺。

『マリア・ブラウンの結婚』監督ライナー・ウェルナー・ファスビンダー、1978年

八〇年の『**ドイツ。青ざめた母**』（監督ヘルマ・サンダース・ブラームス）も戦争によって夫婦が引き裂かれ、ついには夫婦関係が完全崩壊してしまう悲劇を描いた映画だ。

一般に戦争によって引き裂かれた男女を描いた映画は、それによって絆が深まるように描かれるのが普通だが、ドイツではその逆を描く映画が多い。これはナチに傾倒した過去に対する負い目からだろうか。

これに対し、再会後に以前にも増して絆が深まった純愛を描いたのは、八八年の『**秋のミルク**』（監督ヨーゼフ・フィルスマイヤー）で、この映画では、バイエルンの農家に嫁いだ主人公が、夫の出征後、継母に徹底的にいじめ抜かれた挙げ句、最後は帰還した夫と幸せを掴むまでを描いている。

この映画はドイツの農民の生活を丹念に描写しており、ナチによる農村支配の実態も描かれるが、この夫婦の場合は、ナチズムにまったく無関心な夫婦だった。

同じ監督がメガホンを取った『**カティの愛した人**』（91）の場合は、もう少し事情が複雑だ。主人公のカティ（ダーナ・ヴァブロヴァ）は、姉が黒人兵の愛人となる中、殊勝にも夫の帰りを待ち続ける。その後米兵にレイプされそうになったところを夫の戦友に助けられ、やがてカティはその男と愛し合うようになり結婚する。が、そこへ昔の夫が現われて……。

ともあれ、ドイツの女が戦争の傷から癒えるには、戦後何十年も要したのである。

第20章 それでも「ナチ」は滅びない

戦争責任はどのように問われるべきか。この問題がもたらす題材についても映画は果敢に挑戦している。ナチを裁いた『ニュールンベルグ裁判』、ドキュメンタリーの常識を覆した『ショアー』、イスラエルのプロパガンダを暴く『スペシャリスト』、そして反ユダヤ主義と戦う映画など、問題作を取り上げる。

ドイツの戦後処理といえば、孤児の保護のほか、道路の補修や物資補給、治安回復などいろいろあったが、最も優先されたのは戦争犯罪人をいかに裁くかということだった。これについては終戦直後の四五年八月、ニュルンベルクに国際軍事裁判所が設置される（開廷十一月二十日）。

戦犯をいかに裁くか

この有名な裁判については、五七年に西独で『**ニュルンベルクの戦犯13階段への道**』（監督フェリックス・フォン・ポドマニツキー）という映画がつくられている。ここではゲーリングを筆頭とするナチの大物の裁判フィルムが流されたが、同年、アメリカからこの裁判を題材とした三時間に及ぶ劇映画が送り出されてくる。しかもそれはゲーリングを裁いた軍事裁判の後に行なわれた二次裁判を題材とした映画だった。

この大衆受けしそうもない題材を劇映画にしたのは、リベラル派の旗手スタンリー・クレイマーだ。このハリウッド版『**ニュールンベルグ裁判**』（61）は、さまざまな問題提起がなされている映画だった。

映画では、第一に戦勝国であれば敗戦国を裁くことができるのか、という問いかけがなされている。特に戦争犯罪についていえば、英仏ともに帝国主義の侵略という前史を持っており、アメリカも広島、長崎への原爆投下という罪があって、一筋縄ではいかない。

また、たまたま時代の流れで戦争を遂行する体制の側にいた高潔な人格の士を、戦争犯罪者として裁けるのかという問題も問われていた。映画で被告となった司法大臣（バート・ランカスター）は、立場上法に従っただけであり、ヒトラーに抵抗しなかった点ではローマ法王にも同

『ニュールンベルク裁判』監督スタンリー・クレイマー、
出演バート・ランカスター、スペンサー・トレーシー、1961年

様の責任があるというのだ。

これに加え、ナチの罪を一般のドイツ人に帰せることができるかという責任範囲論の問題も提示されていた。映画では、ディートリッヒ演ずる傍聴人が、裁判長（スペンサー・トレーシー）をオペラに案内し、現実のドイツ人は悪魔ではなく、洗練された文化を持った民族だと訴える。司法大臣もそうしたドイツ人の一人であり、彼を有罪にするのはドイツ国民すべてを有罪とするようなものだというのだ。

とはいえ、この映画の狙いは、あくまでナチの戦争犯罪の再確認というところにあったろう。この事実が時の流れとともに風化してゆくことに対して、映画は警告を発していたのだ。

特に裁判の途中にチェコで共産党のクーデターが起こり、ドイツ国民を味方につけるために被告を無罪に誘導するよう米軍から圧力がかかるシークエンスは重要だ。ソ連と戦うために、ナチ戦犯の追及の手を緩めよというのである。しかし、この圧力に屈せず、裁判官は被告を有罪にする。ナチの犯罪が、冷戦という政治的環境の変化に左右されてはならないと作者は訴えたかったのだろう。

実際この映画がつくられた時点（裁判から十年以上経過）では、映画で有罪となった登場人物はほとんど釈放されていたのだ。そしてこの映画がつくられた時期は、アメリカでマッカーシズムの嵐が終焉を迎えた時期で、イスラエルでも、有名なアイヒマン裁判が行なわれていた時期だったのである。

ナチの残党を追え

戦争直後、バイエルン軍司令官に着任したパットンは、元ナチの地方政治家をほとんど追放せず、ドイツの復旧を彼らに任せた。早急な復興を図るためには彼らが必要というのが彼の持論で、ほかにも反ユダヤ的言動のために彼は職を解かれ、四五年冬には自動車事故で死んでしまう。

この経緯は八五年の**『パットン将軍最後の日々』**（監督デルバート・マン、ユダヤ系）に描かれている。実際ナチの残党が、戦後何食わぬ顔で生き延びたケースはたくさんあった。そこでナチの生き残りを追跡するドラマが、たくさんつくられることになる。

戦後間もない四五年には、エドワード・ドミトリクが**『影を追う男』**でこのテーマを扱っていた。これは元ナチを南米まで追跡していく男の話だ。またアーチー・L・メイヨの**『マルクス捕物帖　カサブランカの一夜』**（46）は、カサブランカにいるナチの残党をマルクス兄弟が倒すドタバタコメディだった。

参戦前に**『市民ケーン』**（41）で鮮烈なデビューを飾り、お偉方に嫌われて戦中は早くも干されていたオーソン・ウェルズは、戦後すぐに**『ストレンジャー』**（46）というサスペンス映画をつくっている。これはウェルズ演じるナチの残党を、政府の戦犯捜査官（エドワード・G・ロビンソン、ユダヤ系）が追い詰める話だ。

映画ではナチの生き残りがアメリカの田舎町で判事の娘（ロレッタ・ヤング）と結婚しており、女の愛情のために捜査が難航する中、真実を知った女が葛藤しつつも夫を射殺して終わる。ラストの台詞は、ロビンソンによる「悪夢を忘れろ」で、これなどは、一時ナチに傾倒したアメリカ市民に対するメッセージのようにも受け取れた。

四六年には東独のデーファで、ヘルムート・コイトナーによる**『殺人者はわれわれの中にいる』**(46)がつくられるが、これはポーランドの村で虐殺を働いた男を、ナチの犠牲者であった二人のドイツ人が裁判にかける話だ。

その後もナチはステレオタイプの敵役としてたびたび映画に登場しているが、七〇年以降は〝ネオ・ナチ警鐘映画〟がたくさんつくられるようになる。たとえば七四年の**『オデッサ・ファイル』**(監督ロナルド・ニーム)は、欧州全土に隠然たる勢力を張るナチの秘密組織オデッサをめぐるアクション巨編である(実際のオデッサは、ナチ戦犯を救済する地下組織だった)。

また七八年の**『ブラジルから来た少年』**(監督フランクリン・J・シャフナー)は、アウシュビッツで人体実験を行なったメンゲレ博士が、ヒトラーのクローン人間を作って第四帝国を再興しようとするSFだ。さらにジョン・フランケンハイマーの**『第三帝国の遺産』**(85)は、スイス銀行に預金されて莫大な金額となったナチの隠し資産をめぐって、ネオ・ナチのドイツ人とアメリカ人が死闘を演ずる映画だ。

このように、映画は繰り返しナチの残党を追及してきたが、ナチの残党が組織復活のためにいそしんでいたとしても、驚くにはあたらないだろう。現代にも新手のナチがあちこちに出没しているからだ。

『ショアー』、証言者は真実を語るか

戦後つくられたナチの犯罪を糾弾する映画の多くは、それがたとえドキュメンタリーであっても、何かしらの意図で撮られた映像を再編集したものだった。

しかし考えてみると、そもそもニュースフィルムというものは断片であり、撮影の段階で既に仮構が存在するものなのだ。それで本当に真実を語ることができるのだろうか。それならばいっそのこと、実際のホロコースト体験者やナチの生き残りにインタビューを試みてはどうだろうか。彼らが語る「真実」とは……。

そうした壮大な目論見が、大戦終了後四十年近く経て実現されることになる。八五年、フランスから世界に発信された**『ショアー』**がそれだ。

「ショアー」は、ヘブライ語で「絶滅」を意味する言葉で、これは監督のクロード・ランズマンが、七四年から十一年かけてつくった九時間半のドキュメンタリーだった。公開後世界に大きな衝撃を与え、ベルリン映画祭国際批評家賞を受賞する。

これをつくったクロード・ランズマンは、一九二五年パリ生まれで、レジスタンス運動を潜り抜け、戦後はサルトルと親交を結んで雑誌『現代』の編集に関わったジャーナリスト出身の監督だ（ユダヤ系）。彼が製作した映画には、『**なぜイスラエルか**』（73）、『ショアー』（85）、『**ツアハール（イスラエル国防軍）**』（94）の三部作があり、一貫してユダヤ人問題を追求し続けている。

『ショアー』では、過去の記録映像を一切使用せず、生き残った関係者の証言と現在の収容所の風景のみで映画が構成されているが、これは記録映画の常識を覆す方法だった。証言には作り手の仮構はなく、あるのはその証言が嘘か否かという判断だ。そしてそれは見た者の眼力に委ねられている。

証言者としては、ポーランドのヘウムノで死体処理の仕事をさせられたユダヤ人（四十万人中生き残った二人）、トレブリンカやアウシュビッツの生存者、ユダヤ人移送列車を走らせた鉄道員、元親衛隊員、ワルシャワゲットー蜂起の生き残り、収容所近くの農民、歴史学者などが登場する。

映画を観る者は、彼らの証言からホロコーストの現実を思い描くことになるのだが、その一つ一つの言葉、表情、仕草の持つ意味は重い。特に顔の大写しは言葉以上に真実を語るから目を離せないのだが、中でも親衛隊の生き残りに対するインタビューは、あたかもナチの戦犯を裁判にかけているような緊迫感があった。

全体としては視覚に訴える情緒や物語性を極力排除し、異化効果的な演出によって観る者に深く考えさせる構成となっていた。

この『ショアー』の出現はさまざまな意味において事件だった。この映画は、今も大学における哲学や歴史の授業で繰り返し上映されているようだが、もはや新たなホロコーストものの製作を不可能と感じさせるほど、ホロコーストの現実と意味を我々に提示することに成功したのだ。

『スペシャリスト』から何を学ぶか

『ショアー』というホロコースト映画の決定版から十四年が経過して、再びフランスから衝撃的な映画が登場してくる。九九年の**『スペシャリスト』**がそれだった。

　監督はエイアル・シヴァンというイスラエル出身の人物で、脚本を書いたのは、これもイスラエル出身のロニー・ブローマンという作家だ。そしてこの二人は反シオニストの芸術家だった。

　映画の内容は、六一年に行なわれたアイヒマン裁判の未公開フィルムを再編集したものだ。そこでまずアイヒマンだが、既に触れたように、彼はユダヤ民族の絶滅を決めた「ヴァンゼー会議」(166頁参照)をスタンバイした実務官僚で、四五年に逮捕された。その後脱走して身を隠し、五〇年に秘密機関「オデッサ」の援助でアルゼンチンへ逃亡、六〇年にイスラエルの諜報機関により再逮捕された人物だった。六一年にイスラエルで裁かれ、死刑判決の後処刑される。そしてこの映画は、アイヒマンの人物像に迫りながら、実は裁判そのものにも批判を向けた問題作だったのだ。それは一体どのような意味においてか。

　これについては、NHKが二〇〇〇年一月に放映したETV特集**『アイヒマン裁判と現代』**という番組での、シヴァンとブローマンへのインタビューが参考となる。結論を言えば、この映画で批判の対象になっているのはアイヒマンではなく、実は裁判を政治ショー化したイスラエル政府だったのだ。つまり犠牲者だということをアピールすることで「記憶を政治道具化」し、それによってパレスチナ抑圧を正当化しようとするシオニストの方法が問われていたのだ。そして再度アイヒマンの証言に耳を傾けることで、問題の所在がどこにあったか再確認することに、映画の目論見があった。

　このアイヒマンについて考える際に、ナチの迫害を逃れ、アメリカに亡命したユダヤ人哲学者ハンナ・アーレントの言葉を引用するのは意味のあることだ。彼女はアイヒマンを「悪の凡庸さ」という言葉で形容した。事実映画に登場するアイヒマンから受ける印象は、実務家の小役人といった感じなのだ。虐殺工場で何十万もの人間を殺すには、それこそ列車の手配から毒ガスの調達までクリアーしなければならないいくつもの煩雑な仕事があったが、彼はそれらのルーチンワークを忠実にこなした実務家だった。そしてその勤勉さこそが、恐ろしい犯罪を犯す端緒となっていたのだ。

　まさにこの事実は、巨大な官僚システムの中で歯車として働く現代人の問題といっても過言ではない。

我々は常に、今している仕事がどのような結果を招来するか、自問しながら仕事をするべきだが、現実はなかなかそうはいかない。そしてほとんどの場合、思考を停止しながら、ただの歯車として生きているのだ。そして気づいた時には、とてつもない犯罪に加担させられている。この反省に立ってつくられた映画が『スペシャリスト』だった。

反ユダヤ主義との戦いは続く

アイヒマン裁判が行なわれた一九六一年に、アメリカである小説が出版された。カート・ヴォネガットの『母なる夜』がそれで、米軍のスパイでありながらナチの対米情報放送のパーソナリティーを務めたため、戦後アイヒマンが収容されたテル・アヴィヴの牢獄に入れられ自殺したハワード・キャンベル・ジュニアの告白を小説化したものだった。九六年に映画化され、日本でもビデオが発売された（『**マザー・ナイト**』［監督キース・ゴードン］）。

章の最後にこの作品に触れた理由は、映画の中に、キャンベルを助けるために奔走するアメリカの親ナチ団体が登場するからだ。アメリカというと、日本人の多くはユダヤ人のパラダイスと思っているが、たとえば、バーブラ・ストライザンド（ユダヤ系）が主演した『**追憶**』（73、監督シドニー・ポラック、ユダヤ系）や、92年の『**青春の輝き**』（監督ロバート・マンデル）をみると、アメリカの名門ハイスクールや大学におけるユダヤ人差別の凄まじさを知って驚かされる。単に日常生活の中で差別が存在するだけでなく、実は戦前から相当数の反ユダヤ主義団体が存在し、その数は今も減っていないのだ。これらの団体は、大戦中は沈黙していたが、戦後「マッカーシズム」という形で浮上し、その後潜伏し、八〇年後半から再び活動を活性化させた。ではなぜこの時期に、これらの反ユダヤ主義団体が動きを活性化させたのだろうか。

ドイツでは、ブラント首相が東方外交を展開し、七二年の東西ドイツ基本条約締結後、七五年のマイダネク裁判でナチの戦犯追及が終了を迎える。これに対し、ヴィーゼンタール（二〇〇五年死亡）機関を筆頭とするユダヤ人権団体は、その後も戦犯追及をやめなかったが、七九年になって、ついに大量殺人罪に関する時効が成立するのだ。

その頃ドイツでは若者の失業が社会問題化してネオ・ナチに火がつき、その動きがアメリカに飛び火する。

その後八七年に株価が大暴落し、それがユダヤ資本の陰謀だとする説が流布した。かくて、再び反ユダヤ主義団体の出番となり、彼らは「ホロコーストはなかった」とする歴史修正主義のプロパガンダを唱え始めるのである。

『背信の日々』監督コンスタンタン・コスタ・ガブラス、出演デブラ・ウィンガー、トム・ベレンジャー、1988年

この動きに対し、早速ハリウッドは立ち上がり、八八年には、こうした反ユダヤ主義団体の活動を糾弾した二本の映画が制作される。ジーン・ハックマン主演の**『ミシシッピー・バーニング』**（監督アラン・パーカー）と、デブラ・ウィンガー主演の**『背信の日々』**（監督コンスタンタン・コスタ・ガブラス）だ。同様に八八年には、ナチ戦犯クラウス・バルビーをテーマとした**『ホテル・テルミナニュス』**（監督マルセル・オフュールス）という映画が、アカデミー長編記録映画賞を受賞する。

翌八九年には、再度コンスタンタン・コスタ・ガブラスが**『ミュージック・ボックス』**という映画を公開するが、これは生き残りのナチ戦犯を、弁護士の娘（ジェシカ・ラング）が裁く物語だった。戦争犯罪が孫の代まで祟ることを知らしめる衝撃的映画だったが、コスタ・ガブラスに二つの映画を撮らせたのは、ユダヤ系の制作者アーウィン・ウィンクラーで、彼は九一年には自らメガホンを取って**『真実の瞬間』**というマッカーシズム糾弾映画をつくっている。

このように、映画はいつも反ユダヤ主義と戦ってきたということができるのだ。

第21章

消えぬ「収容所」の記憶

「戦後」という問題は、戦勝国でも戦敗国でもそれぞれの様相で生じていた。戦争がもたらした深い心の傷＝トラウマはどのように人々の生活を破壊したのか。それを描いた問題作が撮られることとなった。そして冷戦終了後には「ホロコースト再学習」が始まった……。

たしかに今では、ホロコーストの記憶も遠い過去の歴史となりつつある。しかし私が子どもの頃には、その記憶を現実に背負った人たちが何人も生きていた。民族の絶滅という無謀な試みが破産した後に、かろうじて生き残った人々はどのような戦後を生きたのであろうか。この章では、そうした人々の戦後を描いた映画についてみてゆくことにする。

ポーランド派が描く戦後の苦悩

今振り返ると、そうした映画の先駆けは反ソと自由化を揚げた「ポズナニ暴動」（56）が鎮圧されたばかりのポーランドから現われてきた。イエジー・カワレロウィッチの『**戦争の真の終り**』（57）がそれだ。これは収容所の屈辱的体験により失語症となった人物の絶望を通し、一度収容所を体験した人間に戦後はないという悲劇を描いた映画だった。

映画の主人公（ローランド・グヮワッキー）は、収容所から解放されて妻（ルチーナ・ウィンニッカ）のもとに帰ってくるが、その時妻には愛人がおり、自分は邪魔者の存在であることを知らされる。妻は夫に対してかつてのような愛情を感じていないが、収容所帰りの人間を見捨てられないという倫理感で夫に仕えるのだ。

こうした妻にとって、夫との接点は、過去において夫がダンスの名手だったという思い出だった。しかし逆に、主人公にとって、ダンスは収容所での屈辱的な体験を呼び起こすものだった。というのも、彼は収容所でダンスを踊る道化の役を演じていたのだ。それは収容所で生き延びる一つの手段だったが、同時に仲間への裏切りの記憶に通ずるものだった。ダンスによって失われた愛を回復しようとする二人の試みは、互いの断絶を確認する行為となってしまう。

その結果、どう足掻いても昔の自分に戻ることはできないことを悟った主人公は……。

アンジェイ・ムンク（ユダヤ系）の『**パサジェルカ**』（61、172頁参照）は、虐待した側の戦後を描いている。物語は、かつて収容所の女看守だったリザ（アレクサンドラ・シュロンスカ）が、今は結婚して夫と豪華客船に乗り、そこである女に出会うところから始まる。出会った女はかつて収容所で死んだ女に瓜二つだった。

やがてリザの夫への告白が始まる。それは、かつて自分は収容所で物品の管理を行なっていたが、一切の残虐行為には手を染めていないばかりか、出会った女性にそっくりのマルタ（アンナ・チェピエレフスカ）という女に親切にしてやった、という訴えだった……。

かくてこの作品は、収容所という異常な世界で、支配者と被支配者の心理的葛藤を通し、精神の自由とは何かという問題を提起してゆく。そして未完成のままムンクの遺作となるのである。

永遠に静止する時間

カワレロウィッチの『戦争の真の終り』は西側の映画人に衝撃を与え、特にフランス国内でたいへんな評判をとった。そしてフランスでも、似たような物語がつくられることになる。マルグリット・デュラスがシナリオを書き、アンリ・コルピがメガホンをとった『**かくも長き不在**』（60）がそれで、こちらは、安保闘争で揺れた後の日本で公開され絶賛を博した。デュラスはこの後、日本で多くの読者を獲得することになる。

この二つの映画は、いずれも収容所帰りの男とその妻の物語だ。しかも妻に新たな求婚者がいるという点で設定が非常に似ている。だが夫と妻の関係において、両者は決定的に異なっている。

『戦争の真の終り』では、妻が戦後の生活を始めるうえで夫は邪魔な存在で、本当は帰ってきて欲しくなかった人だった。一方『かくも長き不在』では、妻がいつまでも夫の帰りを待ち続けているため、彼女の戦後が始まらない物語なのだ。

話は、収容所に連行された夫（ジョルジュ・ウィルソン）の帰りを待ち続ける女（アリダ・ヴァリ）が、恋人の求婚を受け容れようとするところから始まる。彼女はパリでカフェを経営しているのだが、いよいよ再婚を決断する段になって、突然夫

『かくも長き不在』監督アンリ・コルピ、出演ジョルジュ・ウィルソン、アリダ・ヴァリ、1960年

に似た男が目の前に現われるのだ。その男は記憶喪失で、今や浮浪者としてごみ箱を漁る暮らしをしていた。「そんな男のことは忘れろ」という求婚者の言葉も虚しく、女は男に記憶を回復させるため必死の努力を繰り返すことになる。

ラストシーンは秀逸だ。記憶を取り戻せない夫が最後に妻とダンスを踊った時、妻は夫の後頭部の傷を発見する。それはナチによって施されたロボトミー手術の痕だった。傷に触られた瞬間、夫は恐怖に怯えてそこを走り去るが、後を追った妻に名前を呼ばれて立ち止まる。一瞬記憶が蘇り、再び妻のもとに戻るかにみえたが、彼は振り向きもせずに手を挙げるのだ。主人公には、妻の声も、親衛隊員の声も同じ響きだったのだ。最後は……。

この映画は、記憶を失った夫を描

いているのではなく、実は妻を描いていたのだ。待つ身にも決して戦後は訪れなかったのだ。

ほかにもフランスでは、ジャン・ルーシュのインタビュー映画『**夏の年代記**』(61)のように、ホロコースト体験者のトラウマに焦点を当てた映画が何本かつくられたようだが、これらの作品は残念ながら未公開だ。

戦後派のクロード・ルルーシュも、八五年に『**遠い日の家族**』で別な形の戦後を描いた。これはアウシュビッツから生還した女(エヴリーヌ・ブイックス)が、自分を密告した人間を捜し当てるドラマである。密告者(アニー・ジラルド)にも戦後はなく、犯人は……。

過去の悪夢との対峙

収容所から解放されたかなりの数の人が、戦後アメリカに亡命した。シドニー・ルメットの『**質屋**』(64)の主人公もそうで、彼はニューヨークの黒人貧民街で質屋を営み、経済的な成功を遂げ、両親や子どもと小綺麗な家で平和に暮らしている。つまり生まれ変わって人生をやり直した男だった……。

というのは表面上の話で、実は彼も地獄の日々を送っていた。妻は収容所で虐殺され、彼は毎日のようにその夢にうなされ、それから目が覚めるのだ。一見平和に見える家庭生活も、彼にとっては気の入らない芝居でしかなかった。子どもたちのアメリカナイズされた日常会話は、他人のさえずりにしか聞こえてこない。さらには金の亡者として、毎日のように貧しい黒人たちの罵声を浴びながら仕事場に向かわなければならなかった。

そんなある時、彼を救いたいという宗教家の女性が現われる。もしかして自分は救われるのではないか。そんな仄《ほの》かな期待も、出会った後に打ち砕かれる。残るのはアパシー、そして燃えかすとしての人生だ。この質屋の無限の孤独地獄を、ロッド・スタイガーが気迫に満ちた演技で演じた。

アラン・J・パクラ(ユダヤ系)の『**ソフィーの選択**』(82)では、収容所から解放されてアメリカに渡った男女の異常愛が、友人である小説家志望の青年の目を通して語られる。

男のほうはユダヤ人で、一見普通の生活を営んでいるが、実は収容所体験から分裂病に陥り、今やナチの信奉者となって狂気を彷徨っていた。一方女は、ドイツ人だったが、父が反ナチの活動していたため収容所に入れられた過去を持つ女性だった。この男女の、サディズムとマゾヒズムが混在する異常愛を描きながら、人生を喪失した人間の哀しみを描いたのがこの作品だった。

特に問題となるのは、脳裏に刻まれた女の記憶だ。彼女には二人の子どもがあり、収容所に入れられる前に、賄賂を使って子どもを助けてくれるようSSに懇願した。ユダヤ人でなかったため、二人のうち一人だけ助けてやると言われ、咄嗟に一人の名前を挙げてしまうのだ。当然名前を挙げなかった子どもはガス室の煙と消えていった。この母親の苦しみを見事に演じたのがメリル・ストリープで、彼女はこの映画でアカデミー賞を受賞する。

この二つの映画は、トラウマを持った人間が、フラッシュ・バックする過去の悪夢とどのように対峙してゆくかを執拗に追求した傑作だった。

メリル・ストリープは、**『プレンティ』**（85、監督フレッド・スケピシ）では、抵抗活動で知り合った英国兵との一夜が忘れられず、戦後外交官との結婚生活を破綻させてしまう女を演じている。戦争での出会いがあまりに強烈で、戦後の平凡な結婚生活が営めなくなった女の悲劇だ。最後に一夜の男との再会を果たすが、男も抜け殻としての人生を送っており、二人の間に、戦争中の高揚は燃え上がらずに終わることになる。

運命に翻弄される家族

八〇年代を代表するアメリカの映画作家ポール・マザースキー（ユダヤ系）の**『敵、ある愛の物語』**（89）の主人公は、迫害のトラウマからは解放されているものの、それが原因で起こった重婚に苦しめられている（原作ノーベル賞受賞のユダヤ系作家アイザック・B・シンガー）。

話は戦争直後のアメリカを題材としている。主人公のハーマン（ロン・シルヴァー、ユダヤ系）は、戦中、自分の家の女中をしていた無学な娘ヤドヴィガ（マーガレット・ゾフィ・シュタイン）に匿われて生き延びるが、妻のタマラ（アンジェリカ・ヒューストン）が子どもとともに射殺されたと聞き、戦後はヤドヴィガと結婚して渡米したポーランド移民だった。ヤドヴィガはほとんど英語が話せず、仕方なくユダヤ教に改宗してハーマンに仕えるが、食事の時には十字を切ってしまう女だった。

ハーマンはそんなヤドヴィガとの間に埋められぬ溝を感じながらも必死に彼女を愛そうと努める。しかし

『敵、ある愛の物語』監督ポール・マザースキー、出演ロン・シルヴァー、マーガレット・ゾフィ・シュタイン、アンジェリカ・ヒューストン、レナ・オリン、1989年

この努力は彼の前に現われたマーシャ（レナ・オリン、ユダヤ系）という女のために水泡に帰してしまう。マーシャはポーランドの裕福な家庭に育ったユダヤ娘で、高い教養を持ち、しかも収容所に入れられた過去を持っていた。今やカフェのレジで野卑な男に声をかけられる日々を送っているが、実は聡明で情熱的な女だった。やがてハーマンはマーシャの魅力に囚われ、ついには重婚生活に入ってゆく。と、ここまでは確かにありそうな話だが、なんとここで死んだはずの元妻タマラが現われる。子どもは射殺されたが彼女は生き残り、夫を頼ってアメリカに渡ってくるのだ。果たしてこの後……。

その先は映画を観てほしいとだけしか書くことができないが、こんな設定には無理があると思いつつも、映画はラストまで観客を引きつけ、観た後に深い感動を残した。演出もさることながら、この四角関係を演じた役者たちの演技が素晴らしく、それぞれの生きる苦悩がひしひしと伝わってきたのだ。登場人物は皆運命に翻弄されながら最善を尽くそうと努力するが、しかし努力すればするほど誰かを傷つけ、最後は犠牲者を出してしまうことになる。

また九七年の『**生きてゆく理由**』（監督ジャック・ベンダー）は収容所を体験した両親と、その子どもたちのジェネレーションギャップの問題を扱っている。この両親は、どちらも戦時中に子どもを殺されて生き延び、戦後難民センターで出会い結婚した。アメリカで二人の男の子をもうけ幸せに暮らすが、子どもには過去の話は一切せず、ひたすら子どもを守って生きてきた。

ところが子どものほうは親を理解できず、むしろ溺愛をプレッシャーに感じている。話はここから、死んだ子どもが生存していたという誤報、長男の家出、母親の神経衰弱と展開してゆくが、最後は次男の成人式（バル・ミツバ）を契機に家族が和解するところで終わる。

それにしても、運良く生き延びた者の人生も、実にままならないものなのである。

ホロコースト再学習運動

収容所の悪夢に苦しめられた人も、戦後四十年以上も経過すれば、やっとホロコーストの記憶も消えてゆく。ナチの戦犯もすべて死に、人生を全うできたことに対して感謝の念が湧いてきても不思議ではない。こうして次には、自分を救ってくれた人間を捜し出し、それを後世に語り継ぎたいと思うようになる。

こうした動きが起こったのは、ソ連東欧の社会主義圏が崩壊し、ユーゴで内戦が開始された時期だった。この内戦は民族絶滅戦争の様相を呈していたが、この動きに呼応し、ユダヤ人はまた動き出す。アメリカでは、ユダヤ人権委員会などを中心にホロコースト再学習運動が展開され、一九九三年にはホロコースト博物館がオープンする。

そして同年には、スピルバーグが『**シンドラーのリスト**』を公開し、ホロコースト学習のブームを引き起こすのだ。彼が博物館開設に映画の上映を合わせたことはほぼ間違いないと思われる。

そこで『シンドラーのリスト』だが、この映画は、一二〇〇人のユダヤ人を虐殺から救った実在の人物オスカー・シンドラーを描いたノンフィクションを、生き残ったひとびとの証言も含めてドラマ化した映画だった。

シンドラー（リーアム・ニーソン）は、ナチ占領下のポーランドに金儲けのためにやってきたドイツの実業家で、ドイツ軍部を買収して収容所内のユダヤ人を労働力として使役し、軍需産業の工場を経営した男だ。しかし新しい収容所の所長の無差別殺人を見かね、できるだけ多くのユダヤ人を工場に迎え入れることを決断する。そしてユダヤ人会計士（ベン・キングスレイ、ユダヤ系）にそのリストをつくらせた。

映画のラストでは、このリストによって実際に生き残った人が登場し、シンドラーの墓に花を添えるシーンが長々と映される。これが実在の人物なだけに、ドラマはリアリティを持って観る者に迫ってきた。

ただし、この映画については、『ショアー』（85、185頁参照）をつくったワイズマンは次のように手厳しく批判を展開した。

「ある意味で、スピルバーグのこの映画はメロドラマ、キッチュなメロドラマだ。人はこのドイツ人ペテン師の物語に熱を上げる。それ以上のことではない。……中略……『ショアー』の最後の映像はこんなものではない。それは走り続ける列車だ。ホロコーストは終わらないと言うために」（高橋哲哉訳『ショアーの衝撃』未来社）

その後、ワルシャワゲットーの教育者コルチャック、コルベ神父、リトアニアに逃げてきたユダヤ人に大量のビザを発行した日本人外交官の杉原千畝などの映画もつくられている。

この杉原千畝のエピソードを映画化したのは、アメリカ在住の日本人女性監督クリス・タシマだった（『ビザと美徳』97）。彼女は、この作品でアカデミー短編ドキュメンタリー賞を受賞する。

第22章

第二次大戦後のユダヤ人

国際的な視野、そして「世界史」の視点をもたなければ「パレスチナ問題」も「ユダヤ人問題」も理解できない。反ユダヤ主義という側面もある一九五〇年代アメリカのマッカーシズム、ソ連時代のユダヤ人の出国問題、冷戦構造におけるシオニズムとアラブ世界の対決……。映画はそのための恰好の材料を提供してくれる。

かくてホロコーストの時代は終わった。そしてユダヤ人は生き残った。二〇世紀の災厄によって、それまでヨーロッパに住んでいたユダヤ人は、イスラエルとアメリカに移動した。特にアメリカはユダヤ人にとって新たなるバビロンとなった。

マッカーシズムの反動

ところがそのアメリカにおいて、第二次大戦後に予期しない迫害が発生することになる。それがマッカーシズムであった。

そもそもマッカーシズムというのは、冷戦下に起こった反共運動と定義されている。それはそれで間違いないが、この活動を始めた下院の「非米活動委員会」が、戦前の一九三八年に、マーティン・ダイスらの反ユダヤ主義者によって結成された組織だったことに留意したい。これに協力したのは、反ユダヤ主義福音伝道者ジェラルド・K・スミス、ナチス同盟銀シャツ党党首ウィリアム・ペリー、KKKの総督ジェームズ・コールスコットといった人たちだった。つまり出発は、反ユダヤ主義運動の一つだったのである。

七六年の**『ウッディ・アレンのザ・フロント』**は、ブラックリストに載った友人に頼まれ名前を貸した食堂のレジ係の一騒動を描いた映画だが、脚本のウォルター・バーンスタイン、監督のマーティン・リット、助演のゼロ・モステルは、いずれも赤狩りでハリウッドを追放されたユダヤ系映画人だった。そして主演はユダヤ系のウディ・アレンだ。

九一年の**『真実の瞬間』**（監督アーウィン・ウィンクラー、ユダヤ系）は赤狩りによって仕事を失い、社会から抹殺させられる映画監督の話だが、この映画のシナリオを書いたのは、やはり赤狩りによってハリウッドを追放されたエイブラハム・ポロンスキー（ユダヤ系）その人だった（ただし監督との意見の相異のため、映画では彼の名はクレジットされていない）。

また九二年の『**シチズン・コーン虚偽**』（監督フランク・ピアソン）は、非米活動委員会でマッカーシーの片腕となって働いたユダヤ人、ロイ・マーカス・コーンの伝記映画だ。マッカーシーその人ではなく、非米活動委員会の調査員という地味な存在、しかもユダヤ人を迫害するユダヤ人、という歴史で繰り返される存在を主人公にして時代の狂気を描いている。

二〇〇五年の『**グッドナイト&グッドラック**』（監督ジョージ・クルーニー）は、赤狩りの時代に真実を報道しようとして苦闘した実在のニュースキャスター、エドワード・R・マローを描いたドラマだが、もちろん彼もユダヤ人だった。

ユダヤ人以外でも、あの『**独裁者**』（40）をつくったチャップリンが、アメリカを追放されたことを我々は決して忘れることはないだろう。

中東戦争とシオニズム映画

マッカーシズムでアメリカのユダヤ人が攻撃を受けている最中、独立（一九四八）したばかりのイスラエルは、存続が危ぶまれていた。アラブ諸国との間に中東戦争が開始されたのである。それ以来、イスラエルは四度の中東戦争を経て、二〇〇六年にもレバノン侵攻を断行し、問題を解決できないで現在に至っている。

このイスラエルに対して、アメリカは基本的には一貫して独立支持の立場をとり続けているが、ハリウッドがそれを積極的に支援するようになるのは、マッカーシズムが終焉を迎え、第二次中東戦争が終結した六〇年代以降のことだった。

六〇年代には、アラブ諸国を敵にした親イスラエル的な歴史映画が何本かつくられる。そうした映画としては、『**ソロモンとシバの女王**』（59、監督キング・ヴィダー）、『**キング・オブ・キングス**』（61、監督ニコラス・レイ）、『**エル・シド**』（61、監督アンソニー・マン）などがある。

そして第三次中東戦争を経て、第四次中東戦争の時期になると、今度はあからさまな〝シオニズム映画〟がつくられるようになってゆく。

七一年の『**特攻決戦隊**』（監督メナヘム・ゴーラン）は、イスラエルの工作員がアメリカのジャーナリストと協力してアラブの捕虜収容所を攻撃し、捕虜を脱走させるという映

『独裁者』監督チャールズ・チャップリン、1940年
この作品については、本書第１章（29頁）、第４章（56頁）を参照されたし

画だった。

　ちなみに、七三年の第四次中東戦争は、イスラエルがキプール（贖罪の日）の休暇に入った隙をつかれて始まった。イスラエル初の負け戦で、これについては二〇〇〇年に、アモス・ギタイが**『キプールの記憶』**で、その泥沼をリアルに描いている。その後、イスラエルは、常時臨戦体制を構築し、その前年に発生したミュンヘン・オリンピックのアラブ・ゲリラの襲撃に対しては、後にゲリラの暗殺という前近代的な報復行動に出る。その経緯を描いた映画が二〇〇五年のスピルバーグによる**『ミュンヘン』**だった。しかし、スピルバーグが、この映画でどのようなメッセージを発しようとしたのかは、よくわからない……。

　七六年にはＰＬＯによってイスラエルから飛び立った飛行機がハイジ

ャックされるという事件が発生するが、この事件では、人質が皆ウガンダのエンテベ空港に監禁された。これをイスラエル軍の特殊部隊が急襲して人質の奪還に成功する。

　これを題材としたのが『**エンテベの勝利**』（76、監督マーヴィン・J・チョムスキー、ユダヤ系）で、これは同年公開であるから、その反応がいかに早いものだったかうかがえる。

　事件でテロリストが提示した交換条件は、テルアビブ事件で逮捕された日本赤軍の岡本公三を含むパレスチナゲリラの釈放というものだった。主犯がドイツ赤軍の男で、これをヘルムート・バーガーが演じており、このほかにも、エリザベス・テイラー、カーク・ダグラスなどのスターが総出演した。映画のつくりは単発テレビドラマという感じで、いわばスターのボランティア出演で形を整えたシオニズム映画だったといえよう。

　ほかにも同年、『**特攻サンダーボルト作戦**』（76、監督アーヴィン・カーシュナー）という、これまたエンテベにおけるイスラエル軍を礼賛する映画が制作されている。

ソ連のユダヤ人出国問題と映画

　戦後のユダヤ人の歴史において、意外と忘れられているのがブレジネフ政権下におけるソ連のユダヤ人の出国問題だ。これはドイツでネオ・ナチが台頭してきた七〇年代後半に起こった。

　ソ連では、第二次大戦中に東部ポーランドとバルト三国、それにモルダビアが併合された。その時点でのユダヤ人の人口は五〇〇万に達したといわれている。一九世紀に発生したポグロムとその後の大量移住の後でも、これだけのユダヤ人が存在したのだから、ロシア東欧にいかに多くのユダヤ人が居住していたか、思い知らされる。大まかな数字だが、大戦中、三〇〇万が殺されたとされている。その結果、終戦の段階で二〇〇万近いユダヤ人が存在したわけである。その後スターリンの反ユダヤ政策で異教徒と結婚する者も多く、人口は少しずつ減少する。さらにフルシチョフもユダヤ人嫌いで、スターリン死後もソ連のユダヤ人差別はなくならなかった。

　このソ連のユダヤ人差別を西側に初めて伝えたのがエリ・ウィーゼルの『沈黙のユダヤ人』という本だった。この本の反響もあって、六六年に、コスイギンは初めてソ連のユダヤ人の出国を公式に認めた。六七年の第三次中東戦争でイスラエルが勝利すると、ソ連からイスラエルに出国を希望するユダヤ人が激増する。折からの一時的な「デタント」(米ソの緊張緩和)で、六九年には大幅な人事交流を規定したヘルシンキ宣言にソ連が調印、出国熱に火がついた。七〇年代には合計二十二万のユダヤ人がソ連を出国するが、第四次中東戦争後にアラブ諸国が石油戦略を発動すると、石油を巡ってアラブ諸国に気兼ねしたソ連は、出国数を制限するようになる。

そこで映画でこの問題を世界に訴えることになるが、第2章で紹介した英国映画『**さすらいの航海**』(76、監督スチュワート・ローゼンバーグ)やフレッド・ジンネマンがアカデミー賞を受賞した『**ジュリア**』(77)は、ソ連の出国問題にからめて製作されたといわれている。

『ジュリア』は劇作家リリアン・ヘルマンの回想をベースにつくられた映画で、リリアン(ジェーン・フォンダ)がドイツに閉じこめられたユダヤ人の友人を救出しようとして失敗するドラマだ。

この映画が公開された年、ソ連では出国自由化を求める運動家シチャランスキー(ソ連水爆の父サハロフ博士の秘書)が逮捕されている。

その後七九年にはイラン革命が勃発し、ソ連もアフガニスタンに侵攻、米ソのデタントは一挙に冷却して、ソ連は軍事機密流出を防ぐために出国を全面停止する。この時期の冷えた米ソ関係は、ウルトラ劇画アクション『**ランボー3　怒りのアフガン**』(88、監督ピーター・マクドナルド)を観ればよくわかる。

この後、対ソ強硬政策を唱えるレーガン大統領の誕生で、米ソの関係は再び冷戦時代に逆戻りしてしまう。結局シチャランスキーは、八五年のゴルバチョフ政権の登場とアメリカ政府の尽力により、八七年にやっとイスラエルへの亡命を果たすことができた。

黒人問題とユダヤ人

マッカーシズムが終焉を迎えるのは五〇年代後半のことだったが、この時期、アメリカは公民権運動に火がついていた。そしてキング牧師の公民権運動を支援したのは、実はユダヤ人団体だった。

ハリウッドのユダヤ人も、この時当然公民権運動を支持する映画づくりを展開する。その結果、『**スパルタカス**』(60、監督スタンリー・キューブリック)、『**アラバマ物語**』(62、監督ロバート・マリガン)などの黒人差別撤廃を訴える名作がつくられたのである。こうして公民権運動においては、黒人とユダヤは手をつないだのだ。

　ところが残念なことに、七〇年代以降、両者の間にはすきま風が吹き始め、八〇年代を通じて相当亀裂が広がってゆくことになる。

　ニューヨークをはじめとする都市へ黒人が大量に流入し、彼らがスラムを形成していったことがその大きな理由だった。〝先住民〟である白人は、黒人の流入を嫌って郊外へ移動したが、ユダヤ人はゲットーの民であっただけに都市に残る者が多く、そのため黒人との間に緊張関係が発生していったのだ。最初は仲良くしようとしたが、いかんせん所得格差の問題はどうにもならないものがあった。

　八〇年代を通じてユダヤ人と黒人の所得格差があまりに開いたために、黒人はユダヤ人に対する怨嗟の念を抱くようになる。

　これは、前章で紹介したシドニー・ルメットの**『質屋』**（65、監督シドニー・ルメット、193頁参照）で予告されていたシチュエーションだったが、映画の世界では、それでもなんとか両者を和解させようとする試みが継続する。たとえば八〇年にロバート・シッキンジャー監督がメガホンを取った**『ラヴ・インナ・タクシー』**（日本未公開）という映画では、ユダヤ人の運転手と黒人女性の恋愛が描かれている。しかしこの映画は貧しいユダヤ人の運転手という設定で、貧しくなければ両者は結びつくことができないことを、図らずも語ってしまった作品だった。

　やや後になるが、今度は逆にユダヤ系老婦人と黒人の運転手のほのかな交流を描いた映画がつくられた。ピューリッツァー賞を受賞したアルフレッド・ウーリーの同名戯曲を映画化した**『ドライビング・Ｍｉｓｓ・デイジー』**（89、監督ブルース・ベレスフォード）がそれで、これは老人問題に題材を取りながら、立場の異なる人間の心の交流を描いた作品だった。忍耐と大いなる愛というテーマの伏線として、南部の人種差別の問題が取りあげられており、映画にはキング牧師も登場する。

　話は南部で成功したユダヤ人老婦人の息子が、母のために年老いた黒人の運転手を雇うところから始まるのだが、最初のうちは人種差別的な態度を示す老婦人が、いつしかその運転手を誰よりも信頼し、心を通わせるようになるというヒューマンストーリーだ。

　いくぶん話が出来すぎのきらいは

『ドライビング・Miss・デイジー』
監督ブルース・ベレスフォード、
出演ジェシカ・タンディ、モーガン・フリーマン、
ダン・エイクロイド、パティ・ルポーン、
エスター・ローレ、1989年

あるが、ストーリーの中に、六〇年代に起こったシナゴーグ爆破事件や、白人による黒人襲撃事件などが登場し、ユダヤ人と黒人がともに人種差別を経験した民族であることを認知させる仕上がりになっていた。つまり貧富の差はあるが、両者は和解しなければならないというメッセージが込められていたのだ。

これは八〇年代を通じて悪化した黒人とユダヤ人の関係を再び和解させようとする意図でつくられたことは間違いなく、その結果、この作品は、八九年のアカデミー作品賞を受賞し、老婦人を演じたイギリスの舞台女優ジェシカ・タンディも主演女優賞を受賞した。一方、黒人の本当の現実を描いたスパイク・リーの**『ドゥ・ザ・ライト・シング』**(89)はこの年無冠に終わったのである。

孤立してゆくユダヤ人

差別される者同士が手を繋がねばならないというのは建前であって、現実には話は単純ではない。ユダヤ人と黒人の緊張関係は、貧富の格差以外にも公立学校の教師問題でも高まっていた。

八九年につくられた**『ワイルド・チェンジ』**(監督J・G・アヴィルドセン)という映画は、『ドライビング・Miss・デイジー』で運転手を演じたモーガン・フリーマンが、今度は黒人教師を演じて荒廃した黒人スクールを立て直す話だった。が、実はこの映画、黒人教師をもっと増やして欲しいという黒人の要求を反映してつくられたものでもあった。というのも、都市における公立学校の教師の多くはユダヤ人であり、これに黒人が不満を募らせていたからである。八〇年代に黒人は、ユダヤ人教師による指導を拒否する運動を展開していた。

こうして、ユダヤ人が黒人にすり寄ればすり寄るほど、逆に黒人のボイコットを買うという皮肉な結果を招いていたのが八〇年代だった。

そして九〇年代に入ると、ついに黒人によるユダヤ人襲撃事件という前代未聞の事件が発生することになる。これを「クラウン・ハイツ暴動」というが、この事件は、一九九一年の八月、ニューヨーク、ブルックリンのクラウン・ハイツ地区で起こった。

この地区は「ルバビッチ派」と呼ばれる正統派ユダヤ教徒の居住区があるところで、長い間黒人とユダヤ人が互いに不干渉のまま共存してきた地域だった。その日、たまたまユダヤ人の運転する車が黒人少年を轢き殺し、同じ年の黒人の少女に怪我を負わせるという事故が発生する。運転者はすぐに車を降りたが、たまたまそこにいた黒人に集団暴行を受ける羽目となった。駆けつけた警察は暴行を止めさせたが、救急車が駆けつけたとき、警察が黒人の少女よりも先にユダヤ人を乗せるよう指示を出してしまったために、その場にいた黒人たちが騒ぎ出した。そして怒った黒人の暴徒がたまたまそこを通りかかったヤンメル・ローゼンハウムというユダヤ人に暴行を加え、これを殺害してしまうのだ。この後暴徒たちは、ユダヤ人の商店に火を放ち、三日三晩騒ぎ立てた。

先に記したスパイク・リーの『ドゥ・ザ・ライト・シング』は、黒人がイタリア人の商店に火を放つ映画だが、現実には映画公開の二年後に、ユダヤ人商店に火が放たれたのである。

しかもこれに先立つ一月前、ニューヨーク市立大学のレナード・ジェフリーズという教授が、黒人奴隷貿易の担い手がユダヤ人であること断定する講演を行なっており、多くの黒人に支持を受けていた。また事件の翌年の世論調査でも、激しい反ユダヤ主義的感情を有する黒人の割合が三七パーセントにものぼり、白人の一七パーセントを遥かに上回るという衝撃的な結果が出たのである。

これに加え、アラブ系アメリカ人との軋轢も新たなる〝ユダヤ人問題〟として浮上してきた。そして二〇〇一年には、ニューヨークの貿易センタービルで爆破テロが発生した。この事件で一番衝撃を受けたのは、アメリカのユダヤ人であったろう……。

最終章

キネマ終戦秘話

戦争を経た後、各国の映画界や映画人は、どんな状況におかれていたのか。敗戦から東西に分裂したドイツでは、帰国したユダヤ人がドイツ映画を復興。フランス、イタリアでも「戦後映画」が始まる。ソ連ではスターリン個人崇拝をめぐっての暗闘が繰り広げられていた……。

いよいよこの本も最終章を迎えたが、最後はやはり映画の話で締め括りたいと思う。

ここで時計の針を大きく戻して再び終戦直後に話を戻そう。まずはドイツ映画のエピソードから……。

ゲッベルスの死で終焉したウーファ

それは連合軍の反攻が始まった一九四二年の話だった。この年ウーファ（61頁参照）では、設立二十五周年を記念して大娯楽映画がつくられた。この総天然色映画を『**ミュンヒハウゼン**』（邦題『ほら吹き男爵の冒険』、監督ヨゼフ・フォン・バキ）というが、この映画は戦中ながら海外でも評判を取った。

映画の主人公は、実在の貴族をモデルとしており、彼はフリッツ・ラングの妻で脚本家のテア・フォン・ハルボウの先祖にあたる人物だった。テアはドイツ時代のラングの主要作品の脚本を書いた人で、ナチ党員となったためにラングと別れた才女だ。

ゲッベルスはこの映画に渾身の力を注ぎ、映画の出来にも満足していたが、この映画のシナリオを書いたのは、当時執筆停止処分を受けていた作家ケストナーだったのだ。

このケストナーという人は『エミールと探偵団』という少年物で日本でも人気の高い作家だが、社会民主党員でユダヤ人の血が混入していた人物だった。しかもゲッベルスはヒトラーに隠れて彼にそれを書かせたのだ。このことがヒトラーに知れ、ゲッベルスはひどく立場を危うくする。しかし時は既に戦局の転換期であり、彼は処分を受けずに済んだ。

このエピソードは、ゲッベルスがいかにユダヤ人の才能に惚れ込んでいたかを知らしめる逸話だ。ハイネにエイゼンシュタイン、ラングにケストナーと、彼が愛した芸術家は皆ユダヤ系だったのだ。この才能への嫉妬が、ユダヤ人撲滅に走らせた理由と思うのは私だけだろうか。結局ゲッベルスは、ベルリン陥落時、妻と子に青酸カリを飲ませ、自らも自殺して死体を部下に焼かせた。

ところで、連合軍はドイツ占領後、ウーファを解体し、東側にデーファ、西側占領地区にはいくつかの小プロダクションを設立する。このうちデーファは、戦後ユダヤ人を題材とした作品を何本か世に送り出した。

妻がユダヤ人であるため自殺した俳優の物語**『影の結婚』**（47、監督クルト・メーツィヒ）、冤罪に巻き込まれたユダヤ人資本家を描いた**『ブルム事件』**（48、監督エーリッヒ・エンゲル）などだ。これらの映画は国際的にも高い評価を得る。

一方、西側管理地区の映画検閲官に任命されたのが、ハリウッドに亡命していたエーリヒ・ポマー（ユダヤ系）で、彼はドイツ時代には**『カリガリ博士』**（19、監督ロベルト・ウィーネ）などの名作を送り出した大プロデューサーだった。彼の指導下、戦中のドイツ人の運命を描いた**『それらの日々に』**（47、監督ヘルムート・コイトナー）、ワルシャワのユダヤ人家族を描いた**『長き道なり』**（48、監督マルク・ゴールドシュタイン、いずれもユダヤ系）などの映画がつくられる。

かくてユダヤ人の手によって、ドイツ映画の戦後が始まったのである。

奇跡の映画誕生

フランスでは、四四年のパリ解放に際して、フランスニューズ社のカメラマンが対独協力派の幹部を追放し、バリケイド戦を撮影、間もなく自由フランスニューズ社と改名する。そしてドキュメンタリー映画**『パリ解放』**（44）が、連合軍の監督として帰還したジュリアン・デュビビエによって完成された。もっともこの年はフィルムの不足で、製作本数は二十七本と史上最低を記録する。

こうした中で、四五年、マルセル・カルネによって映画史上に燦然と輝く**『天井桟敷の人々』**が公開されたことは特筆に値するだろう。それはニースのヴィクトリーヌ・スタジオで戦中から少しずつ撮影されていたものだったが、この撮影所はかつてジャン・ヴィゴが初めて映画を撮った場所でもあった。

世界映画ベストワンの誉れ高いこの映画については、いまさら形容する言葉もないのだが、戦時下にこうした映画がつくられたことは一つの奇跡といってよく、そこに我々は人間精神の偉大な結晶を見いだすことができる。これを製作したのは**『悪魔が夜来る』**（42、監督マルセル・カルネ）のアンドレ・ポールヴェで、宝石のような言葉を書いたのはジャック・プレヴェール、助監督としてはイタリアからアントニオーニが参加した。

そしてここに一九世紀パリの犯罪通りを再現したのは**『巴里の屋根の下』**（30、監督ルネ・クレール）の名美術監督ラザール・メールソン（ユダヤ系）の助手を務めていたアレクサンドル・トローネルで、音楽はジョゼフ・コスマだった。そして二人ともブダペスト生まれのユダヤ人だった。この二人は、撮影所に隠れていたため収容所行きを免れたのだ。

戦後になって、ナチ管理下で映画を撮った責任を問われ、カルネは一時対独協力者のレッテルを貼られたことがあった。その後すぐに名誉は回復されるが、この批判がいかに的外れなものかは、彼が終戦直後につくった**『夜の門』**（46）を観てもわかることである。

この映画は、レジスタンスの同志だった男たちの暗い戦後を描いた作品で、脚本はやはりプレヴェールで、彼は主題歌の作詞も担当している。それが今も人々に歌い継がれるシャンソンの名曲「枯葉」なのだ。

なおこの映画は、最初ディートリッヒに持ち込まれた企画だったらしく、「枯葉」も彼女のためにつくった詞であった。ところがディートリッヒ出演の話は流れ、主題歌は別な人物が歌うことになる。それがこの映画でデビューを飾ったイヴ・モンタンだった。

イヴ・モンタンといえば、戦後フランスの伝説的なシャンソン歌手だが、彼もやはりユダヤ系で、イタリアのミラノ近郊の生まれだった。貧農の三男として生まれ、幼少の頃ファシストに追われてマルセイユに移り、五年後にフランスに帰化している。十八歳からミュージックホールで歌うようになり、パリに出てからエディット・ピアフに見いだされて世に出た。その後この『夜の門』から俳優としてのキャリアを歩み始め、フランスを代表する俳優となってゆくが、既に記したとおり、彼の最愛の妻シモーニュ・シニョレもユダヤ系だった。

『イワン雷帝』とスターリン

大戦中、ソ連のユダヤ人は革命期の内戦を上回る悲劇に出くわしていた。独軍の侵入や、ポグロムのために、あちこちでユダヤ人虐殺が発生

『戦艦ポチョムキン』監督セルゲイ・エイゼンシュタイン、1925年
この作品については、本書第5章(66頁)も参照されたし

したからである。このため三〇年代にシベリアに流されたユダヤ人の中には、家族が皆殺しにあって自分だけが生き残るという皮肉な運命に遭遇する人もあった。

混乱の中で、ユダヤ系の映画作家はその発表の機会を奪われ、フィルムは非ユダヤ系の作家に回されていく。しかしこの時期、地方のユダヤ人の間では、むしろファシズムと闘うスターリンに対する期待は高まっていった。スターリンはスターリンで、「ユダヤ人による反ファシスト委員会」を結成させ、イディッシュ語の新聞を発刊させせて戦術的にユダヤ人を利用する動きに出る。そして当然、ユダヤ人パルチザンも増えていった。

こうした状況の下、ユダヤ系のエルムレルは、**『彼女は祖国を守る』**(43)でパルチザンとなったコルホーズ農民の女性闘士を描き、絶賛される。

そしてソ連の勝利が確定した頃、スターリンは、自分に模した一人の伝説的英雄を映画化することを望むようになる。その映画の監督として彼が指名したのが、**『戦艦ポチョムキン』**（25）の名匠エイゼンシュタインだった。映画の題名は、**『イワン雷帝』**である。エイゼンシュタインにすれば、三八年の**『アレクサンドル・ネフスキー』**に続く映画の仕事だった。

かくてベルリンが陥落する四四年、エイゼンシュタイン最後の作品『イワン雷帝』第一部が完成する。彼はスターリンの期待に応えて雷帝を英雄的に描き、高い評価を得る。第二部製作中に大戦は終了するが、その時スターリンは得意の絶頂期にあり、第一部に対してスターリン賞が授与された。

なおイワン雷帝というのは、一六世紀に初めてツァーリを名乗り、ロシアの領土を拡大させたロシアの英雄だった。しかも彼は、ロシアでユダヤ人を組織的に迫害した最初の皇帝だった。彼はユダヤ商人を毒薬商人とみなし、ユダヤ人のモスクワでの商業活動を禁じた。それまで南ロシアはユダヤ人の〝パラダイス〟で、西欧で迫害されたユダヤ人の避難場所だったにもかかわらずである。

このような雷帝に対して、スターリンはことのほか愛着を感じていた。東西からのファシズムの脅威の中、彼は自分をイワン雷帝に重ね合わせ、祖国防衛の戦いを遂行したのである。そのため雷帝の映画化は、主人公をどれだけ英雄的に描くかが問題だった。この意味で、エイゼンシュタインが選ばれたのは、スターリンの映画に対する眼が確かだった証である。スターリンは、『戦艦ポチョムキン』のヒロイックな映像がえらく気に入っていた。そしてエイゼンシュタインは、スターリンの意を汲んで、雷帝を救国の英雄として描いたのだった。

エイゼンシュタインの死

実は、『イワン雷帝』には後日談がある。

第一部でスターリンの絶賛を浴びたエイゼンシュタインだったが、続く第二部を見た共産党中央委員会は、そのあまりの変化に愕然とする。そしてたちまち第三部の製作を中止することを決断する。

この間の事情については、山田和夫の『エイゼンシュタイン』（紀伊國屋書店）に詳しいが、それによれば、第二部の雷帝は、まさにスターリンそのものとして描かれていたのである。雷帝の命のまま残酷な粛正を執行する親衛隊員は、まさにベリアとその指揮下の秘密警察をほうふつと

『イワン雷帝』監督セルゲイ・エイゼンシュタイン、
出演ニコライ・チェルカーソフ、リュドミラ・ツェリコフスカヤ、セラフィマ・ビルマン、1944年

させるもので、スターリンの側近たちは背筋が震えた。しかも第三部のラッシュでは、念願の海へ到達した雷帝が親衛隊に裏切られ、友を失い、孤独のうちに浜辺に立ちすくむ姿が描かれていた。そしてノヴゴロドの貴族を殲滅《せんめつ》して教会で祈りを捧げた時、僧侶が読み上げた犠牲者のリストには、なんと三〇年代にスターリンによって粛正された人々の名が織り込まれていたというのだ。

現在我々は第二部までを観ることができる。三部はネガも残っていない。第二部では貴族の裏切りにあった雷帝が、次々と親族を粛正して孤立感を深め、親衛隊に傾斜してゆく様が描かれている。演技と映像は歌舞伎のように仰々しく形式化され(実際エイゼンシュタインは歌舞伎を学んでいた)、真横や真下から照射される光が、雷帝の孤独を際立たせていた（なおこの手法をそのまま踏襲したのは日本の黒澤明だ）。

いずれにせよ、これを観たスターリンが、主人の手を噛む犬を側に置けないと判断したのも無理からぬことだった。かくてその年、エイゼンシュタインは最初の狭心症の発作にあい、四八年には心筋梗塞で死ぬことになるのだ。この件については、近年ソ連時代の秘密資料が公になっているが、それによれば次のような事実が判明している（一九九六年二月一日付け『日経新聞』）。

「エイゼンシュタインはこの時、収容所に送られた友人の即時釈放を求める手紙をベリアに向けて送っていた。そして死の前日、友人の作曲家が、党からブルジョア的傾向との批判を受け、そのことを彼は電話で聞き、直後に発作を起こしたのである。また死去した時には、ラジオがつけ放しになっていたという事実も報告されている」

この年、エイゼンシュタインの死の道連れとなったのが、モスクワのイディッシュ語劇団の名優シュロモ・ミホエルスで、彼は拷問を受けて殺された。その数はやがて鰻登りとなり、スターリンが死ぬまでに、数百人に及ぶユダヤ系文化人が逮捕され、収容所に送られていった。その中には、ネップ期に活躍した映画作家アブラーム・ロームも含まれており、彼はシベリアに流され、二度とそこから帰ってくることはなかった。

なおソ連崩壊直後につくられた『**インナーサークル・映写技師は見ていた**』（92）は、KGBの職員としてスターリンに仕えた映写技師の物語（実話）だが、彼の妻はベリアの子どもを孕んで首つり自殺し、最後に彼は、スターリンに殺されたユダヤ人夫婦の孤児を養女にして映画は終わる。

ネオリアリスモの誕生そして……。

ドイツ、フランス、ソ連と映画の終戦について書いてきたが、最後はイタリアで話を締め括ろう。もっともこれについては何度か触れてきたので、ここでは書き漏らしたことを書いて終わりにしたい。

第5章でムッソリーニがつくったチネチッタ撮影所の若手たちが、戦中に反ファシズムに傾いていった話に触れたことがあったが、その若手というのは、映画雑誌『チネマ』に寄稿する映画人で、代表はルキノ・ヴィスコンティだった。

ヴィスコンティはもともとミラノの貴族の血を引く名門の御曹司だっ

たが、当時は共産党に入党していた。その頃彼は、『**妄執**』(42)という処女作を発表したばかりで、それが若手映画人に物議を醸していた。これはアメリカのスリラー作家ジェームズ・ケイン原作の『**郵便配達は二度ベルを鳴らす**』の二度目の映画化作品で、これはその後さらに二回リメイクされることになる。

内容は初老の小金持ちと結婚した若妻が、浮浪者の若い男を唆《そそのか》し、夫を殺す犯罪ものだ。それを荒廃したイタリアの世相を背景に、徹底したリアリズムで描いたのがこの映画だった。

なお連合軍のイタリア解放時、ヴィスコンティはゲシュタポに捕らえられて銃殺刑を宣告されるが、直後にローマが解放されて九死に一生を得る。

ほかにアントニオーニ、デ・シーカ、ロッセリーニは、この時ローマに潜伏し、地下活動に関与していた。このうち解放直後に映画を撮り始めたのがロッセリーニで、彼は解放二カ月後に自分の不動産を処分して映画の撮影に入る。これが既に紹介した『**無防備都市**』(45、108頁参照)だった。

当時チネチッタ撮影所は難民のために使用できず、彼は町に出向いて、照明を使わずに映画を撮影した。そしてたくさんの素人を使った。

この時のロッセリーニの手法は、あくまで現場に立って、そこにある現実をそのまま見つめる目を持ち、その目にフィルターをつけないということにあった。これが戦後世界に衝撃を与えるイタリアのネオリアリスモが誕生するきっかけとなったのである。

その後イタリアでは、ヴィスコンティが『**揺れる大地**』(47)を、ジュゼッペ・デ・サンティスが『**にがい米**』(48)を、そしてデ・シーカが『**自転車泥棒**』(48)を送り出す。これにフェリーニやアントニオーニが続いて、イタリア映画の黄金時代が形成されてゆく。こうして第二次大戦後に世界に衝撃を与えたイタリアのネオリアリスモが誕生するのである。

最後となるが、ここで読者の多くは「では、アメリカ映画の戦後は、どのようにして始まったのか」という疑問を抱くことだろう。

これについては、一言触れたとたんに、また長い長い物語が始まってしまうことになる。

ここはひとまず話を打ち切ったほうが良策だろう。その話はまたいつか別の機会に……。

あとがき

第二次大戦は「全体主義と民主主義の戦い」である、と唱えられてきた。この考え方の背景には、民主主義こそ人類が目指す究極の政治制度であり、それを実現するために世界は戦争という試練を課せられたのだ、とする進歩史観がある。しかしながら戦争の最中に、全体主義という明確なイデオロギーが確立していたわけではない。あくまでそれは、後からの解釈による概念だった。

現実に存在したのは、ヒトラーという個人と、それに従う大衆だった。そして彼らが熱情をもって目論んだのは、地上からのユダヤ人の抹殺だった。途中からそれにスラヴ人が加わる。だからこそユダヤ人はアメリカを動かし、スラヴ人はスターリンを立ててヒトラーと戦ったのだ。してみれば、欧州戦線の構造は、民族の存亡をかけた戦いだった、ということができる。

しかし、第二次大戦は欧州だけで戦われたのではない。これに日本が加わった。日中戦争と太平洋戦争にはユダヤ人問題は存在しない。ではあの戦争は何だったのか。我々はその答えを持っているか。答えは否だ。私自身を含め、多くの日本人は考えることすら放棄しているのが現状だ。もちろんこの戦争についても、実に多くの映画がつくられている。しかし欧州戦線を描いた映画に比べれば、まだまだ掘り下げ方が足りないような気がする。その理由は、当事国が、自国の視点からのみ映画を撮ってきたからだ。その意味で、二〇〇六年に上映されたクリント・イーストウッドの『硫黄島』連作が、交戦国二つの国の視点から撮られているのは、高く評価されるべきだろう。

第二次大戦後も、朝鮮戦争、ベトナム戦争、さらには湾岸戦争やイラク戦争……と、戦争は終わることを知らないようである。ここに登場してくるのは、ガリバーと化したアメリカやソ連、そしてそれに立ち向かう小国家群などである。そこには、まったく別な戦争の様相が垣間見えてくるに違いない。機会があれば、いつかそうした映画の扉を開けてみたい。

＊

本書で使用した映画の題名については、公開されたものはその公開名を、また未公開であってもテレビ放映されたものはその放映時の題名を、またビデオとＤＶＤで販売されたものはその販売名を、それ以外のものについては原題もしくは原題を訳したものを記してある。ただ一部ビデオの題名があまりに不適切なものについては、原題に基づいたものもある。また年代は原則として現地公開年を記してあるが、制作年と公開年が乖離しているものについては制作年を採ってある。

人名、地名は現地語読みを原則としたが、次の三つについては、日本の慣用に従った。アウシュヴィッツ→アウシュビッツ、ジュリアン・デュヴィヴィエ→ジュリアン・デュビビエ、ローズベルト→ルーズベルト。

最後に、本書は二〇〇四年一月から二〇〇六年七月にかけて、『東奥日報』紙上に連載された記事に新たなる章を足し、かなりの修正、加筆を加えて書かれた。また中扉の絵は連載時の挿絵画家、岩淵慶造さんによるものである。本書を世に出すにあたって、東奥日報社元社長の佐々木高雄氏、東奥日報社の方々、私の友人である成田清文氏、木津得実氏、そして彩流社の杉山尚次さんと社員の方々に多大なお世話になった。特に年表などは杉山氏のアイデアによるものである。この場を借りて御礼申し上げます。

著者

制作年別作品索引（同年のものは五十音順）

制作年	作品名	監督名	章
1899年	ドレフュス事件	ジョルジュ・メリエス	6章
1913年	カビリア	ジョバンニ・パストローネ	5章
1919年	カリガリ博士	ロベルト・ウィーネ	最終章
1924年	ニーベルンゲン ジークフリート	フリッツ・ラング	5章
1925年	戦艦ポチョムキン	セルゲイ・M・エイゼンシュタイン	5章・最終章
1926年	カーチカは紙のりんご	フリードリッヒ・M・エルムレル	5章
1927年	アンナ・カレーニナ	エドマンド・グールディング	5章
	イタリア麦の帽子	ルネ・クレール	6章
	第七天国	フランク・ボーザージ	4章・9章
	ナポレオン	アベル・ガンス	6章
1928年	アジアの嵐	フセヴォロド・プドフキン	5章
	アッシャー家の末裔	ジャン・エプスタイン	6章
	十月	セルゲイ・M・エイゼンシュタイン	5章
1930年	資本家ゴルダー	ジュリアン・デュビビエ	6章
	西部戦線異状なし	ルイス・マイルストーン	2章・5章
	大地（ソ連）	アレクサンドル・ドヴジェンコ	5章
	嘆きの天使	ジョセフ・フォン・スタンバーグ	2章
	巴里の屋根の下	ルネ・クレール	最終章
1931年	会議は踊る	エリック・シャレル	2章
	間諜X27	ジョセフ・フォン・スタンバーグ	13章
	牝犬	ジャン・ルノワール	6章
1932年	朝やけ	グスタフ・ウチツキ	16章
	アルプスの血煙	ルイス・トレンカー他	5章
	にんじん	ジュリアン・デュビビエ	6章
	マタ・ハリ	ジョージ・フィッツモーリス	13章
1933年	あかつき	グスタフ・ウチツキ	5章
	未完成交響楽	ヴィリ・フォルスト	2章
1934年	最後の億万長者	ルネ・クレール	5章
1935年	意志の勝利	レニ・リーフェンシュタール	1章
	女だけの都	ジャック・フェデー	6章
	西班牙狂想曲	ジョセフ・フォン・スタンバーグ	2章
1937年	大いなる幻影	ジャン・ルノワール	1章・5章・6章
	オーケストラの少女	ヘンリー・コスター	2章
	シピオネ	カルミネ・ガローネ	5章
	天使	エルンスト・ルビッチ	2章
1938年	アレクサンドル・ネフスキー	セルゲイ・M・エイゼンシュタイン	5章・最終章
	格子なき牢獄	レオニード・モギー	13章
	美の祭典	レニ・リーフェンシュタール	1章
	民族の祭典	レニ・リーフェンシュタール	1章
1939年	ゲームの規則	ジャン・ルノワール	6章
	風と共に去りぬ	ヴィクター・フレミング	4章
	ナチ・スパイの告白	アナトール・リトヴァク	4章
1940年	アルカサール包囲戦	アウグスト・ジェニーナ	5章
	井戸掘り人の娘	マルセル・パニョル	6章
	海外特派員	アルフレッド・ヒッチコック	4章
	死の嵐	フランク・ボーザージ	4章
	潜水艦轟沈す	マイケル・パウエル、エメリック・プレスバーガー	16章
	独裁者	チャールズ・チャップリン	1章・4章・22章
	ユダヤ人ジュース	ファイト・ハーラン	5章
	妖花	テイ・ガーネット	2章
	わが父、わが子	ジュリアン・デュビビエ	6章
1941年	英空軍のアメリカ人	ヘンリー・キング	12章
	カール・ペータース	ヘルベルト・ゼルピン	5章
	市民ケーン	オーソン・ウェルズ	20章
	白い船	ロベルト・ロッセリーニ	5章・10章
	スワンプ・ウォーター	ジャン・ルノワール	6章
	ヨーク軍曹	ハワード・ホークス	4章
1942年	悪魔が夜来る	マルセル・カルネ	6章・7章・最終章
	生きるべきか死ぬべきか	エルンスト・ルビッチ	3章
	運命の饗宴	ジュリアン・デュビビエ	6章
	奥様は魔女	ルネ・クレール	6章
	カサブランカ	マイケル・カーティズ	4章・6章・9章・10章・15章
	幻想交響曲	クリスチャン・ジャック	6章

スピットファイアー　レスリー・ハワード　3章
ポンカラール　ジャン・ドラノワ　6章
ミニヴァー夫人　ウィリアム・ワイラー　4章
ミュンヒハウゼン　ヨゼフ・フォン・バキ　最終章
妄執（郵便は配達は二度ベルを鳴らす）　ルキノ・ヴィスコンティ　最終章

1943年

赤い手のグッピー　ジャック・ベッケル　6章
彼女は祖国を守る　フリードリッヒ・M・エルムレル　最終章
サハラ戦車隊　ゾルタン・コルダ　10章
死刑執行人もまた死す　フリッツ・ラング　15章
自由への闘い　ジャン・ルノワール　6章
タイタニック（独）　ヘルベルト・ゼルピン　5章
罪の天使たち　ロベール・ブレッソン　6章
ドゥーズ　クロード・オータン・ララ　6章
熱砂の秘密　ビリー・ワイルダー　10章
ヒトラーの子供たち　エドワード・ドミトリク　17章
悲恋　ジャン・ドラノワ　6章
密告　アンリ・ジョルジュ・クルーゾー　6章

1944年

イワン雷帝第一部　セルゲイ・M・エイゼンシュタイン　最終章
この空は君のもの　ジャン・グレミヨン　6章
第七の十字架　フレッド・ジンネマン　19章
パリ解放　ジュリアン・デュビビエ　最終章

1945年

影を追う男　エドワード・ドミトリク　20章
鉄路の斗い　ルネ・クレマン　7章・13章・16章
天井桟敷の人々　マルセル・カルネ　13章・最終章
南部の人　ジャン・ルノワール　6章
無防備都市　ロベルト・ロッセリーニ　10章・11章・最終章

1946年

イワン雷帝第二部　セルゲイ・M・エイゼンシュタイン　最終章
海の牙　ルネ・クレマン　16章
外套と短剣　フリッツ・ラング　13章
間諜M1号　ローレンス・ハンチントン　13章
激戦地（米）　ルイス・マイルストーン　10章
殺人者は我々の中にいる　ヘルムート・コイトナー　20章
ストレンジャー　オーソン・ウェルズ　20章
戦火のかなた　ロベルト・ロッセリーニ　10章・11章
陽はまた昇る　アルド・ヴェルガノ　11章
平和に生きる　ルイジ・ザンバ　11章
マルクス捕物帖　カサブランカの一夜　アーチー・L・メイヨ　20章
夜の門　マルセル・カルネ　最終章

1947年

海の沈黙　ジャン・ピエール・メルヴィル　7章
影の結婚　クルト・メーツィヒ　最終章
山河遥かなり　フレッド・ジンネマン　19章
鮮血の情報　ヘンリー・ハサウェイ　13章
それらの日々に　ヘルムート・コイトナー　最終章
ドイツ零年　ロベルト・ロッセリーニ　19章
揺れる大地　ルキノ・ヴィスコンティ　最終章

1948年

アウシュヴィッツの女囚　ワンダ・ヤクボフスカ　18章
赤い靴　マイケル・パウエル、エメリック・プレスバーガー　16章
凱旋門　ルイス・マイルストーン　2章
自転車泥棒　ヴィットリオ・デ・シーカ　2章・11章・最終章
長き道なり　マルク・ゴールドシュタイン　最終章
にがい米　ジュゼッペ・デ・サンティス　最終章
ブルム事件　エーリッヒ・エンゲル　最終章
ヨーロッパの何処かで　ゲザ・フォン・ラドヴァニュイ　19章

1949年

戦場　ウィリアム・A・ウェルマン　14章
ベルリン陥落　ミハイル・チアウレリ他　9章・12章・17章

1950年

頭上の敵機　ヘンリー・キング　16章
ヒトラーかく敗れたり　ハンス・J・グナム　1章

1951年

アフリカの女王　ジョン・ヒューストン　10章
クオ・ヴァディス　マーヴィン・ルロイ　14章
砂漠の鬼将軍　ヘンリー・ハサウェイ　10章
二世部隊　ロバート・ピロッシュ　13章
パルチザンに気をつけろ　カルロ・リッツァーニ　11章
陽のあたる場所　ジョージ・スティーヴンス　14章
若妻物語　ヘンリー・カス　14章
我らモンテカルロに行く　ジャン・ボワイエ　14章

1952年

恐怖の報酬　アンリ・ジョルジュ・クルーゾー　6章
禁じられた遊び　ルネ・クレマン　3章
嘆きのテレーズ　マルセル・カルネ　7章
貧しい恋人たちの日記　カルロ・リッツァーニ　11章

1953年

グレン・ミラー物語　アンソニー・マン　14章
砂漠の鼠　ロバート・ワイズ　10章
終着駅　ヴィットリオ・デ・シーカ　11章

1954年

第十七捕虜収容所　ビリー・ワイルダー　16章
マルタ島攻防戦　ブライアン・デズモンド・ハースト　10章
ローマの休日　ウィリアム・ワイラー　7章・14章
雨の朝巴里に死す　リチャード・ブルックス　13章
過去を持つ愛情　アンリ・ヴェルヌイユ　13章
現金に手を出すな　ジャック・ベッケル　7章

1955年

サン・ミニアート44年7月　タヴィアーニ兄弟　11章
夏の嵐　ルキノ・ヴィスコンティ　11章
悪魔のような女　アンリ・ジョルジュ・クルーゾー　7章
あの日あのとき　ヘンリー・コスター　12章
嵐の中の青春　ヘンリー・コーネリアス　2章

1956年

最後の作戦　G・W・パブスト　1章
地獄の戦線　ジェシー・ヒッブス　10章
誰が祖国を売ったか?　アルフレッド・ヴァインデンマン　13章
夜と霧　アラン・レネ　18章
暗殺計画7・20　ファルク・ハルナック　13章
攻撃　ロバート・アルドリッチ　14章
将軍月光に消ゆ　マイケル・パウエル、エメリック・プレスバーガー　3章
戦艦シュペー号の最後　マイケル・パウエル、エメリック・プレスバーガー　16章

1957年

地下水道　アンジェイ・ワイダ　15章
追想(米)　アナトール・リトヴァク　10章
抵抗　ロベール・ブレッソン　7章
あこがれ　フランソワ・トリュフォー　8章
眼下の敵　ディック・パウエル　16章
死刑台のエレベーター　ルイ・マル　3章
戦争と貞操(鶴は翔んでゆく)　ミハイル・カラトーゾフ　9章

1958年

戦争の真の終り　イエジー・カワレロウィッチ　18章・21章
突撃　スタンリー・キューブリック　18章
ニュルンベルクの戦犯　13階段への道　フェリックス・フォン・ポドマニツキー　18章・20章
激戦モンテ・カシノ　ハラルト・ラインル　10章
スターリングラードからの医者　ゲザ・フォン・ラドヴァニュイ　19章
特攻決死隊　ウィリアム・A・ウェルマン　16章
灰とダイヤモンド　アンジェイ・ワイダ　序章・15章
U47出撃せよ　ハラルト・ラインル　16章

1959年

若き獅子たち　エドワード・ドミトリク　12章
アンネの日記　ジョージ・スティーヴンス　14章
大人は判ってくれない　フランソワ・トリュフォー　8章
勝手にしやがれ　ジャン・リュック・ゴダール　3章
自殺への契約書　ジュリアン・デュビビエ　7章
ソロモンとシバの女王　キング・ヴィダー　22章
誓いの休暇　グリゴーリ・チュフライ　9章
二十四時間の情事　アラン・レネ　18章
尼僧物語　フレッド・ジンネマン　14章
人間の運命　セルゲイ・ボンダルチュク　9章
激しい季節　ヴァレリオ・ズルリーニ　11章
橋　ベルンハルト・ヴィッキ　17章
ロベレ将軍　ロベルト・ロッセリーニ　10章・11章

1960年

穴　ジャック・ベッケル　7章
栄光への脱出　オットー・プレミンジャー　19章
かくも長き不在　アンリ・コルピ　21章
サイコ　アルフレッド・ヒッチコック　序章・10章
スパルタカス　スタンリー・キューブリック　19章・22章
スリ　ロベール・ブレッソン　7章
ゼロ地帯　ジロ・ポンテコルヴォ　11章
第9女収容所　フランツェ・シュティグリッチ　18章
太陽がいっぱい　ルネ・クレマン　7章
土曜の夜と日曜の朝　カレル・ライス　15章
ビスマルク号を撃沈せよ!　ルイス・ギルバート　16章
ふたりの女　ヴィットリオ・デ・シーカ　11章
汚れた英雄　カルロ・リッツァーニ　11章
ラインの仮橋　アンドレ・カイヤット　13章
ローマで夜だった　ロベルト・ロッセリーニ　11章
我が闘争　エルヴィン・ライザー　1章・18章

1961年

エル・シド　アンソニー・マン　22章
キング・オブ・キングス　ニコラス・レイ　22章
私生活　ルイ・マル　8章
潜水艦U153　ペニントン・リチャーズ　16章
夏の年代記　ジャン・ルーシュ　21章
ナバロンの要塞　J・リー・トンプソン　3章・16章
ニュールンベルグ裁判　スタンリー・クレイマー　20章

パサジェルカ　アンジェイ・ムンク　18章・21章
用心棒　黒澤明　9章
ローマの黄金　カルロ・リッツァーニ　11章
ワルソーゲットー　フレデリック・ロシフ　序章

1962年

アラバマ物語　ロバート・マリガン　22章
アラビアのロレンス　デイヴィッド・リーン　13章
史上最大の作戦　複数　12章・13章
祖国は誰のものぞ　ナンニ・ロイ　10章
突撃隊(米)　ドナルド・シーゲル　14章
突然炎のごとく　フランソワ・トリュフォー　8章
裸で狼の群れのなかに　フランク・バイヤー　18章
僕の村は戦場だった　アンドレイ・タルコフスキー　15章
水の中のナイフ　ロマン・ポランスキー　序章

1963年

鬼火　ルイ・マル　8章
勝利者　カール・フォアマン　17章
戦争と都市パリ　ギイ・セリグマン　6章・13章
大脱走　ジョン・スタージェス　16章
ミュリエル　アラン・レネ　18章

1964年

鬼戦車T34　ニキータ・クリーヒン　16章
サウンド・オブ・ミュージック　ロバート・ワイズ　3章
36時間　ジョージ・シートン　12章
シェルブールの雨傘　ジャック・ドゥミー　9章
質屋　シドニー・ルメット　21章・22章
ショック地帯　ワンダ・ヤクボフスカ　18章
大列車作戦　ジョン・フランケンハイマー　13章
ダンケルク　アンリ・ヴェルヌイユ　3章
ナチ収容所の素敵な生活　ミハエル・ボーンカンプ　18章
633爆撃隊　ウォルター・グローマン　13章
反撥　ロマン・ポランスキー　序章

1965年

栄光の丘　ダニエル・マン　19章
大通りの店　ヤン・カダール　15章
熊座の淡き星影　ルキノ・ヴィスコンティ　2章
巨大なる戦場　メルヴィル・シェイヴルソン　19章
クロスボー作戦　マイケル・アンダーソン　13章
寒い国から帰ったスパイ　マーティン・リット　13章
戦争と平和(ソ連)　セルゲイ・ボンダルチュク　9章

戦争は終った　アラン・レネ　18章
脱走特急　マーク・ロブソン　16章
テレマークの要塞　アンソニー・マン　16章
渚のたたかい　ロバート・パリシュ　13章
バルジ大作戦　ケン・アナキン　14章
袋小路　ロマン・ポランスキー　序章

1966年

ありふれたファシズム　野獣たちのバラード　ミハイル・ロンム　1章
アルジェの戦い　ジロ・ポンテコルヴォ　11章
男と女　クロード・ルルーシュ　8章
将軍たちの夜　アナトール・リトヴァク　13章
トブルク戦線　アーサー・ヒラー　10章
パリは燃えているか　ルネ・クレマン　7章・13章

1967年

吸血鬼　ロマン・ポランスキー　序章
コマンド戦略　アンドリュー・V・マクラグレン　16章
特攻大作戦　ロバート・アルドリッチ　14章・16章
老人と子供　クロード・ベリ　序章・13章

1968年

荒鷲の要塞　ブライアン・G・ハットン　16章
アンツィオ大作戦　エドワード・ドミトリク　10章
白い恋人たち　クロード・ルルーシュ　8章
すべて売り物　アンジェイ・ワイダ　15章
Z　コンスタンタン・コスタ・ガブラス　6章
ブリット　ピーター・イェーツ　16章
サンタ・ビットリアの秘密　スタンリー・クレイマー　11章
レマゲン鉄橋　ジョン・ギラーミン　17章
ローズマリーの赤ちゃん　ロマン・ポランスキー　序章

1969年

激戦地(伊)　ウンベルト・レンツィ　12章
影の軍隊　ジャン・ピエール・メルヴィル　7章
空軍大戦略　ガイ・ハミルトン　3章・16章
地獄に堕ちた勇者ども　ルキノ・ヴィスコンティ　2章
大反撃　シドニー・ポラック　14章
抵抗の詩　トーリ・ヤンコヴィッチ　15章
トパーズ　アルフレッド・ヒッチコック　10章
ネレトバの戦い　ヴェリコ・ブライーチ　15章
モスキート爆撃隊　ボリス・シーガル　13章
ワイルド・バンチ　サム・ペキンパー　9章

1970年

暗殺の森　ベルナルド・ベルトルッチ　2章

地獄の艦隊　ポール・ウェンドコス　10章
早春　イエジー・スコリモフスキー　序章
トラ・トラ・トラ!　リチャード・フライシャー　10章
パットン大戦車軍団　フランクリン・J・シャフナー　10章
ひまわり　ヴィットリオ・デ・シーカ　9章

1971年

ロンメル軍団を叩け　ヘンリー・ハサウェイ　10章
悲しみの青春　ヴィットリオ・デ・シーカ　2章
悲しみと憐憫　マルセル・オフュールス　8章
キャバレー　ボブ・フォッシー　2章
抵抗のプラハ　ウラジミール・スェフ　15章
特攻決戦隊　メナヘム・ゴーラン　22章
マクベス　ロマン・ポランスキー　序章
屋根の上のバイオリン弾き　ノーマン・ジェイソン　19章
わらの犬　サム・ペキンパー　9章
マーフィの戦い　ピーター・イェーツ　17章

1972年

暗殺者のメロディ　ジョセフ・ロージー　5章
ゲッタウェイ　サム・ペキンパー　9章
白銀の戦場　スターリングラード大攻防戦　ガブリエール・エギアザーロフ　9章
マルシカの金曜日　ヤロミール・イレシュ　15章
ヨーロッパの解放　ユーリー・オーゼロフ　1章・15章・17章

1973年

愛の嵐　リリアーナ・カヴァーニ　2章
アドルフ・ヒトラー最後の10日間　エンニオ・デ・コンチーニ　1章
追憶　シドニー・ポラック　22章
なぜイスラエルか　クロード・ランズマン　22章
風雪の太陽　スティベ・ベリッチ　15章
離愁　ピエール・グラニエ・ドフェール　3章
ルシアンの青春　ルイ・マル　8章

1974年

オデッサ・ファイル　ロナルド・ニーム　22章
抵抗の詩PARTⅡ　トーリ・ヤンコヴィッチ　15章
フェリーニのアマルコルド　フェデリコ・フェリーニ　1章
レニングラード攻防戦　ミハイル・エルショフ　9章

1975年

暁の7人　ルイス・ギルバート　15章
カッコーの巣の上で　ミロス・フォアマン　15章
JAWS・ジョーズ　スティーヴン・スピルバーグ　10章・12章
セクション・スペシャル　コンスタンタン・コスタ・ガブラス　6章
セブンビューティーズ　リナ・ウェルトミュラー　11章
ソフト・ベッズ・ハード・バトルズ　ロイ・ボールディング　6章
旅芸人の記録　テオ・アンゲロプロス　3章
追想(仏)　ロベール・アンリコ　13章

1976年

エンテベの勝利　マーヴィン・J・チョムスキー　18章・22章
さすらいの航海　ステュアート・ローゼンバーグ　2章・22章
サロン・キティ　ティント・ブラス　11章
戦争のはらわた　サム・ペキンパー　9章
テナント　ロマン・ポランスキー　序章
特攻サンダーボルト作戦　アーヴィン・カーシュナー　22章
ウディ・アレンのザ・フロント　マーティン・リット　22章
鷲は舞いおりた　ジョン・スタージェス　16章

1977年

ザ・ビッグ・バトル　ウンベルト・レンツィ　10章
ジュリア　フレッド・ジンネマン　22章
遠すぎた橋　リチャード・アッテンボロー　14章
特別な一日　エットーレ・スコーラ　1章
ハンガリアン　ゾルタン・ファーブリ　9章
ヒトラー　ある経歴　ヨアヒム・C・フェスト他　1章
ルーツ　マーヴィン・J・チョムスキー　18章

1978年

将軍アイク　メルヴィル・シェイヴルソン　10章
戦場の黄金律　戦争のはらわたⅡ　アンドリュー・V・マクラグレン　13章
ブラジルからきた少年　フランクリン・J・シャフナー　22章
ホロコースト　戦争と家族　マーヴィン・J・チョムスキー　18章・19章
マリア・ブラウンの結婚　ライナー・ウェルナー・ファスビンダー　19章

1979年

アルカトラズからの脱出　ドナルド・シーゲル　16章
コンフィデンス　信頼　イシュトヴァーン・サボー　15章
テス　ロマン・ポランスキー　序章
ハノーバー・ストリート　哀愁の街かど　ピーター・ハイアムズ　12章
ヒトラーのためのソナタ　アレクサンドル・ソクーロフ　5章
ブリキの太鼓　フォルカー・シュレンドルフ　3章
ヤンクス　ジョン・シュレシンガー　12章

1980年

歌っているのはだれ?　スロボダン・シャン　3章
エノラ・ゲイ　デイヴィッド・ローウェル・リッチ　17章
最前線物語　サミュエル・フラー　14章
ドイツ・青ざめた母　ヘルマ・サンダース・ブラームス　19章
ラブ・インナ・タクシー　ロバート・シッキンジャー　22章

1981年

愛と哀しみのボレロ　クロード・ルルーシュ　8章
狂える戦場　リリアーナ・カヴァーニ　10章
ジェノサイド　アーノルド・シュワルツマン　18章
終電車　フランソワ・トリュフォー　8章
勝利への脱出　ジョン・ヒューストン　16章
針の眼　リチャード・マーカンド　12章
ヒトラー最後の日　ジョージ・シェイファー　1章
Uボート　ヴォルフガング・ペーターゼン　16章
リリー・マルレーン　ライナー・ヴェルナー・ファスビンダー　2章

1982年

サン・ロレンツォの夜　タヴィアーニ兄弟　11章
白バラは死なず　ミヒャエル・フェアホーフェン　17章
ソフィーの選択　アラン・J・パクラ　18章・21章

1983年

ドイツの恋　アンジェイ・ワイダ　17章
ムッソリーニと私　アルベルト・ネグリン　1章

1984年

インディ・ジョーンズ　魔宮の伝説　スティーヴン・スピルバーグ　12章
ヴァンゼー会議　不明　18章
クラレッタ・ペタッチの伝説　パスクァーレ・スクイティエリ　11章
ゴースト・バスターズ　アイヴァン・ライトマン　15章

1985年

哀愁のエレーニ　ピーター・イェーツ　3章
奪われた花嫁　ナチ収容所に散った花　ナダブ・レヴィタン　15章
ショアー　クロード・ランズマン　18章・22章・21章
第三帝国の遺産　ジョン・フランケンハイマー　22章
遠い日の家族　クロード・ルルーシュ　8章・21章
パットン将軍最後の日々　デルバート・マン　22章
ヒトラーズSS　ジム・ゴダート　2章
プレンティ　フレッド・スケピシ　21章
ベルリンは夜　アンソニー・ペイジ　2章
炎628　エレム・クリモフ　15章
ムッソリーニ　ウィリアム・A・グレアム　1章・11章
モスクワ大攻防戦　第二部　台風　ユーリー・オーゼロフ　9章
レニングラード大攻防1941　ヴィクトール・アリストフ　9章

1986年

追想のかなた　フォンス・ラデメーカーズ　14章

1987年

インテルビスタ　フェデリコ・フェリーニ　5章
さよなら子供たち　ルイ・マル　8章
戦場の小さな天使たち　ジョン・ブアマン　3章
フェラーラ物語　ジュリアーノ・モンタルド　2章
黙示録1945　ここに核の全てがある　アラン・イーストマン他　17章
第27囚人戦車隊　ゴードン・ヘスラー　17章

1988年

秋のミルク　ヨーゼフ・フィルスマイヤー　19章
失われた日々のために　フェレンツ・デーグラーシー　9章
存在の耐えられない軽さ　フィリップ・カウフマン　15章
背信の日々　コンスタンタン・コスタ・ガブラス　22章
ハヌッセン　イシュトヴァーン・サボー　2章・15章
ハンナ・セレシュ　メナヘム・ゴーラン　15章
フランティック　ロマン・ポランスキー　序章
ホテル・テルミナニュス　マルセル・オフュールス　22章
ミシシッピー・バーニング　アラン・パーカー　22章
もうひとつのアンネの日記　ジョン・アーマン　14章
ランボー3　怒りのアフガン　ピーター・マクドナルド　22章

1989年

シャドー・メーカーズ　ローランド・ジャッフェ　17章
デイワン　最終兵器の覚醒　ジョーゼフ・サージェント　17章
敵、ある愛の物語　ポール・マザースキー　21章
ドゥ・ザ・ライト・シング　スパイク・リー　22章
ドライビング・Miss・デイジー　ブルース・ベレスフォード　22章
フランスの友だち　ジャン・ルー・ユベール　13章
ミュージック・ボックス　コンスタンタン・コスタ・ガブラス　22章
ワイルド・チェンジ　ジョン・G・アヴィルドセン　22章

1990年

コルチャック先生　アンジェイ・ワイダ　序章・2章
僕を愛した二つの国　ヨーロッパ・ヨーロッパ　アグニエシュカ・ホランド　2章
メンフィス・ベル　マイケル・ケイトン・ジョーンズ　16章

1991年

美しき諍い女　ジャック・リヴェット　11章
カティの愛した人　ヨーゼフ・フィルスマイヤー　19章
真実の瞬間　アーウィン・ウィンクラー　20章・22章
バートン・フィンク　ジョエル・コーエン　19章
インナー・サークル　映写技師は見ていた　アンドレイ・コンチャロフスキー　最終章

1992年

赤い航路　ロマン・ポランスキー　序章
嵐の中で輝いて　デイヴィッド・セルツァー　13章
シチズン・コーン　虚偽　フランク・ピアソン　22章
青春の輝き　ロバート・マンデル　22章
チャーリー　リチャード・アッテンボロー　4章

1993年	真夜中の戦場　クリスマスを贈ります　キース・ゴードン　14章
	鷲の指輪　アンジェイ・ワイダ　15章
	鯨の中のジョナ　ロベルト・ファエンツァ　14章
	シンドラーのリスト　スティーヴン・スピルバーグ　12章・18章・21章
	スターリングラード（独）　ヨーゼフ・フィルスマイヤー　9章
1994年	ザ・ロンゲスト・デイ　ジャック・エルトー　12章
	堕落（ザ・ロンゲスト・デイ2）　ウォーリス・ハッセン　12章
	死と処女　ロマン・ポランスキー　序章
	ツァハール　クロード・ランズマン　22章
1995年	映像の世紀（全10集）　NHK　4章・17章
	聖週間　アンジェイ・ワイダ　15章
	ヒトラー　ZDF　1章
	ヒトラーとスターリン　知られざる独ソ関係　トランスパレンシズプロダクション　5章
	ブラインド・ヒル　ロバート・マルコヴィッチ　16章
1996年	遥かなる帰郷　フランチェスコ・ロージ　19章
	ボスニア　スルジャン・ドラゴエヴィッチ　15章
	魔王　フォルカー・シュレンドルフ　17章
	マザー・ナイト　キース・ゴードン　22章
	レ・ミゼラブル　輝く光の中で　クロード・ルルーシュ　8章
	ロング・ウェイ・ホーム　遥かなる故郷　マーク・ジョナサン・ハリス　19章
1997年	生きていく理由　ジャック・ベンダー　21章
	タイタニック（米）　ジェームズ・キャメロン　5章
	ビザと美徳　クリス・タシマ　21章
	ベント　堕ちた饗宴　ショーン・マサイアス　18章
1998年	プライベート・ソルジャー　ジョン・アーヴィン　14章
	プライベート・ライアン　スティーヴン・スピルバーグ　12章
	ムッソリーニとお茶を　フランコ・ゼフィレッリ　1章
	ライフ・イズ・ビューティフル　ロベルト・ベニーニ　11章
1999年	スペシャリスト　エイアル・シヴァン　22章
	聖なる嘘つき　その名はジェイコブ　ピーター・カソヴィッツ　15章
	太陽の雫　イシュトヴァーン・サボー　15章
	ナインスゲート　ロマン・ポランスキー　序章
	パンツァー（鋼鉄師団）　ボブ・カールスハー　14章
2000年	アイヒマン裁判と現代　NHK　22章
	キプールの記憶　アモス・ギタイ　22章

	この素晴らしき世界　ヤン・フジェベイク　15章
	ふたりのトスカーナ　アンドレア&アントニア・フラッツィ　11章
	ホロコースト　救出された子供たち　マーク・ジョナサン・ハリス　19章
	U571　ジョナサン・モストウ　16章
2001年	アップライジング　ジョン・アヴネット　序章
	アンネ・フランク　ロバート・ドーンヘルム　14章
	エニグマ　マイケル・アプテッド　13章
	神に選ばれし無敵の男　ウェルナー・ヘルツォーク　2章
	銀幕のメモワール　ピエール・グランブラ　6章
	コレリ大尉のマンドリン　ジョン・マッデン　10章
	シャーロット・グレイ　ジリアン・アームストロング　8章
	ジャスティス　グレゴリー・ホブリット　16章
	スターリングラード（米他）　ジャン・ジャック・アノー　9章
	真実のマレーネ・ディートリッヒ　J・デヴィッド・ライヴァ　4章
	ダーク・ブルー　ヤン・スウィエラーク　12章
	名もなきアフリカの地で　カロリーヌ・リンク　2章
	灰の記憶　ティム・ブレイク・ネルソン　18章
	バンド・オブ・ブラザース全10話　複数　12章・13章・14章・17章
	謀議　フランク・ピアソン　18章
2002年	ククーシュカ　ラップランドの妖精　アレクサンドル・ロゴシュキン　3章
	ヒットラー　クリスチャン・デュゲイ　1章
	アーメン　コンスタンタン・コスタ・ガブラス　18章
	アドルフの画集　メノ・メイエス　1章
	1944東部戦線　ニコライ・リェビデフ　15章
	戦場のピアニスト　ロマン・ポランスキー　序章
	バティニョールおじさん　ジェラール・ジュニョ　8章
	僕の神様　ユレク・ボガエヴィッチ　15章
	炎の戦線エル・アラメイン　エンツォ・モンテレオーネ　10章
	レセ・パセ　自由への通行許可証　ベルトラン・タヴェルニエ　6章
2003年	アウシュビッツの証言者はなぜ自殺したか　NHK　19章
	極寒激戦地アルデンヌ　西部戦線1944　ライアン・リトル　14章
2004年	ヒトラー最後の12日間　オリヴァー・ヒルシュビーゲル　1章
	グッドナイト&グッドラック　ジョージ・クルーニー　22章
	白バラの祈り　ゾフィー・ショル最後の日々　マルク・ローテムント　17章
	ミュンヘン　スティーヴン・スピルバーグ　22章
2006年	父親たちの星条旗　クリント・イーストウッド　4章

著者………**福井次郎（ふくい・じろう）**
1955年青森県生まれ。早稲田大学第一文学部卒。現在青森県在住。著書に『映画産業とユダヤ資本』（早稲田出版）『『カサブランカ』はなぜ名画なのか』（彩流社）『マリリン・モンローはなぜ神話となったのか』『青森の逆襲』『1950年代生まれの逆襲』（言視舎）などがある。

ブックデザイン………**山田英春**
立体イラストレーション………**野崎一人**
写真協力………**(財)川喜多記念映画文化財団**

※本書は2007年2月彩流社から刊行されたものです。

言視BOOKS
「戦争映画」が教えてくれる現代史の読み方
キーワードはユダヤ人問題

発行日✣2015年11月30日　初版第1刷

著者
福井次郎

発行者
杉山尚次

発行所
株式会社言視舎
東京都千代田区富士見2-2-2 〒102-0071
電話03-3234-5997　FAX 03-3234-5957
http://www.s-pn.jp/

印刷・製本
㈱厚徳社

ISBN978-4-86565-037-2 C0374